Aus dem Programm Huber: Psychologie Forschung

Joachim Weiß

Streßbewältigung und Gesundheit

Die Persönlichkeit in Partnerschaft, Familie und Arbeitsleben

Verlag Hans Huber
Bern · Göttingen · Toronto · Seattle

Adresse des Autors:

Dipl.-Psych. Joachim Weiß
Institut für Psychologie der Universität München
Persönlichkeitspsychologie und Psychodiagnostik
Leopoldstraße 13
D-80802 München

Die Deutsche Bibliothek – CIP-Einheitsaufnahme

Weiß, Joachim:
Streßbewältigung und Gesundheit : Die Persönlichkeit in Partnerschaft, Familie und Arbeitsleben / Joachim Weiß. –
1. Aufl. – Bern ; Göttingen ; Toronto ; Seattle : Huber, 1999
(Aus dem Programm Huber: Psychologie-Forschung)
Zugl.: München, Univ., Diss., 1998
ISBN 3-456-83225-7

1. Auflage 1999

Druck: Hubert & Co., Göttingen
Printed in Germany

Dank

An erster Stelle möchte ich Herrn Professor Dr. K. A. Schneewind für die Betreuung dieser Dissertation, insbesondere für die Art und Weise, in der er mich betreut hat, herzlich danken. Sein großes Interesse am Inhalt und am Prozeß dieser Arbeit haben mich ermuntert, und seine Anregungen waren für mich äußerst wertvoll. Bei aller Unterstützung hat er mir gleichzeitig viel Freiraum bei der Gestaltung der Arbeit gewährt. Besonders herzlich danke ich Herrn Professor Schneewind, daß er es ermöglicht hat, das hier vorgestellte Forschungsprojekt an einer großen, repräsentativen Stichprobe mit Delegation der Datenerhebung an ein Meinungsforschungsinstitut durchzuführen.

Meiner Kollegin, Frau Dipl.-Psych. Johanna Graf, möchte ich für das Korrekturlesen der Dissertation und ihre damit verbundenen wertvollen Anregungen vielmals danken. Darüber hinaus gilt mein herzlicher Dank auch den beiden "Methodikern", Dipl.-Psych. Joachim Kruse und Dr. Wolfgang Sierwald, die mir jederzeit mit ihrem kompetenten Rat zur Seite standen.

Ebenfalls herzlich danken möchte ich meiner studentischen Mitarbeiterin, Frau Sandra Mayer, die mich in vielen Dingen, wie z.B. der Beschaffung der Literatur, sehr unterstützte, auch ungewöhnliche Arbeitszeiten nicht scheute, und selbst mein leibliches Wohl nicht vergaß.

Ganz herzlich möchte ich meinen Eltern und meiner Schwester Silke für ihre wunderbare Unterstützung danken, die ich auf unterschiedlichen Ebenen erfahren durfte.

Auch alle Gespräche mit Freunden, Studierenden und Bekannten, die mir die Aktualität und Relevanz des Themas immer wieder bestätigten, haben mich ermuntert.

München, im April 1999

Joachim Weiß

I. THEORETISCHER TEIL

1. Einleitung

Streß, *Streßbewältigung* und *Gesundheit* sind durchwegs sowohl aktuelle als auch komplexe Phänomene, die nach wie vor eine große Herausforderung an die Psychologie darstellen.

Der Begriff *Streß* ist in den letzten Jahrzehnten zu einem alltäglichen Mode- und Schlagwort geworden. Wir finden das Wort häufig in leichtfertig verwendeten Wendungen wie z.B. "Keine Zeit, bin gerade im Streß!". Aber die Mehrzahl der Menschen unserer westlichen Welt weiß auch um die ernsteren Befunde der Wissenschaft, die einen Zusammenhang zwischen Streß und einer Vielzahl von Symptomen bis zu tödlichen Krankheiten, wie z.B. Herzinfarkt, festgestellt haben. So hat die Streßforschung der letzten 30 Jahre in einer Fülle von Studien immer wieder aufgezeigt, daß Streß - z.B. in Form von kritischen Lebensereignissen und chronischen Belastungen - zu einer Vielzahl psychischer und körperlicher Beeinträchtigungen führen kann.
Allerdings sollte einem auch bewußt sein, daß Leben und Lebendigsein grundsätzlich mit einem bestimmten Maß an Streß verbunden sind. Veränderungen und der daraus resultierende Streß sind absolut notwendig für psychische Differenzierungs- und Wachstumsprozesse und sogar für das einfache Weiterleben. Auch schöne Ereignisse können ein hohes Maß an Streß (Eustreß) aufweisen. Jedoch wird in der Wissenschaft den negativen Aspekten von Streß (dem sogenannten Distreß) die meiste Aufmerksamkeit zuteil.

Auch wenn man bei dem Begriff Streß vielleicht zunächst als erstes an den Bereich des Arbeitslebens denken mag, oder an die Streßquellen, die der moderne Mensch im Stadtleben mit seinem Verkehr und seiner Hektik erfährt, so wird beim zweiten Hinsehen eines deutlich: Die größten Belastungen finden sich oftmals in den Lebensbereichen, die auch kraftgebend und entspannend sein können und die oft nicht mit dem Begriff Streß in Verbindung gebracht werden: Partnerschaft und Familie. Auf der anderen Seite kann aber auch bei Menschen, die nicht in einer Partnerschaft oder Familie leben, Einsamkeit einen ernstzunehmenden Stressor darstellen.

Auch wenn viele Erscheinungsformen von Streß bzw. Stressoren, wie z.B. Streß in der Partnerschaft oder Familie, schon immer mit menschlichem Leben verbunden waren, ruft dennoch das besondere Ausmaß an Gesamtstreß in unserem zivilisierten Leben nach Beachtung und der Suche nach Möglichkeiten der Streßreduktion und -bewältigung. Dem Bedürfnis nach Streßbewältigung und

Entspannung versuchen verschiedene Methoden und sogar ganze Branchen zu begegnen, wie z.B. eine große Zahl unterschiedlichster Sportarten und Meditations- und Entspannungsformen sowie die Tourismusbranche und die Freizeitindustrie. Bei speziellen Seminaren zur Streßbewältigung, beispielsweise für Manager, ist der Bezug zum Thema Streß und Gesundheit natürlich besonders leicht erkennbar, der Bezug kann aber bei fast allen Freizeitaktivitäten gesehen werden.

Nicht nur das Thema Streß, sondern auch das Thema *Gesundheit* nimmt im Alltag und im alltäglichen Sprachgebrauch einen sehr großen Stellenwert ein. "Gesundheit" sagen wir, wenn jemand niest oder wünschen wir zum Geburtstag oder zu Neujahr. "Hauptsache gesund" antworten werdende Eltern auf die Frage, ob "es" denn ein Junge oder ein Mädchen werden soll (vgl. Franke, 1993).

Daß mit Gesundheit viel Geld zu verdienen ist, beeinflußt so manche Berufswahl. Was die gesellschaftliche Ebene betrifft, belegen bereits die Ausgaben für Gesundheit, auch von der Seite des Staates die Relevanz des Themas: Die Gesamtausgaben für Gesundheit in Deutschland betragen nach den Angaben der "OECD Health Data" (Version 1.5 vom März 1993; zitiert in Jakob, 1995, S. 25) 8,8 % des Bruttosozialprodukts.

Im populärwissenschaftlichen Bereich ist Gesundheit derzeit nicht nur ein sehr beliebtes Thema, sondern es ist - ebenso wie "Streß" - geradezu zu einem Modewort geworden. Dies kann für den populärwissenschaftlichen Sektor der Psychologie aber auch der Medizin gesagt werden. So zeugt beispielsweise bei der Zeitschrift "medizin heute" bereits der Untertitel "Die gesunden Seiten des Lebens" von der modernen Ausrichtung auf Gesundheit anstatt auf Krankheit. Auch die weiteren Begriffe auf der Titelseite dieser Zeitschrift - beispielsweise bei der Ausgabe vom März 1997 (48. Jahrgang, Heft 3) - wie "Wohlbefinden", "Gesundheit" oder "Wege zur gesunden, schönen Haut" sind eindeutig in positiver Färbung gesundheitsbezogen, also "salutogenetisch".

Die durch die Wissenschaft nachgewiesenen *Zusammenhänge zwischen Streß und Gesundheit* - bzw. zwischen Streß und Krankheiten, die teilweise sogar die bedrohlichsten unserer heutigen Zeit sind - haben ganz wesentlich dazu beigetragen, daß auch von der Seite der Mediziner der psychologischen Streß- und Gesundheitsforschung mittlerweile ein beachtlicher Stellenwert beigemessen wird.

Vor dem Hintergrund dieser Befunde zu den Zusammenhängen zwischen Streß und Krankheit kann sich einem die Frage stellen, weshalb in dieser Arbeit denn statt "Streß und Krankheit" "Streßbewältigung und Gesundheit" thematisiert wird. Ist dies über Bestrebungen zu einem besseren Marketing in einer Zeit zu erklären, in der sich Krankenkassen in Gesundheitskassen umbenennen und in der populärwissenschaftliche medizinische Zeitschriften krankheitsbezogenes Vokabular immer mehr zu streichen scheinen zugunsten von Begriffen wie "Wohlbefinden", "Gesundheit", "Fitness" und "Schönheit"? Nein. Wenn es einen Zusammenhang gibt zwischen einerseits dem momentan sehr modernen Vokabular und andererseits dem Titel und Thema dieser Arbeit, so besteht dieser nicht in einer gemeinsamen Marketingstrategie oder einem gemeinsamen Modevokabular, sondern in einem wissenschaftlichen Hintergrund, der mit handfesten Argumenten die Vorteile einer Forschungsausrichtung auf Gesundheit und gesunderhaltende, gesundheitsfördernde Faktoren untermauert. Es handelt sich dabei um die vielzitierte Ausrichtung auf die "Salutogenese" im Sinne von Antonovsky (1987; siehe Kap. 2.1.3.3).

Die Relevanz gesundheitspsychologischen, präventiven und "salutogenetischen" Denkens wird von empirisch-wissenschaftlicher Seite unter anderem durch folgenden Befund untermauert: Die Zusammenhänge zwischen Streß und psychischen bzw. physischen Symptomen fallen im statistischen Mittel geringer aus als man vielleicht erwarten würde. Dafür konnten Variablen, die den Prozeß der Streßbewältigung beeinflussen bzw. moderieren, verantwortlich gemacht werden: die sogenannten Resistenzressourcen, die bei günstigen Ausprägungen als "Streßpuffer" wirken. Durch den Einfluß dieser diversen Ressourcen und die damit zusammenhängenden unterschiedlichen Streßbewältigungsprozesse reagiert nur ein gewisser Teil der Menschen, die mit einem erhöhten Streßniveau konfrontiert sind, mit meßbaren gesundheitlichen Veränderungen. Dies hat mit dazu beigetragen, daß die Aufmerksamkeit auf Gesundheitsprozesse gelenkt wurde und Fragen in den Vordergrund gerückt sind wie: Welches sind die Charakteristika von besonders "gesunden" Menschen oder Systemen (wie z.B. Familien)? Was bewirkt oder trägt dazu bei, daß Menschen und Systeme bei Konfrontationen mit Stressoren gesund bleiben oder sogar noch gesünder und zufriedener werden?

Vor dem Hintergrund derartiger Fragen soll in der hier vorgestellten Dissertation unter anderem untersucht werden, welches *die zentralen Ressourcen* sind, die die negativen Auswirkungen von Stressoren entweder bei allen oder bei bestimmten Menschen abfangen bzw. abmildern. Zu diesem Zwecke sollen möglichst viele potentiell wichtige Ressourcen und Persönlichkeitseigenschaften in die Betrachtung miteinbezogen und ihre Bedeutung für die Streßbewältigung eingeschätzt werden. Dieses Ziel erscheint auch vor dem Hintergrund lohnend, daß des öfteren ein Mangel an Studien beklagt wird, "die das komplexe Bedingungsgefüge von Belastung-Bewältigung-Anpassung mit dem Ziel untersuchten, möglichst viele der relevanten Variablen zu erfassen" (Bailer, 1989, S. 6).

Streß und Gesundheit sind auch auf theoretischer Ebene in der Tat sehr komplexe Phänomene, die zudem je nach wissenschaftlicher Ausrichtung und Fragestellung zu ganz unterschiedlichen Konzeptualisierungen geführt haben. Noch komplexer wird die Thematik dadurch, daß sich in den letzten Jahren immer mehr die folgende Überzeugung durchgesetzt hat: Für eine Betrachtung der komplexen Phänomene Streß und Gesundheit erscheint es unerläßlich, nicht nur die Gegebenheiten und Prozesse in einem Lebensbereich, sondern in den wichtigsten Lebenskontexten des Menschen zu studieren, d.h. im *Arbeitsleben*, in der *Partnerschaft*, der *Familie* und in dem Bereich, der nur die *Person* als Individuum betrifft.

Da sich in den letzten hundert Jahren sowohl in jedem dieser Bereiche für sich genommen, als auch in der Verknüpfung der Bereiche untereinander, markante Veränderungen ergeben haben, erscheint ein Blick auf diese Entwicklungen lohnend und hilfreich dafür, die gegenwärtige Situation besser einschätzen zu können:

Für alle vier Lebenskontexte, d.h. auch bereits für jedes Individuum, ist ein gesellschaftlicher Wandel von Bedeutung, dem die Phänomene des "Wertewandels", der "Tendenz zur Individualisierung" und der "Pluralisierung der Lebensformen" zuzurechnen sind (vgl. Schneewind, 1999). Die Pluralisierung von Wahlmöglichkeiten, die mit dem gesellschaftlichen Wertewandel, dem Wegfallen von Beschränkungen, aber auch der Steigerung des allgemeinen Wohlstandes zusammenhängt, hat die individuellen Freiheitsgrade bei der individuellen Lebensgestaltung im allgemeinen sehr hoch werden lassen. Dies läßt sich nach Hurrelmann (1990) bereits für Kinder und Jugendliche feststellen. Für viele Menschen begann mit diesen gesellschaftlichen Entwicklungen die Suche nach der Lebensform, die die besten Voraussetzungen für die persönliche Selbstverwirklichung versprach. Diese den Weg in die moderne Gesellschaft begleitende Eröffnung von Möglichkeiten wurde allerdings erkauft durch die Lockerung von sozialen und kulturellen Bindungen und damit zusammenhängend für viele auch mit dem Verlust von sinn- und haltbietenden Strukturen und mit erlebter moralischer und wertmäßiger Widersprüchlichkeit.

Die gesellschaftlichen Veränderungen, die in diesem Jahrhundert stattgefunden haben, haben auch zu einem grundlegenden Wandel des *Arbeitslebens* und des *Freizeitverhaltens* sowie der Interaktion dieser beiden Bereiche geführt. Damit zusammenhängend haben sich natürlich auch die Einstellungen zur Arbeit und Freizeit (z.B. deren Stellenwert) insgesamt deutlich verändert. Durch die starke Erhöhung des allgemeinen Lebensstandards und der Mobilität ergaben sich vielfältige Möglichkeiten der Freizeitgestaltung, die zu einer extrem facettenreichen Freizeitkultur geführt haben, z.B. allein im Bereich der sportlichen Aktivitäten. Andere Voraussetzungen für diese Entwicklung waren die deutliche Verkürzung der durchschnittlichen Arbeitszeit und die Veränderung der Art der Arbeit, die für einen großen Teil der Bevölkerung von körperlicher Arbeit - vor allem in den Bereichen Landwirtschaft, Handwerk und Industrie - hin zu einer Arbeitstätigkeit geführt hat, die man meist im Sitzen erledigt. Dadurch ist das Arbeitsleben für einen großen Teil der heutigen Bevölkerung in den westlichen Industrienationen durch einen Mangel an körperlicher Aktivität gekennzeichnet, der dann durch die Art der Freizeitgestaltung kompensiert werden sollte.

Auch die veränderten Werte und die Schnellebigkeit der Zeit zeigen Zusammenhänge zum Freizeitverhalten. Die Hektik, die viele im Arbeitsleben oder im modernen Großstadtleben erfahren, wird oft im Freizeitbereich fortgesetzt, und die Zahl der Freizeitinteressen führt bei so manchem zu "Freizeitstreß". Wenn auch sehr viele Menschen den Feierabend Tag für Tag vor dem Fernseher verbringen, macht ein erheblicher Teil der Menschen von der Vielzahl der Freizeitmöglichkeiten Gebrauch. "In" ist, wer in seiner Freizeit vielfältigen, interessanten Aktivitäten nachgeht. Und die Tatsache, daß man auch bei oberflächlicheren Kontakten mit anderen Menschen sehr schnell nach den Hobbies fragt, bzw. von diesen danach gefragt wird, zeigt bereits, daß die Freizeitinteressen meistens einen wichtigen Bestandteil des Selbstkonzepts darstellen. Wer möchte schon gerne sagen, er habe keine Hobbies bzw. Freizeitinteressen? Für die meisten Menschen der heutigen westlichen Industrienationen wäre das sicherlich verbunden mit der Selbstenthüllung, ein langweiliger, farbloser Mensch zu sein.

Vor diesem Hintergrund braucht es vielleicht gar nicht zu verwundern, daß in jüngster Zeit die Branche der "Freizeitagenturen" entstehen konnte. Der Service, den diese bieten, beinhaltet vor allem Freizeitberatung, -information und -planung und Vermittlung von Freizeit- und Reisepartnern. Wer also Probleme mit seiner Freizeitgestaltung hat, kann bei einer derartigen Agentur entweder "Club-Mitglied" mit bester Rundumversorgung in Sachen Freizeitgestaltung werden oder sich zumindest Freizeitberatung und einen strukturierten Freizeitplan erkaufen.

Die allgemeine Pluralisierung und die Veränderungen der Lebensformen zeigen sich auch besonders deutlich im *partnerschaftlichen* und *familiären Bereich.* Diesbezügliche Indikatoren des Wandels sind insbesondere der Rückgang der Heiratsneigung, die Zunahme der Scheidungsquoten, die Zunahme an Einpersonen-Haushalten, die Zunahme nichtehelicher Lebensgemeinschaften, der Rückgang der Geburtenzahlen, die Zunahme der Qualifikation und Erwerbstätigkeit von Frauen und der Wandel von Lebensprinzipien und Erziehungszielen (vgl. Schneewind, 1994, 1995c). Trotz dieser Veränderungen ist jedoch "in Beziehung sein" auch für die allermeisten Menschen der westlichen Welt nach wie vor von zentraler Bedeutung, und es wäre m.E. eine nicht zutreffende Interpretation, beispielsweise aus der Zunahme der Scheidungsquoten, auf geringeres Interesse an Partnerschaften in unserer heutigen Zeit zu schließen. Oft mögen heutzutage nicht mangelndes Interesse an einer Partnerschaft, sondern vielmehr gestiegene Erwartungen (z.B. hinsichtlich Liebesgefühlen und Leidenschaftlichkeit) die Auslöser für Trennungen und Scheidungen sein. Darüber hinaus darf man wohl auch die allgemeine gesellschaftliche Tendenz zu erhöhtem Tempo und Schnellebigkeit nicht nur auf den Bereich der Arbeitstätigkeit und der Freizeitgestaltung, sondern auch auf den Partnerschaftsbereich übertragen und davon ausgehen, daß viele Trennungen durch das Motto "Versäume ja nichts!" mitbedingt sind. So wird vor allem jungen Leuten von seiten der Medien immer mehr suggeriert, daß man durch zu jung eingegangene Bindungen an den aufregendsten, besten Jahren seines Lebens vorbeigeht, und man stattdessen lieber die jungen Jahre - solange man noch attraktiv ist (Koppelung von Jugendlichkeit und Attraktivität) - ausnützen sollte. Dies wäre m.E. auch eine zusätzliche Erklärung dafür, daß Leute, die ganz jung heiraten, ein höheres Scheidungsrisiko haben (in Ergänzung z.B. zu der

Erklärung von Bodenmann (1995), der einen Mangel an sozialen Kompetenzen als Ursachenfaktor annimmt).

Die Veränderungen der gesellschaftlichen und psychologischen Gegebenheiten im partnerschaftlichen Bereich sind natürlich eng vernetzt mit denjenigen des familiären Bereiches. Für psychologische Betrachtungen von Familien sind allerdings auch die mit dem Wertewandel zusammenhängenden allgemeinen Veränderungen der Eltern-Kind-Beziehungen mit den im Schnitt deutlich veränderten Erziehungseinstellungen, -zielen und -praktiken zu berücksichtigen (vgl. Schneewind, 1999; Schneewind & Ruppert, 1995). Teilweise damit zusammenhängend haben sich auch die Familienstressoren und die durch sie ausgelösten Prozesse verändert (vgl. Boss, 1988).

Aber nicht nur die Lebensbereiche an sich (persönlicher Bereich, Arbeitsleben, Partnerschaft und Familie), sondern auch die Verknüpfungen der Bereiche untereinander haben sich deutlich verändert. Während sich früher oftmals beispielsweise das Familienleben und das Berufsleben gleichzeitig unter einem Dach abspielten, sind diese Lebensbereiche heutzutage meist nicht nur getrennt, sondern sie stehen sehr oft in Konkurrenz zueinander (vgl. Mitterauer & Sieder, 1991). Die Vereinbarkeit von Familie und Beruf ist insbesondere für Frauen zu einem bedeutenden Konfliktpunkt geworden (vgl. Schneewind, Gotzler, Schlehlein, Sierwald & Weiß, 1996).

Differentielle Betrachtungen von Streß, Ressourcen und Gesundheit dürfen von Unterschieden zwischen Ost- und Westdeutschen ausgehen, da diese - abgesehen von einem unterschiedlichen Erleben des "kritischen Lebensereignisses" der Wiedervereinigung und einigen Differenzen in den gegenwärtigen Bedingungen in den neuen versus alten Bundesländern - vor allem durch unterschiedliche gesellschaftliche Systeme geprägt wurden (vgl. Walper, 1995). Außerdem sind bei einigen Themen zur Streßbewältigung und Gesundheit geschlechtsspezifische Unterschiede zu erwarten, die teilweise in Interaktion mit Ost-West-Effekten auftreten können.

Unabhängig von den oben beschriebenen sozial- und entwicklungspsychologischen Überlegungen gilt: Auf den vier wichtigen Systemebenen, *Arbeitsleben*, *Partnerschaft*, *Familie* und *individuelle Systemebene* (z.B. persönliche Freizeitgestaltung) findet ein komplexes Zusammenspiel von verschiedensten *Stressoren* und Bewältigungs-*Ressourcen* statt. Zu dieser Interaktion zwischen den Prozessen in den unterschiedlichen Lebensbereichen drängen sich viele interessante Fragen auf wie: Erfahren Personen mit einem hohen Maß an Arbeitsstreß mehr oder weniger oder gleich viel Streß in der Partnerschaft? Kann Streß in einem Bereich durch Ressourcen in einem anderen Bereich kompensiert werden?

Auf jeden Fall geht man davon aus, daß dieses Wechselspiel innerhalb des Bewältigungsprozesses das Niveau der *Gesundheit* und *Zufriedenheit* auf diversen Systemebenen beeinflußt. Dabei erscheint eine *ganzheitliche* Betrachtung von

Gesundheit unerläßlich, die sowohl eine biologisch-somatische als auch eine psychologische Komponente berücksichtigt.

Das *zentrale Ziel* der vorliegenden Arbeit ist die Erprobung eines Fragebogens, der die drei Komponenten Streß, Coping-Ressourcen und Gesundheit mit ihren wesentlichen Facetten möglichst gut erfaßt, wobei der Schwerpunkt auf der Komponente der Coping-Ressourcen liegen soll. Dieser Fragebogen soll zum einen auf seine psychometrischen Qualitäten untersucht werden. Zum anderen soll er mit den durch ihn gewonnenen ersten Ergebnissen einen empirischen Beitrag zu einer multisystemischen Betrachtung von Streßbewältigung und Gesundheit leisten. Dabei soll insbesondere die Bedeutung unterschiedlicher Stressoren und Bewältigungsressourcen aus den wichtigsten Lebenskontexten (Persönlichkeit, Arbeitsleben, Partnerschaft und Familie) für die psychische und physische Gesundheit eingeschätzt werden.

Was den *anwendungsbezogenen Aspekt* betrifft, möchte diese Arbeit selbstverständlich gerne im Dienste der *Prävention* und ihrer Grundlagen stehen, sei dies nun auf das Individuum bezogen, auf das Arbeitsleben, die Partnerschaft oder die Familie. So könnten z.B. die Charakteristika von gesunden Menschen und Systemen als Leitbilder im Bereich von Prävention und Therapie fungieren.

2. Streß, Streßbewältigung und Gesundheit: theoretische Konzeptionen und bisherige Forschung

Das folgende Kapitel beschreibt zunächst in Abschnitt 2.1 *individuumsbezogene* Theorien und Forschungsergebnisse zu den Themen Streß, Streßbewältigung und Gesundheit. Anschließend wird in Abschnitt 2.2 ein kurzer Überblick über Streß, Coping-Ressourcen und Zufriedenheit bzw. Gesundheit bei der *Arbeit* gegeben. In Kapitel 2.3 werden Streß, Ressourcen und Gesundheit in der *Partnerschaft* dargestellt, in Kapitel 2.4 schließlich im Hinblick auf den Lebensbereich *Familie*. Nach diesen Betrachtungen von Streßbewältigung und Gesundheit innerhalb bestimmter Lebenskontexte werden in Kapitel 2.5 *systemübergreifende* Forschungsansätze und Befunde präsentiert. Abschließend wird in Kapitel 2.6 das theoretische Modell beschrieben, das den Hintergrund dieser empirischen Arbeit darstellt: *das "Multisystem Assessment of Stress and Health (MASH)" Modell* von Olson und Stewart (1990b; Olson, 1996).

2.1 Individuumsbezogene Theorien und Forschung zu Streß, Streßbewältigung und Gesundheit

In diesem Kapitel zu *individuumsbezogenen* Theorien und Forschungsbefunden zur Thematik Streß, Bewältigung und Gesundheit werden - abgesehen von Begriffsbestimmungen - grundlegende Modelle und psychologische Zusammenhänge, wie sie sich in Theorien und Forschungsergebnissen darstellen, präsentiert. Die Beschreibung der Zusammenhänge zwischen Streß und Krankheit erfolgt relativ knapp, während die für die vorliegende Arbeit wichtigere gesundheitspsychologische und salutogenetische Perspektive differenzierter dargestellt wird. So wird beispielsweise in Abschnitt 2.1.4 eine größere Zahl von Bewältigungsressourcen vorgestellt, die dann auch im empirischen Teil dieser Arbeit eine Rolle spielen.

2.1.1 Der Streßbegriff in Wissenschaft und Alltag

Der Begriff "Streß" genießt in den Verhaltens- und Gesundheitswissenschaften seit etwa vierzig Jahren große Popularität. Sowohl in der Medizin und der Psychologie als auch in den Medien wurde bereits mit der Einführung des Begriffes

Streß dessen mögliche Rolle bei der Entstehung bestimmter Erkrankungen diskutiert.

Nach Laux (1983) "kommt dem Begriff Streß ... in Hinblick auf Vieldeutigkeit, Vagheit und Umfang zweifellos eine Sonderstellung ... zu. Streß als Modewort ... saugt eine Vielzahl psychologischer Begriffe auf, mit denen unterschiedliche Einzelphänomene bezeichnet werden" (S. 454). Die vage und vielschichtige Verwendung des Streßbegriffes im umgangssprachlichen Alltag trägt nach Laux zusätzlich zu der "Unbestimmtheit und Aspektfülle" in den wissenschaftlichen Disziplinen - vor allem der Psychologie und der Medizin - bei. Auch nach Seiffge-Krenke (1993) wurde die Streßforschung "scharf und zurecht dafür kritisiert, daß sie es nicht geschafft hat, das Konzept Streß angemessen zu definieren". Vielmehr seien sowohl Streß als auch Coping bislang eher als "Regenschirm-Konstrukte" verwendet worden (S. 227).

Ein kurzer Blick auf die *Geschichte des Streßbegriffes* läßt folgende unterschiedliche Konzeptionen erkennen:

Das Wort "Streß" geht auf das lateinische "strictus" zurück, das soviel wie Enge oder Engpaß bedeutet. Im mittelalterlichen Englisch wurde "stress" im Sinne von äußerer Not oder auferlegter Mühsal verwendet. Als physikalisch-technischer Terminus wurde "Streß" bei der Beschreibung der Elastizität von Federn im Zusammenhang mit dem klassischen Hooke'schen Gesetz gebraucht (vgl. Laux, 1983). 1914 wurde der Streßbegriff von Cannon in die psychophysiologische Fachliteratur eingeführt. Vor allem in den fünfziger Jahren wurde er dann durch Hans Selye popularisiert. Dabei verstand Selye unter Streß einen Zustand des Organismus, der sich als ein bestimmtes Syndrom körperlicher Veränderungen ("Allgemeines Adaptationssyndrom") manifestiert (vgl. Laux, 1983; Selye, 1974; siehe Abschnitt 2.1.2).

Die frühen Arbeiten Cannons und Selyes wurden ausschließlich an Tieren durchgeführt, und psychologische, kognitive Prozesse bei der Wahrnehmung und Bewältigung von Stressoren blieben mehr oder weniger unberücksichtigt. Speziell diese Aspekte stehen im Mittelpunkt psychologischer Streßtheorien, wie insbesondere derjenigen von Lazarus und Folkman (1984), welche immer mehr Konsens innerhalb der psychologischen Streßforschung der letzten Jahre geworden ist (vgl. Abschnitt 2.1.2).

Die außergewöhnliche Popularität des Streßtheorems in unserer Gesellschaft läßt sich sicherlich in Abhängigkeit des Zeitgeistes sehen. So stellt z.B. Angermeyer (1991) fest: "In modernen (post)industriellen Gesellschaften ist eine wachsende Tendenz zur Psychologisierung individueller und kollektiver Probleme zu beobachten ... . Psychologische Erklärungsansätze für Gesundheitsstörungen erleben beim Laienpublikum eine bislang nicht gekannte Konjunktur. Das Angebot an psychologischen Deutungs- wie auch Behandlungsangeboten nahm in den letzten beiden Jahrzehnten sprunghaft zu - ein Phänomen, das gemeinhin als 'Psychoboom' apostrophiert wird" (S. 125). In diese Tendenz zu psychologischen

Erklärungen gliedern sich streßtheoretische Erklärungen nicht nur ein, sondern das Streßkonzept bietet sogar ein übergeordnetes Erklärungsmuster, dem sich eine Vielzahl von ganz unterschiedlichen Deutungen und Erklärungen zuordnen lassen. So sind nach Angermeyer (1991) sowie Angermeyer und Klusmann (1988) auch viele der ätiologischen Vorstellungen von Patienten mit funktionellen Psychosen unter das Streßkonzept zu subsumieren. Die untersuchten Patienten machen meist eine Kombination mehrerer psychosozialer Faktoren, wie belastende Lebensereignisse, Probleme in der Partnerschaft oder Berufsstreß für die Verursachung ihrer Psychose verantwortlich.

Insgesamt läßt sich also bei Patienten mit Psychosen eine ähnliche Beliebtheit des Streßkonzepts feststellen wie in der Allgemeinbevölkerung. Streß wird von den allermeisten Menschen als ein ernstzunehmendes und unsere momentane Zeit besonders charakterisierendes Phänomen angesehen. So glauben die meisten Menschen - nach den Daten von Angermeyer (1991) 78,6 % der von ihm in München untersuchten Personen - daß das Ausmaß an Streß in den letzten Jahrzehnten zugenommen hat. Darüber hinaus glauben 70,6 %, daß Großstadtbewohner mehr Streß ausgesetzt sind als Landbewohner. Als Resümee stellt Angermeyer (1991) fest: "Man kann wohl ohne Übertreibung sagen, daß das Streßkonzept das zur Zeit populärste kollektive Erklärungs- und Interpretationsangebot für Krankheit darstellt" (S. 125).

Dabei muß auf die - vor allem von Laien - des öfteren gestellte Frage, ob "Streß" denn nicht nur ein sehr subjektiver Begriff, ein Modewort sei, die Antwort, z.B. nach Bamberg und Greif (1982), ein klares "nein" sein. Als Begründung dafür geben die Autoren in erster Linie an, daß die mit Streß in Verbindung stehenden Krankheiten wie Herz-Kreislauf-Erkrankungen einen beständigen Aufwärtstrend zeigen, gerade auch bei Menschen mittleren Alters. Insgesamt sehen Bamberg und Greif durch verschiedene Datenbeispiele zur Frühinvalidität, zur Lebenserwartung (z.B. von berufstätigen versus nicht berufstätigen Frauen und Männern) und zur Häufigkeit verschiedener Krankheiten ihre Auffassung bestätigt, daß in der Bundesrepublik "eine bedrohliche Situation des Gesundheitszustandes der Bevölkerung" (S. 8) herrscht und daß dies mit dem allgemein hohen Maß an Streß in unserer Gesellschaft zusammenhängt.

2.1.2 Grundlegende Streßmodelle

In der Psychologie - und teilweise auch in der Medizin und Soziologie - lassen sich derzeit prinzipiell *drei Streßmodelle* unterscheiden (vgl. Laux, 1983; Lazarus & Folkman, 1984; v. Rosenstiel, 1987). Dies sind die Konzeptualisierungen von Streß in Form von (a) situativen Bedingungen *(reizzentrierte Streßmodelle)*, (b) in Form einer Reaktion *(reaktionszentrierte Streßmodelle)* und (c) einer Person-Umwelt-Beziehung *(transaktionale Streßmodelle)*.

2.1.2.1 Reizzentrierte Streßmodelle

Reizzentrierte Streßmodelle konzeptualisieren Streß als Stimulus oder Stimuluskonstellationen und sind somit situationsbezogen. Inhaltliche Taxomomien von Stressoren differenzieren meist grundlegend nach *physischen* und *selbstwertrelevanten Stressoren*, wobei oftmals *soziale Stressoren* als dritter Typus ergänzt werden (vgl. Krohne, 1990).

Die situationsbezogenen Streßmodelle sind insbesondere in der *Life-event-Forschung* und innerhalb der Forschungen zum *Arbeitstreß*, zu *sozialem Streß* (z.B. Streß in der Familie) oder zu *Stressoren in der Wohnumgebung* anzutreffen (vgl. Bamberg & Greif, 1982; Laux, 1983). Besonders charakteristisch ist diese Konzeptualisierung von Streß als Stimulus bzw. Stimuluskonstellationen für die *Life-stress-Forschung*, die mit der *Life-event-Forschung* gleichzusetzen ist (vgl. Laux, 1983). Streß besteht demnach in einschneidenden Lebensereignissen, die eine Neuanpassung an die veränderten Lebensumstände erfordern. Das bekannteste, vor diesem theoretischen Hintergrund entwickelte Fragebogenverfahren ist die "Social Readjustment Rating Scale" von Holmes und Rahe (1967), bei der 43 Lebensereignisse in bezug auf ihr Vorkommen in einem definierten zurückliegenden Zeitraum eingeschätzt werden sollen. Der individuelle Life-Stress-Wert ergibt sich dann aus der Summe der den jeweiligen Ereignissen a priori beigemessenen *Life Change Units*. Inzwischen beziehen Revisionen des Verfahrens die subjektiven Bewertungen der Ereignisse mit ein. Ausgelöst wurden diese Veränderungen des Meßinstrumentes sicherlich u.a. durch die von Lazarus und Kollegen geäußerte Kritik und durch ihre Position, die auf die Bewertungsprozesse der Person fokussiert (vgl. Laux, 1983; Lazarus & Folkman, 1984).

In Abgrenzung vom Ansatz der kritischen Lebensereignisse (Life-event-Forschung) plädieren Lazarus und Folkman (1984) dafür, Stressoren in Form von *"daily hassles"* (unangenehme Mini-Ereignisse) zu konzeptualisieren. Sie begründen ihre Präferenz für die "daily hassles" damit, daß für diese Mikrostressoren eine größere Bedeutung für die Ätiologie von physischen und psychischen Krankheiten festgestellt werden kann (vgl. Kanner, Coyne, Schaefer & Lazarus, 1981).

Nachdem die Life-event-Forschung traditionellerweise den Blick auf die durch die Anpassungsprozesse hervorgerufenen *negativen* Auswirkungen (z.B. in Form von körperlichen Krankheiten) gerichtet hat, erfuhr sie durch die Arbeiten von Rudolf Moos eine salutogenetische Ergänzung bzw. Neuorientierung (vgl. Holahan & Moos, 1986, 1990; Moos & Schaefer, 1993; Schaefer & Moos, 1992).

Abgesehen von der *Life-stress* Forschung lenken auch die meisten Arbeiten zum *Arbeitsstreß* das Hauptaugenmerk auf die Situation bzw. die Stressorstimuli (vgl. Cooper & Smith, 1989; Mohr, 1990; siehe Kap. 2.2). Diese Ausrichtung steht in Einklang mit der sehr oft hinter arbeits- und organisationspsychologischen Streßforschungen stehenden Intention, die Arbeitsbedingungen der Arbeitnehmer zu verbessern (vgl. Mohr, 1990).

Innerhalb der situationsbezogenen Streßkonzeptionen wird oftmals zwischen *Streß* und *Strain* unterschieden, wobei nach Kahn (1970) mit "Streß" die objektiven Anforderungen und mit "Strain" die wahrgenommenen Anforderungen bezeichnet werden (vgl. Laux, 1983). Als Determinanten von "Strains" werden beispielsweise berufsspezifische Stressoren wie Rollenambiguität oder Überlastung, in Interaktion mit Persönlichkeitsvariablen, angesehen. Somit ist "Strain" als eine transaktionale Konzeption aufzufassen (vgl. Laux, 1983; siehe Abschnitt 2.1.2.3).

Was die Form bzw. die Inhalte der Stressoren betrifft, lassen sich alters- (und evtl. auch kohortenabhängige) Varianzen feststellen. Nach den Daten der 16-Jahres-Längsschnittstudie über zwei Generationen von Schneewind und Ruppert (1995) finden sich in der Generation der 25- bis 30jährigen beispielsweise deutlich mehr berufliche Probleme und Probleme im Freundeskreis als bei deren Eltern, während bei den Eltern z.B. mehr massive gesundheitliche Stressoren anzutreffen sind.

2.1.2.2 Reaktionszentrierte Streßmodelle

Stellvertretend für die *reaktionsbezogene Modellvorstellung (Streß als Response)* in der Streßforschung wird im folgenden die Streßkonzeption von Hans Selye beschrieben.

Der Physiologe Selye wird meist als der Begründer der Streßforschung angesehen. Seine mehrmals überarbeitete *Definition von Streß* lautet: "Streß ist die unspezifische Reaktion des Organismus auf jede Anforderung" (Selye, 1981, S. 170). Diese Definition impliziert bereits seine zu Bedeutung gelangte *"Unspezifitätshypothese"*, wonach Krankheiten nicht vorrangig aufgrund spezifischer Einflüsse auf den Organismus entstehen, sondern sich "aus reizunspezifischen (stereotypen) Reaktionen auf solche Einflüsse" (Nitsch, 1981, S.132) entwickeln. Nach dieser Auffassung wird als "belegt angesehen, daß vielfältigste, qualitativ unterschiedliche physikalisch-chemische und psychosoziale Reize zu ähnlichen physiologisch-biochemischen Veränderungen führen, die bei stärkerer Ausprägung zur eigentlichen Krankheitsbedingung werden" (Nitsch, 1981). Nach Selye (1981) ist es "unter dem Gesichtspunkt der Stressoreinwirkung ... sogar unerheblich, ob der vorliegende Reiz oder die Situation angenehm oder unangenehm sind; es kommt nur auf das durch sie verursachte Ausmaß der Anforderung an Anpassung oder Wiederanpassung an" (S. 169). Diese Aussage Selyes spricht bereits den Grundgedanken seiner zweiten, zu Bedeutung gelangten Hypothese an:

Nach der *"Anpassungsfolgenhypothese"* ergeben sich Krankheiten als Nebenwirkungen und Kettenreaktionen aus mehr oder weniger unangemessenen Anpassungsversuchen des Organismus (vgl. Nitsch, 1981). In dieser Sicht werden Krankheitssymptome, wie z.B. Fieber oder Entzündungen, als Abwehrleistungen aufgefaßt, welche selbst viel gefährlicher werden können als es die Auslösebedingungen waren.

Ein weiteres Kernstück von Selyes Streßmodell bilden die *biochemischen und endokrinen Mechanismen der Streßreaktion*, die sich nach Selye folgendermaßen beschreiben lassen: Ein auf einen Organismus einwirkender Stressor ruft einen *unspezifischen Reiz* (Selye, 1981, S. 172) hervor. Bei diesem Reiz, der auch erster Mediator genannt wird, kann es sich "um einen Nervenimpuls handeln, eine chemische Substanz oder um einen Mangel an einem notwendigen Stoffwechselfaktor" (S. 172). Über die Natur dieses ersten Mediators ist noch nicht einmal bekannt, ob er "gleichbedeutend mit Überfluß oder Mangel an einer bestimmten Substanz ist" (S. 172). Selye geht davon aus, daß verschiedene Störungen der Homöostase die Streßreaktion auslösen können. Auch wenn beim Menschen mit seinem hochentwickelten zentralen Nervensystem (ZNS) in der Regel emotionale Erregung als der häufigste Auslöser von somatischen Streßreaktionen betrachtet wird, ist zu bedenken, daß auf der Ebene des Bewußtseins als Störungen erlebte Phänomene keine Voraussetzung für Streßreaktionen sind. Denn zum einen treten unspezifische Streßreaktionen auch bei primitivsten Tieren ohne Nervensystem auf. Zum anderen können Streßreaktionen beim Menschen auch während einer tiefen Narkose auftreten: "Anästhetika selbst (z.B. Äther) werden sogar allgemein in der experimentellen Medizin verwendet, um Streß hervorzurufen, und der 'Narkose-Streß' stellt ein schwerwiegendes Problem bei klinischen Operationen dar" (Selye, 1981, S. 174).

Obwohl eine Identifikation des ersten Mediators bzw. mehrerer Mediatoren noch aussteht, weiß man, daß Streß schließlich auf den Hypothalamus und insbesondere auf die Eminentia Mediana einwirkt. Die Regulation dieses Vorgangs erfolgt durch Nervenreize von der Großhirnrinde, der Retikulärformation und dem Limbischen System (insbesondere dem Hippocampus und der Amygdala). Die Nervenimpulse treffen, vor allem in der Eminentia Mediana, auf neuroendokrine Zellen, die die Nervensignale in ein Überträgerhormon umsetzen, welches den Namen kortikotroper hormon-freisetzender Faktor (corticotropic hormone-releasing factor, CRF) trägt. Über das hypothalamo-hypophysäre Pfortadersystem erreicht das Hormon CRF den Hypophysenhinterlappen, wo die Freisetzung des adrenokortikotropen Hormons (ACTH) in den allgemeinen Blutkreislauf ausgelöst wird. Erreicht ACTH die Nebennierenrinde, verursacht es eine Ausschüttung von Kortikoiden, insbesondere Glucokortikoiden, wie z.B. Kortisol oder Korticosteron. Diese lösen eine Glykoneogenese aus und stellen damit eine unmittelbar verfügbare Energiequelle für die Anpassungsreaktion bereit, die zur Erfüllung der durch die Stressoren gestellten Anforderungen notwendig sind.

Weitere Wirkungen der Glucokortikoide sind Hemmung von Entzündungen, Unterdrückung von Immunreaktionen, thymikolymphatische Schrumpfung, Eosinopenie und Lymphopenie (vgl. Selye, 1974, 1981).

Unter dem Einfluß des Hormons ACTH werden nicht nur Kortikoide ausgeschüttet. Es werden an den autonomen Nervenenden und im Nebennierenmark auch Katecholamine freigesetzt, wie z.B. Adrenalin und Epinephrin. Durch diese Hormone werden aus Glykogendepots Glucose und aus den Triglyceridspeichern des Fettgewebes freie Fettsäuren gebildet. Dadurch werden unmittelbar verfügbare Energiequellen bereitgestellt. Außerdem bewirken Adrenalin und Epinephrin eine Beschleunigung des Pulses und eine Erhöhung des Blutdrucks. Dadurch wird die Blutzirkulation in der Muskulatur verbessert und das ZNS angeregt. Zusätzlich beschleunigt Epinephrin die Blutgerinnung und schützt dadurch gegen übermäßige Blutungen, falls z.B. in Auseinandersetzungen Wunden erlitten werden. Somit sind die beschriebenen physiologischen Streßreaktionen auf die Erfüllung der Anforderungen von Kampf und Flucht ausgerichtet. Es sei angemerkt, daß die oben dargestellte Wirkungskette durch Biofeedback-Mechanismen kontrolliert wird, wobei zwei Rückkopplungen eindeutig nachgewiesen sind: Erstens gibt es ein unmittelbares ACTH-Feedback. Ein Überschuß des Hormons ACTH, welches dem Hypothalamus-Hypophysensystem wieder zugeführt wird, hemmt die weitere ACTH-Produktion. Zweitens gibt es einen Kortikoid-Feedback-Mechanismus, wobei ein hoher Kortikoidblutspiegel ebenso die ACTH-Ausschüttung hemmt. Nach Selye (1981) ist allerdings "noch nicht ganz geklärt, in welchem Ausmaß diese Rückkopplungen auf die neuroendokrinen Zellen des Hypothalamus, der Adenohypophyse oder beider wirken" (S. 176).

Die *Grundlagen für die Entstehung von Anpassungskrankheiten* werden in der physiologischen Betrachtung Selyes in den folgenden zwei Faktoren gesehen: (a) in einer übermäßigen Produktion von Anpassungshormonen (insbesondere Katecholaminen und Glucocorticoiden) mit Auswirkungen sowohl auf den Stoffwechsel als auch auf die Immunabwehr, und/oder (b) in einem zu geringen Gehalt oder einem starken Abfall adaptiver Hormone im Blut und in der Veränderung der relativen Hormonkonzentration im Verhältnis der einzelnen Hormone zueinander (vgl. Nitsch, 1981).

Nach Selye (1981) lösen Stressorereignisse nicht nur unspezifische Reaktionen aus, sondern auch spezifische Folgen: "Die spezifischen Folgen ..." von Ereignissen wie "... Kummer und Freude sind völlig unterschiedlich, ja sogar gegensätzlich, doch ihre Stressorwirkung - die unspezifische Anforderung an die Wiederanpassung an eine neue Situation - ist die gleiche." Während Selye die unspezifischen Stressorwirkungen lediglich als "variabel und für jeden einzelnen Reiz charakteristisch" (1981, S.174) beschreibt, betont er die unspezifischen Anteile der Streßreaktion und vergleicht diese mit Energie und Energieverbrauch: "Jede an den Organismus gestellte Anforderung muß sich auf eine bestimmte, d.h. spezifische Tätigkeit beziehen und ist dennoch untrennbar mit unspezifischen

Erscheinungen (d.h. Energieverbrauch) verbunden, genauso wie in der unbelebten Welt an Maschinen gestellte spezifische Anforderungen, z.B. die Raumtemperatur zu erhöhen ..., oder Töne zu erzeugen, ... stets vom Energieverbrauch abhängen" (S.174f.).

Im Sinne dieses Vergleichs mit Energie "muß Streß nicht unbedingt vermieden werden. Er kann auch gar nicht vermieden werden, da Leben an sich schon Anforderungen an die lebenserhaltende Energie stellt ... . Völlige Freiheit von Streß kann nur nach dem Tod erwartet werden" (S.175). Dennoch sind nach Selye zwei Arten von Streßwirkungen zu unterscheiden, nämlich *Eustreß* (von griechisch *eu* oder gut) und *Distreß* (von lateinisch *dis* oder schlecht).

Durch die unspezifischen Anpassungsreaktionen wird nach Selye ein stereotypes Syndrom ausgelöst, das er als *"Generelles Adaptationssyndrom (G.A.S.)"* bezeichnet, und welches sich aus einer Symptomtriade zusammensetzt: (1) Vergrößerung und Hyperaktivität des adrenergen Kortex; (2) Schrumpfung der Thymusdrüsen und der Lymphknoten, sowie (3) Auftreten von Magengeschwüren. Die Entwicklung des G.A.S. unterteilt Selye (1981) in die drei folgenden *Phasen*:

(1) Die Alarmreaktion: Bei der Konfrontation mit dem Stressor zeigt sich im Organismus die Alarmreaktion, welche sich aus der Schock-Phase (typische Anzeichen sind Tachykardie, Temperatur- und Blutdruckabfall) und der Nachschock-Phase (Mobilisation von Abwehrenergien) zusammensetzt.

(2) Phase des Widerstandes (Resistenz): Dauert der Einfluß des Stressors weiter an, "wird die nerval induzierte Leistungsbereitschaft durch eine allmähliche Verschiebung der organismischen Gleichgewichte abgelöst. Ziel der veränderten organismischen Reaktionslage ist es, den Körper widerstandsfähiger zu machen" (Bösel, 1987, S. 190). Diese Veränderungen setzt das Nebennierenrinden-Hormon Kortisol in Gang.

(3) Phase der Erschöpfung: Die Adaptationsreserven des Organismus sind aufgebraucht, und er reagiert mit Krankheit, dem "Allgemeinen Adaptationssyndrom".

Die beschriebene Konzeption von Selye ist am ehesten dem Bereich der Medizin oder der medizinischen Psychologie zuzuordnen. In die Kategorie der reaktionszentrierten Streßmodelle fallen nach von Rosenstiel (1987) aber auch *persönlichkeits-* bzw. *differentialpsychologische Typologisierungen* wie z.B. die Typologie A-B nach Friedman und Rosenman (1974; vgl. Schwenkmezger, 1994; siehe auch Kap. 2.1.3.2).

2.1.2.3 Transaktionale Streßmodelle

Wie weiter oben bereits festgestellt wurde, sind die transaktionalen Konzeptionen von Streß und dabei insbesondere die Theorie von Richard Lazarus und Kollegen (z.B. Lazarus & Folkman, 1984; Lazarus & Launier, 1981) mehr oder weniger Konsens in der modernen psychologischen Streßforschung.

Streßkonzeptionen in Form von Person-Umwelt-Interaktionen werden nach Laux (1983) in sogenannten "Ungleichgewichtskonzeptionen" besonders deutlich, in denen die Beziehung zwischen den Anforderungen der Umgebung und den Reaktionskapazitäten der betroffenen Person betrachtet werden. Ansätze, die in diese Kategorie fallen, sind insbesondere diejenigen von McGrath (1970, zitiert nach Laux, 1983) und von Lazarus und Kollegen (z.B. Lazarus, 1991; Lazarus & Folkman, 1984). Letztgenannter Ansatz wird im folgenden beschrieben:

Nach Lazarus und Folkman (1984) stellt Streß weder "eine spezifische äußere Reizgegebenheit (situationsbezogene Definition), noch ein Muster von Reaktionen (reaktionsbezogene Definition)" (Übers. d. Krohne, 1990, S. 264) dar, sondern eine bestimmte Beziehung, eine Transaktion, zwischen Person und Umwelt. Lazarus (1991) definiert Streß folgendermaßen: "Streß ist eine bestimmte Beziehung zwischen einer Person und ihrer Umwelt, die von der Person als ihre Ressourcen beanspruchend oder übersteigend und ihr Wohlbefinden gefährdend eingeschätzt wird" (S. 19, Übers. d. Verf.)[1].

In dieser Streßkonzeption in Form einer Person-Umwelt-Transaktion werden *kognitive Bewertungsprozesse* und *Streßbewältigung ("coping")* als zentrale Mediatoren in Hinblick auf unmittelbare und längerfristige Konsequenzen angesehen (siehe Kap. 2.1.4). Die Grundstruktur des Modells zeigt *neobehavioristische Einflüsse*: Antezedente Variablen werden auf ihre Einflüsse auf "Ergebnis"-Variablen untersucht, wobei als "vermittelnde Prozesse" die Variablen "Einschätzung" und "Coping" dazwischenliegen. Die "resultierenden" Variablen sind in unmittelbare und Langzeit-Auswirkungen unterteilt. Die antezedenten Variablen werden in Person- und Umweltvariablen untergliedert, aus deren Interaktion die "Einschätzung" entsteht, welche das Ereignis als irrelevant, günstig oder bedrohlich bewertet. Diese "Einschätzung" wirkt sich auf den "Coping"-Prozeß aus, der wiederum einen Einfluß auf die unmittelbare Auswirkung des Ereignisses hat und wahrscheinlich auf die Langzeitauswirkung einer Vielzahl anderer Ereignisse (vgl. Bodenmann, 1997; Lazarus & Folkman, 1984; Lazarus & Launier, 1981).

Lazarus unterteilt den Prozeß der *Bewertung*, welcher in jeder neuen Situation - wie beim Auftreten eines Stressors - einsetzt, in zwei Phasen, und zwar (a) in die Phase des *"Primary appraisal"*, innerhalb der das Individuum die Situation hinsichtlich ihrer Qualität als für sich irrelevant, angenehm oder bedrohlich (streßerzeugend) bewertet; und (b) in die Phase des *"Secondary appraisal"*, innerhalb der das Individuum seine bestehenden Bewältigungsmöglichkeiten und die zu erwartenden sozialen Konsequenzen einschätzt.

Lazarus' Konzeption von Streß als *Person-Umwelt-Interaktion* wird auch bei einem genaueren Blick auf sein *"Daily hassles"*-Konzept der Stressoren deutlich:

---

[1] Seiffge-Krenke (1993) kritisiert an dieser Definition eine inhaltliche Überlappung zwischen Streß und Anpassung.

So unterscheidet er in neueren Arbeiten *zentrale* von *peripheren "hassles"* (vgl. zusammenfassend Krohne, 1990). Als gesundheitsrelevant werden vor allem die zentralen "hassles" angesehen, die von den wichtigen Themen oder Problemen einer Person bestimmt werden. An diesem Konzept der "central hassles" wird deutlich, daß der Streßprozeß nicht nur in Abhängigkeit von situativen Faktoren gesehen wird, sondern auch von *Persönlichkeitsvariablen*. Relevante Personmerkmale, die die kognitiven Bewertungen beeinflussen, sind nach Lazarus und Folkman (1984) Werthaltungen, Ziele, generalisierte Überzeugungen (z.B. Kontrollüberzeugungen) und Motivationsdispositionen (vgl. Krohne, 1990).

Über den transaktionalen Charakter seiner Konzeption von Streß hinaus verstehen Lazarus und Folkman (1984) Streß als eine "komplexe Rubrik wie Emotion, Motivation oder Kognition und nicht als eine einzelne Variable" (S. 11f.; Übers. d. Verf.). Deshalb kann auch nicht eine einzelne Variable das Streß-Phänomen erklären oder beschreiben.

2.1.3 Streß aus gesundheitspsychologischer Perspektive

Da die vorliegende empirische Arbeit das Thema Streß in erster Linie aus gesundheitspsychologisch-“salutogenetischer“ Perspektive betrachtet, wird im folgenden nach einer kurzen Darstellung zu Begriff und Bedeutung der Gesundheit der theoretische Hintergrund der Gesundheitspsychologie skizziert. Dabei wird zunächst auf die Disziplin der Gesundheitspsychologie, wie sie sich im deutschsprachigen Raum etabliert hat, eingegangen, im Anschluß daran wird die "salutogenetische" Orientierung im Sinne von Antonovsky (1987, 1993a) skizziert.

2.1.3.1 Gesundheit: Begriff und Allgemeines

Gesundheit ist in der Tat ein herausragend wichtiges Alltagsthema, worauf bereits in der Einleitung dieser Dissertation hingewiesen wurde. Auch im *Grundgesetz* der BRD (Artikel 2, Absatz 2) ist Gesundheit im Sinne der *körperlichen Unversehrtheit* als eines der schutzwürdigen Rechte jedes Bürgers verankert.

Gesundheit wird z.B. nach Brockhaus (1969) folgendermaßen definiert: "Gesundheit, latein. sanitas, der Zustand, in dem sich Lebewesen befinden, wenn all ihre Organe ungestört tätig sind und harmonisch zur Erhaltung ihres ganzen Wesens zusammenwirken sowie ihre Fortpflanzung gewährleisten (im Gegensatz zur Krankheit)" (S. 249).

Die folgende Definition der Weltgesundheitsorganisation WHO kann als stellvertretend für gängige gegenwärtige Konzeptualisierungen von Gesundheit angesehen werden. Danach ist Gesundheit ein "Zustand vollkommenen körperlichen, seelischen und sozialen Wohlbefindens und nicht bloß die Abwesenheit von

Krankheit und Gebrechen" (Präambel der Charta; zitiert nach Antonovsky, 1979, S. 71). Da diese Definition eine physische, eine psychische und eine soziale Komponente enthält, entspricht sie der Forderung nach einer *"biopsychosozialen"* Perspektive in der Gesundheitspsychologie. Sie stellt außerdem die *subjektive* Perspektive des Individuums in Form des Selbsterlebens von Gesundheit in den Vordergrund. Nach Franke (1993) muß die Psychologie allerdings noch die Beziehung zwischen der "psychischen Gesundheit" und der "Gesundheit insgesamt" klären.

Gesundheit ist ebenso wie Krankheit nach Becker (1982) insofern schlecht "objektivierbar", als deren Betrachtung je nach Perspektive völlig unterschiedlich ausfällt. Becker unterscheidet folgende vier Perspektiven: (a) eine naturwissenschaftlich-somatische, (b) eine psychologische, (c) eine soziologische und (d) eine juristische.

Die Unterscheidung zwischen *psychischer* und *physischer Gesundheit* ist nach Becker trotz vielfältig möglicher Zusammenhänge und Wechselwirkungsprozesse als sinnvoll anzusehen, weil es Personen gibt, deren Störungen ausschließlich auf der psychischen oder der somatischen Ebene zu diagnostizieren sind.

Hinsichtlich der körperlichen Gesundheit werden von einer großen Zahl von Forschungsstudien sowohl *Generationen-* als auch *Geschlechtsunterschiede* berichtet (vgl. Schneewind & Ruppert, 1995; Sieverding, 1994). So fanden z.B. Schneewind und Ruppert (1995) in ihren Daten zur subjektiven Einschätzung gängiger psychosomatischer Symptome signifikant höhere Werte bei den Frauen. Außerdem zeigte sich der erwartete Generationeneffekt: Der Vergleich der in diese Längsschnittstudie einbezogenen zwei Generationen ergab geringere Werte in der Symptomskala bei der Kindergeneration der 25- bis 30jährigen im Vergleich zur Generation ihrer Eltern.

2.1.3.2 Die Gesundheitspsychologie

Es herrscht derzeit keine Einigkeit darüber, ob man gesundheitspsychologische Forschung als eine noch junge Strömung in der wissenschaftlichen Psychologie zu betrachten hat oder nicht. Argumente für die Sichtweise, z.B. von Schwarzer (1990), die Gesundheitspsychologie als junge Teildisziplin der Psychologie anzusehen, wären zum einen, daß es international betrachtet erst sehr wenige Zeitschriften speziell zu dieser Ausrichtung gibt und zum anderen, daß die Zahl der Veröffentlichungen im Bereich der Gesundheitspsychologie derzeit stark zunimmt. Im deutschsprachigen Raum gibt es bislang erst eine Fachzeitschrift, die genau die Forschungsrichtung der Gesundheitspsychologie repräsentiert, nämlich die 1993 ins Leben gerufene "Zeitschrift für Gesundheitspsychologie".

Demgegenüber machen Schwenkmezger und Schmidt (1994) auf die gesundheitspsychologische Tradition aufmerksam und stellen fest: "Obwohl die Gesundheitspsychologie in der Fachöffentlichkeit und auch von außen her im allgemeinen als ein neues Gebiet wahrgenommen wird, ist diese Einschätzung nicht ganz korrekt. Ohne förmlich den Begriff zu verwenden, gibt es bereits seit den Anfängen der wissenschaftlichen Psychologie zahlreiche Beispiele, wie psychologische Erkenntnisse für die Gesundheitsförderung nutzbar gemacht werden können" (S. 1).

Die förmliche Etablierung der Gesundheitspsychologie kann man im Jahre 1978 sehen, als die "American Psychological Association (APA)" die - heute mittlerweile ca. 4000 Mitglieder umfassende - Sektion "Health Psychology" gründete. Seitdem wird gesundheitspsychologische Forschung und Lehre in der Regel unter diesem Namen betrieben (vgl. Schwenkmezger & Schmidt, 1994).

Insgesamt stellen Schwenkmezger und Schmidt jedoch fest, daß der Boom, den die Gesundheitspsychologie in den letzten Jahren erfahren hat - auch z.B. hinsichtlich der Etablierung von Fachgruppen und Programmen - leicht zu der Einschätzung führen kann, es handle sich um eine noch junge Disziplin.

Nach Schwarzer (1990) liegt der *Gegenstand der Gesundheitspsychologie* "vor allem in der Bestimmung und Veränderung von Verhaltensweisen und Kognitionen, die mit Krankheitsrisiken verbunden sind oder die der Gesundheitsförderung und Krankheitsbewältigung dienen" (S. 3).

Schwarzer schlägt die folgende *Definition* von *Gesundheitspsychologie* vor: "Gesundheitspsychologie ist ein wissenschaftlicher Beitrag der Psychologie zur 1) Förderung und Erhaltung von Gesundheit, 2) Verhütung und Behandlung von Krankheiten, 3) Bestimmung von Risikoverhaltensweisen, 4) Diagnose und Ursachenbestimmung von gesundheitlichen Störungen, 5) Rehabilitation und 6) Verbesserung des Systems gesundheitlicher Versorgung. Sie befaßt sich vor allem mit der Analyse und Beeinflussung gesundheitsbezogener Verhaltensweisen des Menschen auf individueller und kollektiver Ebene sowie mit den psychosozialen Grundlagen von Krankheit und Krankheitsbewältigung" (1990, S. 3). An dieser Definition ist deutlich die dahinterstehende Auffassung erkennbar, daß der individuelle Gesundheitszustand durch die Art und Weise des Umgangs mit unseren Ressourcen und Risiken beeinflußt werden kann und daß "viele Krankheiten und Gesundheitsschäden vermeidbar wären" (Schwarzer, 1990, S. 3).

Schwarzer positioniert seine Disziplin auf drei Ebenen, einer *individuellen*, einer *systemisch-kollektiven* (z.B. in Form von Familiensystemen oder Organisationen) und einer *gesellschaftlichen*. Dabei soll die Analyse auf gesellschaftlicher Ebene wichtige Beiträge zu gesundheitspolitischen Entscheidungen und Maßnahmen liefern.

Da eine derartige, sehr umfassend angelegte Konzeptualisierung Probleme der Abgrenzung zu anderen Teilgebieten der Psychologie nach sich ziehen kann, schlagen Schwenkmezger und Schmidt (1994) eine Differenzierung in Gesundheitspsychologie im *engeren* und im *weiteren* Sinne vor: "Erstere ist vor allem auf die Gesundheitsförderung und die primäre Prävention ausgerichtet und befaßt sich mit der Aufrechterhaltung der Gesundheit auf der Ebene des Individuums und der Gesellschaft unter Einschluß ökologischer Aspekte" (S. 3). Stellvertretend für die weiter gefaßte Sichtweise kann die oben zitierte Definition von Gesundheitspsychologie nach Schwarzer gelten, die auch Aufgabenstellungen beinhaltet, die traditionellerweise der Medizinischen Psychologie oder der Klinischen Psychologie zugeordnet wurden (vgl. Schwenkmezger & Schmidt, 1994).

In der Gesundheitspsychologie hat sich eine *"biopsychosoziale"* Modellvorstellung durchgesetzt, wonach Gesundheit und Krankheit aus der Interaktion von biologischen, psychologischen und zwischenmenschlichen Gegebenheiten resultieren. Allerdings wird de facto in der Regel fast ausschließlich die psychologische Komponente betrachtet, was zu der Feststellung von Schwarzer (1990) paßt, die Gesundheitspsychologie widme sich "dem gesundheitsrelevanten Verhalten und gesundheitsbezogenen Kognitionen" (S. 4). Dabei werden wiederum die *gesundheitsbezogenen Verhaltensweisen* prinzipiell in *immunogene* und *pathogene* Verhaltensweisen unterteilt. Während letztere mit Risikoverhaltensweisen gleichgesetzt werden, dienen "immunogene Verhaltensweisen" der Entwicklung und Stärkung von Ressourcen bzw. protektiven Faktoren. Dabei korrelieren verschiedene immunogene Verhaltensweisen, wie z.B. dem Körper genügend Schlaf und Entspannung ermöglichen, sich gesund ernähren, den Körper und die Zähne pflegen und sich ausreichend körperlich betätigen, insgesamt nur relativ gering.

Da nach Schwarzer hinter der gesundheitspsychologischen Forschung die Idealvorstellung steht, die Menschen insgesamt zu einer gesunden Lebensweise hinzuführen, sind die psychologischen Prozesse, die zu "immunogenem" oder "pathogenem" Verhalten führen, von besonderem Interesse. Die Gesundheitspsychologie sieht die erwünschten Verhaltensveränderungen vor allem in direkter Abhängigkeit von Veränderungen der Kognitionen. Dabei wird - beeinflußt von den beiden Konzepten der Kontrollüberzeugungen nach Rotter (1966) und der Selbstwirksamkeitserwartung nach Bandura (1977; vgl. Schneewind, 1982, 1996b) - der subjektiv wahrgenommenen Kontrollierbarkeit von Handlungen eine besondere Aufmerksamkeit gewidmet.

Taylor (1986; zitiert nach Schwarzer, 1990) integriert die Selbstwirksamkeitstheorie, das *Modell gesundheitlicher Überzeugungen* (*Health Belief Model* nach Becker, 1974) und die *Theorie der Schutzmotivation* (*Protection Motivation Theory* von Rogers, 1975) und kommt zusammenfassend zu der folgenden Modellvorstellung von Gesundheitsverhalten: "Menschen verhalten sich dann gesundheitsbewußt, wenn (a) eine Gesundheitsbedrohung schwerwiegend erscheint, wenn (b) die subjektive Verletzbarbeit oder die Auftretenswahrscheinlichkeit für eine Krankheit hoch ist, (c) wenn jemand glaubt, persönlich eine protektive Handlung zur Verfügung zu haben und (d) wenn diese Handlung als eine wirksame Maßnahme zur Abwehr der Gefahr eingeschätzt wird" (Schwarzer, 1990, S. 8).

Diese motivationale Theorie des Gesundheitsverhaltens ist zu ergänzen durch eine volitionale, die die Umsetzung der Intention in eine entsprechende Handlung und deren Aufrechterhaltung beschreibt und erklärt. Diesem Anspruch möchte z.B. die Theorie der Rückfallverhütung gerecht werden. In dieser Theorie, die beispielsweise riskante Unterbrechungen von Gesundheitsverhalten analysiert, spielen wiederum Selbstwirksamkeitserwartungen und andere protektive Variablen der Persönlichkeit eine entscheidende Rolle (vgl. Schwarzer, 1990).

Nach Schwenkmezger und Schmidt (1994) läßt sich die Grundlagenforschung der Gesundheitspsychologie in *fünf Perspektiven* unterteilen: eine psychobiologische, eine entwicklungspsychologische, eine persönlichkeitspsychologische, eine sozialpsychologische und eine ökopsychologische.

Innerhalb der *psychobiologischen Perspektive* werden homöostatische Regulationen vitaler Grundbedürfnisse sowie die Phänomene Streß und Gesundheit vor allem in Form von neuroendokrinen Regulationsvorgängen betrachtet. Drei Systeme stehen dabei im Vordergrund der Analysen: (a) das Katecholamin-System (Sympathicus-Nebennierenmark-Achse), (b) das Cortisol-System (Hypophysen-Nebennierenrinden-Achse) und (c) das Testosteron-System. In der Regel wird dabei versucht, Zusammenhänge sowohl zu gesundheitsrelevanten Indikatoren als auch zum emotionalen Erleben festzustellen (vgl. Nitsch, 1981; Selye, 1974, 1981; Tewes & Schedlowski, 1994).

Die *entwicklungspsychologische Perspektive* der Gesundheitspsychologie betont, daß gesundheitsbezogene Kognitionen und Verhaltensweisen über den Lebenslauf hinweg Veränderungen unterliegen und daß entsprechend auch bei den gesundheitspsychologischen Konzepten eine altersmäßige Differenzierung nötig ist. Einen Schwerpunkt der entwicklungspsychologisch orientierten Forschung bilden Analysen der gesundheitspsychologischen Auswirkungen von kritischen Lebensereignissen und Übergängen im Lebenslauf (vgl. Hurrelmann, 1990; Montada, 1995; Schneewind & Weiß, 1995; Seiffge-Krenke, 1994; Ulich, 1987).

Innerhalb der *persönlichkeitspsychologischen Perspektive* steht insgesamt die Frage nach differentiellen Beziehungen zwischen Persönlichkeitsmerkmalen und Indikatoren der Gesundheit bzw. Krankheit, wie z.B. Streßresistenz, Morbidität und Mortalität im Vordergrund. Derartige Zusammenhänge werden entweder auf der Ebene von Einzelkonstrukten, wie z.B. Neurotizismus, Depressivität, Feindseligkeit oder Aggressivität betrachtet oder innerhalb von Typologien, wie z.B. Typ-A nach Friedman und Rosenman (1974), Typ-C oder der Typologie nach Grossarth-Maticek und Eysenck (vgl. zusammenfassend Schwenkmezger, 1994). Vor dem Hintergrund der "salutogenetischen" Ausrichtung sind insbesondere gesundheitsbezogene Schutz- und Bewältigungsdispositionen von Interesse. Dabei werden vor allem Kontrollüberzeugungen, Selbstwirksamkeitserwartungen, Optimismus, Widerstandsfähigkeit ("hardiness") und "Kohärenzsinn" (Antonovsky, 1987, 1993a, 1993b) auf ihre gesundheitspsychologische Bedeutung untersucht (vgl. Schwenkmezger, 1994; Weber, 1994; siehe auch Kap. 2.1.3).

Die *sozialpsychologische Perspektive* betont, daß interne Repräsentationen von Krankheiten und von Gesundheitszuständen und die damit zusammenhängenden Kognitionen und Emotionen grundsätzlich sozial vermittelt und gefiltert werden. So sind z.B. auch *krankheitsbezogene Kausalattributionen* und die dadurch ausgelösten Verhaltensweisen im sozialen Kontext zu betrachten. Hat beispielsweise ein Jugendlicher die Auffassung seiner Eltern oder seiner Freundesclique übernommen, daß jeder, der sich mit AIDS infiziert hat, selbst Schuld an seinem Schicksal ist, wird dadurch in der Regel nicht nur die gefühlsmäßige Reaktion in Richtung von weniger Mitleid gelenkt, sondern er wird vermutlich auch auf der Verhaltensebene entsprechend reagieren und weniger Verständnis und Mitgefühl zeigen (vgl. Schwarzer & Weiner, 1990). Insgesamt kann man somit nicht nur die Entstehung von gesundheitsbezogenen Kausalattributionen im sozialen Bezug sehen, sondern auch die sich daraus ergebenden Konsequenzen in ihren sozialpsychologischen Dimensionen betrachten.

Darüber hinaus widmet die sozialpsychologische Gesundheitsforschung der Theorie der "kognitiven Dissonanz" nach Festinger (1957) viel Aufmerksamkeit: Will z.B. ein Raucher sein gesundheitsgefährdendes Verhalten aufrechterhalten, kommt er - um sein Rauchen vor anderen und sich selbst zu rechtfertigen - normalerweise nicht daran vorbei, Strategien zur Reduzierung kognitiver Dissonanzen einzusetzen.

Einen weiteren Schwerpunkt der neueren sozialpsychologischen Forschung zu Gesundheit stellt nach Schwenkmezger und Schmidt (1994) die Thematik der *Umweltressourcen* dar, dabei insbesondere in bezug auf *soziale* und *ökonomische Ressourcen*. Diese sozialen und ökonomischen Ressourcen werden auch in ihrer Interaktion mit den klassischen individuumsbezogenen Ressourcen, wie z.B. Selbstwirksamkeitserwartungen, Kohärenzsinn oder Optimismus betrachtet.

Schließlich beleuchtet die *ökopsychologische Perspektive* der Gesundheitspsychologie beleuchtet zum einen die Bedeutung globaler Umweltveränderungen für die Gesundheit der Menschen, zum anderen aber auch die gesundheitsbezogene Bedeutung kleinerer Ökosysteme wie die konkrete Wohnumwelt. Themenschwerpunkte der Forschung sind insbesondere Lärm, Schadstoffbelastung und speziellere Wohnkontexte, wie z.B. Nachbarschaften von Kernkraftwerken (vgl. Evans & Cohen, 1987). Ein weiteres Themengebiet der ökopsychologischen Gesundheitspsychologie sind Ortsveränderungen unterschiedlicher Art, insbesondere Pendeln, Wohnortswechsel, Urlaubsreisen und deren gesundheitliche Konsequenzen (vgl. zusammenfassend Schwenkmezger & Schmidt, 1994).

2.1.3.3 Salutogenetische Konzeptionen

Die derzeit existierenden gesundheitspsychologischen Modelle lassen sich nach Dlugosch (1994) in *drei Kategorien* einteilen: (a) Modelle der Gesundheit, (b) Modelle des Gesundheitsverhaltens und (c) Modelle der Gesundheitserziehung, Gesundheitsberatung und Gesundheitsförderung. Für die hier vorgestellte Arbeit sind insbesondere die *"Modelle der Gesundheit"* von Interesse. Deren Ziel ist nach Dlugosch die "Beschreibung, Analyse, Erklärung und Vorhersage des gesundheitlichen Befindens einer Person" (1994, S. 101).

Eine viel zitierte Theorie der Gesundheit stammt von Parsons (1967). Innerhalb dieses soziologisch orientierten Ansatzes wird Gesundheit als Zustand optimaler Fähigkeit zur Erfüllung von Rollen bzw. Aufgaben konzipiert. Dabei wird für die Erfüllung von *Rollen* eher die *psychische Gesundheit*, für die Erfüllung von *Aufgaben* eher die *körperliche Gesundheit* als Voraussetzung angesehen (vgl. Becker, 1982).

Für den gesundheits- und persönlichkeitspsychologischen Hintergrund der vorliegenden Arbeit ist die im folgenden skizzierte Theorie von Antonovsky (1987, 1993a) von Bedeutung. Es handelt sich dabei um eine umfassende, in sich konsistente Theorie der Gesundheit, die im allgemeinen als Pionierarbeit in diesem Bereich der Gesundheitsmodelle angesehen wird (vgl. Dlugosch, 1994).

Die grundlegende, hinter Antonovskys *salutogenetischem Modell* stehende Fragestellung ist, warum die meisten Individuen trotz der vielfältigen allgegenwärtigen Belastungen insgesamt dennoch mehr oder weniger *gesund* sind. Er betont die Vorzüge dieser salutogenetischen Blickrichtung auf gesunde Menschen und gesunderhaltende bzw. gesundheitssteigernde Faktoren gegenüber der bis dato vorherrschenden Fokussierung auf Krankheitssymptome und auf mit der Entstehung von Krankheiten zusammenhängende "pathogenetische Fragen" (vgl. Antonovsky, 1987).

Antonovsky (1987) konzeptualisiert Gesundheit und Krankheit nicht in Form von zwei distinkten Zuständen, sondern als Pole eines Kontinuums, des sogenannten *"Health-Ease-Dis-ease-"* oder *"HEDE"-Kontinuums*. Für eine Lokalisierung von Personen auf diesem Gesundheits-Krankheits-Kontinuum sind insbesondere folgende drei Kriterien wichtig: (a) das Ausmaß an Schmerzen bzw. funktionellen Beeinträchtigungen von Lebensaktivitäten; (b) die prognostische Einschätzung des Gesundheitszustands durch Experten des Gesundheitssystems (z.B. Ärzte oder Psychologen); und (c) die Notwendigkeit präventiver oder kurativer Maßnahmen (vgl. Dlugosch. 1994, S. 103). Insbesondere durch die Kriterien (b) und (c) unterscheidet sich dieses HEDE-Kontinuum von einer Dimension des Wohlbefindens.

Das Niveau der Gesundheit betrachtet Antonovsky (1987) als abhängig von der Einwirkung von Stressoren, die er eher auf der "objektiven" Ebene konzeptualisiert. Als Reaktion auf die Stressoren entsteht ein Zustand der Spannung. Dieser Spannungszustand kann pathologische, neutrale oder heilsame Auswirkungen haben. Schlechte Spannungsbewältigung führt zum Streßsyndrom. Für eine günstige Streßbewältigung sind nach Antonovsky *"generalisierte Widerstandsquellen" ("GRR" = Generalized resistance resources)* maßgeblich (vgl. Dlugosch, 1994).

Die entscheidende vermittelnde Variable bei Antonovsky ist persönlichkeitspsychologischer Natur. Es handelt sich um den sogenannten *"sense of coherence" (Kohärenzsinn)*, der in Abschnitt 2.1.4.2 beschrieben wird.

Abgesehen von Antonovskys Modellvorstellungen läßt sich innerhalb der Streßforschung diese Betrachtungsrichtung auf die gesunden und gesundheitsförderlichen Aspekte prinzipiell bei allen Ansätzen zur Streßresistenz bzw. Resilienz finden und bei allen Arbeiten, die auf funktionale Bewältigungsverhaltensweisen und auf die für den Bewältigungsprozeß wichtigen Ressourcen fokussieren (vgl. zusammenfassend Bailer, 1989). Allerdings sind im weiteren Sinne m.E. auch die Humanistische Psychologie (und die aus dieser hervorgegangenen Therapieformen) sowie präventive und verhaltenstherapeutische Ansätze als "salutogenetisch" einzuschätzen (vgl. Margraf, 1996).

Ein weiterer Forschungsansatz, der sowohl innerhalb der Streßforschung als auch innerhalb der Familien-, Persönlichkeits- und Sozialpsychologie m.E. besondere Beachtung bezüglich seiner "salutogenetischen" Orientierung verdient, wird von Rudolf Moos und Kollegen vertreten. Insbesondere in den Arbeiten von Moos (1992) sowie Schaefer und Moos (1992) und Moos und Schaefer (1993) wird deutlich, daß diese Autoren in ihren Studien die *Life-event-Forschung*, die traditionellerweise pathogenetisch orientiert war, auf ein "neues Gleis" schieben.

Schaefer und Moos (1992) sehen es als Manko der Life-event- bzw. Life-change-Forschung an, daß diese als Auswirkungen eines Lebensereignisses bzw. einer Lebenskrise nur negative Folgen in Betracht zieht und ein gutes "outcome"-Ergebnis mit einem Fehlen von Symptomen gleichsetzt. Diese Betrachtungsweise der traditionellen Forschungsansätze zu kritischen Lebensereignissen entspricht der inzwischen überholten Definition von Gesundheit als Fehlen von Symptomen. Nach Schaefer und Moos (1992) ist es hingegen keineswegs ein seltenes, sondern sogar ein "bemerkenswert verbreitetes" Phänomen, daß Menschen nach einer Krise nicht nur wieder zu ihrer Ausgangslage zurückkommen, sondern zu einem "neuen und besseren Niveau der Anpassung" finden. Die Autoren wollen damit keineswegs die schwierigen Aspekte von Lebenskrisen verleugnen. Sie sehen durchaus, daß "Menschen in Lebensübergangs- und Krisensituationen schmerzliche Emotionen und mögliche katastrophale psychologische und physische Auswirkungen erleben". Aber sie stellen auch fest, daß "viele Menschen gegenüber Notsituationen bemerkenswert resistent sind. Sie schaffen es, akzeptable und manchmal kreative Lösungen zu finden und möglicherweise reifer und selbstbewußter zu werden. Menschen gehen aus einer Lebenskrise oft mit neuen Bewältigungsfähigkeiten, engeren Beziehungen zu Verwandten und Freunden ...

und einem gesteigerten Lebensgenuß hervor" (S. 149; Übers. v. Verf.). Lebenskrisen lassen sich demnach als "konstruktive Konfrontationen" auffassen, die "die Persönlichkeitsentwicklung beschleunigen" (Schaefer & Moos, 1992, S. 150). Die durch eine Lebenskrise hervorgerufenen "Brüche" und die "nachfolgende Reorganisation" können zu "persönlichem Wachstum" führen (S. 150; Übers. v. Verf.).

Schaefer und Moos klassifizieren die möglichen, durch Lebensübergänge und Lebensereignisse ausgelösten positiven Veränderungen in die folgenden übergeordneten Formen: (1) Förderung sozialer Ressourcen; (2) Förderung persönlicher Ressourcen und (3) Entwicklung neuer Bewältigungsfertigkeiten ("coping skills"). Die *Förderung sozialer Ressourcen* unterteilen sie weiter in (a) Aufbau einer vertrauensvollen Beziehung; (b) bessere Beziehungen zu Familienmitgliedern und Freunden; und (c) Bildung eines neuen, unterstützenden Netzwerkes. Die *Förderung persönlicher Ressourcen* geschieht nach Schaefer und Moos vor allem über (a) kognitive und intellektuelle Differenzierungsprozesse; (b) Selbstvertrauen und Selbsterkenntnis; (c) Empathie, Altruismus und Reife; und (d) Veränderungen in den grundlegenden Werten und Prioritäten. Der *Aufbau neuer Bewältigungsfertigkeiten* beinhaltet (a) kognitive Bewältigungsfertigkeiten; (b) Fertigkeiten im Problemlösen und Hilfesuchen; und (c) Fähigkeiten in der Affektregulation und -kontrolle (vgl. Schaefer & Moos, 1992, S. 153ff.).

Diese Kategorisierung in zehn Formen positiver Veränderungen, die drei übergeordneten Kategorien zugeordnet werden, umfassen nach Schaefer und Moos die meisten in der Literatur zu Lebenskrisen und Coping berichteten positiven Auswirkungen. Dabei ist davon auszugehen, daß diese Arten von Veränderungen miteinander zusammenhängen.

Ob ein kritisches Lebensereignis im Endeffekt positive Veränderungen bewirkt oder nicht, hängt insgesamt gesehen sowohl von den jeweiligen Umständen des Lebensereignisses und von verschiedenen Umweltfaktoren ab als auch von Variablen der persönlichen Einschätzung, des Copingverhaltens und weiteren persönlichen Faktoren. Dabei werden den *persönlichen Faktoren* soziodemographische Charakteristika wie Alter, Geschlecht und sozioökonomischer Status zugeordnet, darüber hinaus die Persönlichkeitsfaktoren Temperament, Ichstärke, Selbstvertrauen, philosophische oder religiöse Orientierungen und bisherige Krisenerfahrungen und Bewältigungskompetenzen (vgl. Schaefer & Moos, 1992).

Unter den *Umweltfaktoren* betonen Schaefer und Moos Variablen des Familienklimas wie familiäre Unterstützung und Kohäsion. Darüber hinaus fallen verschiedene weitere Formen sozialer Unterstützungssysteme in diese Kategorie.

Was die subjektive Sichtweise positiver Effekte in Form von persönlichen Gewinnen durch kritische Lebensereignisse betrifft, konnten Schneewind und Ruppert (1995) sowohl einen Geschlechts- als auch einen Generationeneffekt aufzeigen: Frauen berichten mehr persönlichen Gewinn als Männer, und die jüngere Generation der 25- bis 30jährigen kann mehr positive Auswirkungen ihrer kritischen Lebensereignisse erkennen als die Generation ihrer Eltern.

2.1.4 Streßbewältigung

Im folgenden wird zunächst auf den Begriff *Streßbewältigung* und auf einige inhaltliche Differenzierungen dieser Thematik eingegangen. Anschließend wird in Abschnitt 2.1.4.2 das Thema Streßbewältigung und Persönlichkeit - nach kurzer allgemeiner und "pathogenetischer" Skizzierung - aus "salutogenetischer" Perspektive betrachtet. Dabei werden die Konzeptionen zur Streßresistenz nach Antonovsky (1987) und nach Kobasa (1982) bzw. Kobasa, Maddi und Kahn (1982) kurz dargestellt. Abschnitt 2.1.4.3 befaßt sich dann schließlich mit einer Vielzahl weiterer Konzepte, die als Bewältigungsressourcen in Theorie und Forschung - und zum überwiegenden Teil auch in der hier präsentierten empirischen Arbeit - eine Rolle spielen.

2.1.4.1 Streßbewältigung: Begriff und Differenzierungen

Streßbewältigung ("coping") wird von Lazarus und Folkman (1984) definiert als "der Prozeß der Handhabung ("management") jener externen oder internen Anforderungen, die vom Individuum als die eigenen Ressourcen beanspruchend oder übersteigend bewertet werden" (Krohne, 1990, S. 265).

Diese Definition von "Coping" unterscheidet zwischen "Coping" und Abwehrmechanismen, und das Ergebnis der Bewältigungsbemühungen wird nicht thematisiert. Im Vordergrund der Definition steht der Prozeß der Bewältigung und nicht ein zeitstabiler Stil einer Person (vgl. Seiffge-Krenke, 1993).

Zum Stellenwert der Streßbewältigung stellen Schneewind und Ruppert (1995) fest, daß es "in gewisser Hinsicht ... sogar wichtiger" ist, "etwas über die Bewältigungsstrategien zu wissen als über den Streß selbst, da erst die Art und Weise, wie man sich bei streßreichen, belastenden oder gar bedrohenden Ereignissen und Situationen verhält, die Folgen von Streß bestimmt" (S. 113.). Auch Laux (1983) betont die Bedeutung des - in der Streßforschung zunächst stark vernachlässigten - Bewältigungsprozesses, indem er schreibt: "Die Art und Weise, wie jemand Streß bewältigt, scheint für die soziale Funktionstüchtigkeit und für das Entstehen von Krankheiten wichtiger zu sein als die Häufigkeit und Intensität von Streßepisoden" (S. 488).

Copingbemühungen sind nach Schneewind und Ruppert (1995) auf *drei Ebenen* nötig: Es ist (a) eine *gedankliche Beschäftigung* erforderlich, unter anderem auch zur Vorbereitung von (b) *aktivem, problemlösenden Handeln*, außerdem sind in der Regel (c) *emotionale Regulationsprozesse* zu bewerkstelligen.

Der Einsatz einer bestimmten Bewältigungsstrategie hängt insgesamt zum einen von der Situation ab, zum anderen von der Person. Eine Fokussierung auf den Faktor Person betrifft den "*Bewältigungsstil* als einen mehr oder weniger stabilen Persönlichkeitszug" (Schneewind & Ruppert, 1995, S. 113).

Eine sehr viel zitierte Klassifizierung von Bewältigungsprozessen stammt von Lazarus, der *problembezogenes Coping (problem-focused coping)* von *emotionsbezogenem Coping (emotion-focused coping)* unterscheidet (vgl. Bodenmann, 1997, Lazarus & Folkman, 1984). Damit werden direkte Handlungen zur Änderung der gestörten Transaktion von Bemühungen zur Regulierung von Emotionen abgegrenzt. In etwas anderer Begrifflichkeit können *instrumentelle* oder *Problemlösungsaspekte* der Bewältigung von *palliativen* Arten der Bewältigung unterschieden werden (vgl. Laux, 1983, S. 488). Diese palliativen Arten der Bewältigung, wie z.B. Verneinung und Intellektualisierung können nach Laux durchaus von adaptivem Wert sein, auch wenn sie die aktuelle Beziehung zwischen Person und Umwelt auf der Handlungsebene nicht verändern. Zu dieser Differenzierung in problem- versus emotionsbezogenes Coping ist kritisch anzumerken, daß *direkte Handlungen* sich nicht nur auf die instrumentelle Funktion beziehen müssen, sondern z.B. im Fall von Entspannungsübungen oder Joggen zum Angst- und Ärgerabbau, durchaus emotionsregulatorische Funktionen haben können (vgl. Laux, 1983).

Das aktuelle Bewältigungsverhalten hängt sowohl von situativen als auch von personalen Faktoren ab. *Situative Merkmale* sind vor allem die verhaltensmäßige *Beeinflußbarkeit (Kontrollierbarkeit)* des Stressors, seine *Vorhersagbarkeit* (zeitlich und inhaltlich), die *zeitliche Nähe* und *Dauer*, und die *Konsequenzen* des jeweiligen Ereignisses (vgl. Boss, 1988).

Schneewind und Ruppert (1995) ermittelten im Rahmen ihres "Eltern-Kind-Beziehungs-Projekts" die folgenden sieben Dimensionen persönlicher Bewältigungsstile: *Rationale Problemlösung*, *Affektregulation*, *Resignierende Akzeptanz*, *Vermeidung*, *Sozialkontakt*, *Informationssuche* und *Neudefinition*. Diese Dimensionen lassen sich wiederum drei Ebenen zuordnen: der kognitiven Beschäftigung, der aktiven Handlung und der emotionalen Verarbeitung. Eine Untersuchung von Generations- und Geschlechtsunterschieden in diesen sieben Bewältigungsstrategien ergab, daß Frauen und die Kindergeneration der Stichprobe die Strategie *Sozialkontakt* deutlich häufiger einsetzen. Außerdem zeigen sich bei der Elterngeneration höhere Werte in *Affektunterdrückung*, *Resignation* und *Informationssuche*, was insgesamt für ungünstigere Bewältigungsstrategien dieser Parentalgeneration im Vergleich zur Generation ihrer Kinder spricht. Ein bedeutsamer Geschlechtsunterschied zeigt sich bei den Skalen *Affektregulation* und *Resignation* in dem Sinne, daß Frauen mehr Emotionen zeigen und häufiger bestrebt sind, ein Problem zu umgehen.

Meist wird die Art der Problemlösung bzw. der Bewältigungsstil weniger differenziert betrachtet. Besonders gängig sind (a) Unterscheidungen von eher *aktiven* versus *passiv-vermeidenden* Stilen und (b) Lazarus' Differenzierung zwischen *emotions-* und *problembezogenem Coping*. Bei empirischen Untersuchungen von problem- versus emotionsbezogenem Coping erweist sich in der Regel das problembezogene Coping als funktionaler (vgl. z.B. Lazarus & Folkman, 1984; Weiß, Limmer, Burda-Viering, Schütz & Laux, 1994).

Bei Überprüfungen der Funktionalität unterschiedlicher Stile sollte m.E. allerdings immer bedacht werden, daß je nach Situation - und je nach Person-Umwelt-Interaktion - ganz unterschiedliche Verhaltensweisen (dys-) funktional sein können. Darüber hinaus mag, was kurzfristig funktional ist, langfristig dysfunktional sein und umgekehrt.

Nach den Ergebnissen der vielzitierten, multisystemisch ausgerichteten Studie von Pearlin und Schooler (1978) sind die subjektiven Einschätzungen der *Effektivität* der Streßbewältigung je nach Lebensbereich unterschiedlich: Innerhalb der Lebensbereiche *Partnerschaft* und *Familie* wird das persönliche Coping als effektiver eingeschätzt als im Lebensbereich *Arbeitsleben*. Außerdem ergaben sich differentielle Befunde in der Richtung, daß die Streßbewältigung der Männer und der höheren Bildungsgruppen als günstiger anzusehen ist.

Hinsichtlich der Operationalisierungen der persönlichen Streßbewältigung unterscheidet man *dispositionsorientierte* von *aktuellen* Ansätzen. Als Beispiel für ein Verfahren zur Erfassung aktueller Streßbewältigung, d.h. ein Instrument, das konkrete Situationen berücksichtigt, wäre Lazarus' *"Ways of Coping Checklist"* zu nennen. Ein Beispiel für ein Verfahren zur Erfassung dispositioneller Copingstrategien auf mikroanalytischer Erhebungsebene wäre der *"Streßverarbeitungsfragebogen (SVF)"* von Janke, Erdmann und Kallus (1985). Die Autoren differenzieren innerhalb dieses *"SVF"* 19 unterschiedliche Bewältigungsstrategien: Bagatellisierung, Herunterspielen durch Vergleich mit anderen, Schuldabwehr, Ablenkung von Situationen, Ersatzbefriedigung, Suche nach Selbstbestätigung, Situationskontrollversuche, Reaktionskontrollversuche, Positive Selbstinstruktion, Bedürfnis nach sozialer Unterstützung, Vermeidungstendenz, Fluchttendenz, Soziale Abkapselung, Gedankliche Weiterbeschäftigung, Resignation, Selbstbemitleidung, Selbstbeschuldigung, Aggression und Pharmakaeinnahme.

2.1.4.2 Streßbewältigung und Persönlichkeit aus salutogenetischer versus pathogenetischer Perspektive

Im folgenden Abschnitt wird zunächst kurz exemplarisch auf postulierte und ermittelte Zusammenhänge zwischen Persönlichkeit und Krankheit eingegangen, um dann zu der neueren - und dieser Dissertation stärker entsprechenden - Blickrichtung auf die Zusammenhänge zwischen Persönlichkeit und Gesundheit bzw. Wohlbefinden überzugehen.

Schwarzer (1990) stellt zunächst im Hinblick auf die traditionelle Betrachtung von "pathogenetischen" Zusammenhängen zwischen Persönlichkeit und Krankheit prinzipiell fest: "Die Annahme, die Persönlichkeit oder seelische Zustände übten einen Einfluß auf die Entstehung oder den Verlauf von Krankheiten aus, ist keineswegs neu, doch mangelte es in der Vergangenheit an entsprechenden empirischen Befunden, die mit Hilfe anspruchsvoller und nachprüfbarer Forschungsmethoden gewonnen wurden" (S. 9). Dabei unterscheidet Schwarzer (1990) einen allgemeinen von einem spezifischen Ansatz bezüglich dieses postulierten Zusammenhangs: Der *allgemeine Ansatz* geht davon aus, daß die Persönlichkeit oder die psychische Verfassung für mehrere, ganz unterschiedliche Krankheiten prädisponieren. Als Bestätigung dieser Annahme können Metaanalysen gelten, die für einen allgemeinen negativen Gemütszustand, der sich insbesondere durch Ängstlichkeit, Depression und Feindseligkeit charakterisieren läßt, Zusammenhänge mit z.B. koronaren Herzkrankheiten, Arthritis, Kopfschmerzen und Magen-Darm-Geschwüren feststellen können (vgl. zusammenfassend Schwarzer, 1990). *Spezifische Ansätze* hingegen stellen Zusammenhänge zwischen *einem* Persönlichkeitsmerkmal und *einer* bestimmten Krankheit her. Das wohl bekannteste Beispiel zu dieser Modellvorstellung ist das Typ-A-Verhaltensmuster nach Friedman und Rosenman (1974). Danach entwickeln Menschen, deren persönlicher Stil durch Feindseligkeit, Ungeduld, ehrgeiziges Leistungsstreben, subjektiv erlebten Zeitdruck und Konkurrenzdruck beschrieben werden kann, mit höherer Wahrscheinlichkeit eine koronare Herzkrankheit. Forschungsstudien jüngeren Datums zeigen, daß vor allem die Ärger-Aggressions-Feindseligkeitskomponente des Typ-A-Verhaltensmusters mäßig hohe Zusammenhänge mit koronaren Herzkrankheiten aufweist (vgl. Schwenkmezger, 1990, 1994; Weber, 1990; siehe auch Kap. 2.1.2.2 und 2.1.4.2).

Im folgenden wird auf die Zusammenhänge zwischen *Persönlichkeit* und *Wohlbefinden* eingegangen: Verschiedene Argumente und Befunde sprechen dafür, Wohlbefinden mit Persönlichkeit in Verbindung zu bringen: Erstens zeigen Längsschnittstudien, daß verschiedene Formen von Wohlbefinden auch bei Zeitintervallen bis zu zehn Jahren eine beträchtliche zeitliche Stabilität mit Korrelationskoeffizienten von $r = .50$ bis $r = .60$ aufweisen (vgl. zusammenfassend Schwenkmezger, 1991). Zweitens spricht gegen eine ausschließlich situationsspezifische Determiniertheit von Wohlbefinden, daß Individuen nach Ereignissen, die das persönliche Wohlbefinden erhöhen oder erniedrigen, relativ schnell wieder an ihre durchschnittliche Einschätzung des eigenen Glücks adaptieren. Es gibt Befunde, die diesen Effekt sogar bei Extremfällen von Ereignissen, wie z.B. bei Querschnittslähmungen oder Lotteriegewinnen, aufzeigen (vgl. Schwenkmezger, 1991).

Für *psychisches Wohlbefinden* sind drei unterschiedliche Weisen der Operationalisierung gängig, die oft auch miteinander verzahnt sind. Diese unterschiedlichen inhaltlichen Ausrichtungen sind (a) ein positiver Gefühlszustand, (b) ein negativer Gefühlszustand (z.B. die Skala *Psychological Distress* von Veit und Ware, 1983) und (c) Lebenszufriedenheit. Allerdings wurden inzwischen mehrfach nur geringe Korrelationen zwischen diesen drei Komponenten ermittelt. Wird allerdings darauf geachtet, habituelle und nicht nur aktuelle Gefühlszustände zu erfassen, fallen die Zusammenhänge zwischen diesen Komponenten viel eindeutiger aus (vgl. Schwenkmezger, 1991).

Innerhalb der Streßbewältigungsforschung gelangte immer mehr die Frage nach den Persönlichkeitsfaktoren der *Streßresistenz* in den Vordergrund. So halten beispielsweise Hurrelmann (1990) und Ulich (1987) für Erklärungsansätze zu aktuellen Gefährdungen und Chancen der Persönlichkeitsentwicklung eine möglichst genaue Kenntnis wichtiger Schutzfaktoren für nötig. Hinsichtlich einer Identifizierung von persönlichen Verarbeitungs- und Bewältigungsstilen überwiegen nach Hurrelmann (1990) zwar noch die Ausrichtungen auf die Merkmale, die eine Überempfindlichkeit gegenüber Anforderungen bzw. Belastungen darstellen oder bedingen, aber für die letzten Jahre stellt er eine gewisse Verschiebung in Richtung der Ansätze, die das Augenmerk auf den Gegenpol der "Unverletzlichkeit" ("Invulnerabilität") richten, fest (vgl. Antonovsky, 1987). Theorien und Forschungen zu diesem positiven Pol der protektiven Faktoren der Persönlichkeit werden oft unter die Begriffe der *Streßresistenz* oder *Streßtoleranz* subsummiert (vgl. Bodenmann, 1997). Das jeweils unterschiedliche Ausmaß an *Streßtoleranz* ist zum einen als abhängig von der *genetischen* und *biologischen Ausstattung* des Menschen (unterschiedliche Streßreagibilität aufgrund des Nervensystems bzw. unterschiedlicher Konstitution) zu sehen, zum anderen sind aber auch Variablen der individuellen *Lerngeschichte* (z.B. Erfahrungen mit vergleichbaren Situationen oder generalisierte Selbstwirksamkeitserwartungen) wichtige Faktoren (vgl. Bodenmann, 1997). Außerdem ist zu berücksichtigen, daß die in einer bestimmten Situation stattfindende Streßreaktion auch vom jeweils gegebenen *Ausgangsniveau der Anspannung* und *Stimmung* der Person abhängt. In diesem Zusammenhang ist auch das Phänomen der *Akkumulation* ("Pile-up") von Stressoren ein zu berücksichtigender Faktor (vgl. Bodenmann, 1997). Entsprechend ist die *Streßtoleranzschwelle* von Person zu Person, von Situation zu Situation und von Lebensphase zu Lebensphase unterschiedlich.

Stellt man die "salutogenetische" Frage nach den Eigenschaften von Personen, die besonders streßresistent sind bzw. aus einer Konfrontation mit Stressoren sogar gestärkt hervorgehen, sind insbesondere die folgenden theoretischen Konzeptionen von Bedeutung, die mittlerweile mehrfach überprüft wurden: Zum einen der *"Sense of coherence" (Kohärenzsinn)* nach Antonovsky (1987), zum anderen die Konzeption der *"Hardiness" (Widerstandsfähigkeit)* nach Kobasa (1982) bzw. Kobasa, Maddi und Kahn (1982). Diese beiden Konzeptionen unterscheiden sich insofern von den meisten anderen Konzepten zur Streßtoleranz, als sie (a) jeweils in eine persönlichkeitspsychologische Theorie eingebettet sind, und sie (b) aus mehreren Subkonzepten zusammengesetzt sind.

Antonovsky (1987; übers. v. Becker, 1982, S. 10) versteht unter *Kohärenzsinn* "eine globale Orientierung, die zum Ausdruck bringt, in welchem Umfang man ein generalisiertes, überdauerndes und dynamisches Gefühl des Vertrauens besitzt, daß die eigene innere und äußere Umwelt vorhersagbar ist, und daß mit großer Wahrscheinlichkeit die Dinge sich so entwickeln werden, wie man es vernünftigerweise erwarten kann". Dieser *Kohärenzsinn* setzt sich nach Antonovsky aus drei Komponenten zusammen: *Vertrauen in* (a) die *"Verständlichkeit" ("comprehensibility")* der zu bewältigenden Ereignisse, (b) die *"Bewältigbarbeit" ("manageability")* der Anforderungen mit Hilfe der der Person zur Verfügung stehenden Ressourcen, und (c) die *"Sinnhaftigkeit" ("meaningfulness")* der Ereignisse.

Für Menschen mit hohen Ausprägungen auf diesen drei Subdimensionen des "Kohärenzsinnes" nimmt Antonovsky eine deutlich erhöhte Wahrscheinlichkeit für eine gute Bewältigung von Stressoren an, was sich wiederum positiv auf den Gesundheitszustand auswirkt. Eine Operationalisierung des Konstrukts hat Antonovsky (1993b) in Form *der "Sense of Coherence (SOC) Scale"* vorgenommen und ausreichende Kriteriumsvalidität nachgewiesen. Die Relevanz des Kohärenzsinns für den Streßbewältigungsprozeß wurde z.B. von Ryland und Greenfeld (1991) aufgezeigt.

Das Konzept der *"Hardiness"* (Kobasa, 1982; Kobasa, Maddi & Kahn, 1982) setzt sich aus den folgenden drei Subkonzepten zusammen: *"commitment"*, *"challenge"* und *"control"*. "Eine in diesem Sinne widerstandsfähige Person zeichnet sich durch aktives und engagiertes Handeln, durch das Erleben und die Annahme von Herausforderungen und durch die Überzeugung von der Kontrollierbarkeit ihrer Umwelt aus" (Schwarzer, 1990, S. 15). Einzelne der Subdimensionen von *Kohärenzsinn* oder *Hardiness* sind auch Bestandteil anderer Theorien oder weisen Ähnlichkeiten zu weiteren Konstrukten der persönlichen Ressourcen auf. Den diversen einzelnen Konstrukten der Bewältigungsressourcen wendet sich der nun folgende Abschnitt zu.

2.1.4.3 Konzepte der persönlichen Bewältigungsressourcen

Die folgende Skizze von Konzepten der *persönlichen Bewältigungsressourcen* behandelt vorrangig die Konstrukte, die auch in den empirischen Teil dieser Arbeit eingegangen sind. Dabei sich unter *Ressourcen* mit Bamberg (1993) die "Bedingungen, die potentielle Entlastungen mit sich bringen" (S. 221) zu verstehen.

Problemlösefertigkeiten/ Bewältigungsstile:

Das Konzept der Problemlösefertigkeiten ist auf einer praktisch-psychologischen Ebene insbesondere ein wichtiger Baustein verhaltenstherapeutischer und präventiver Interventionen, z.B. auch hinsichtlich der Problemlösung in Partnerschaften (vgl. Bodenmann, 1996a, 1996b; Thurmaier, 1997). In der Streßforschung wird die *Art des Problemlösens* zum Teil stellvertretend für *Bewälti-*

gungsstil (Copingstil) verwendet. Allerdings wird der Begriff des Bewältigungsstiles oder der Bewältigungsstrategie meist umfassender bzw. vielschichtiger verstanden (siehe Kap. 2.1.4.1). Die Art der Problemlösung bzw. der Bewältigungsstil hängen deutlich mit der *Personalen Kontrolle* (siehe unten) zusammen (vgl. Heppner & Petersen, 1982).

Ausdrücken von Gefühlen:

Der Fähigkeit zum *Ausdrücken von Gefühlen* wird im therapeutischen und präventiven Bereich ein großer Stellenwert beigemessen, während die streß- und gesundheitspsychologische Forschung die Relevanz dieser expressiven Fähigkeiten oftmals nicht uneingeschränkt bestätigen kann. So erweisen sich in gesundheitspsychologischen Studien bei Vergleichen der *expressiven* mit den *instrumentellen Kompetenzen* letztere in der Regel als wichtiger für Zufriedenheit und Gesundheit: Unabhängig vom Geschlecht hängen instrumentelle Eigenschaften beispielsweise deutlich stärker mit hohem Selbstwertgefühl und Optimismus und mit geringeren Auswirkungen von Stressoren zusammen als expressive Eigenschaften (vgl. zusammenfassend Sieverding, 1994).

Bei Vergleichen zwischen Männern und Frauen weisen auch neuere Ergebnisse immer noch in die Richtung stärker ausgeprägter expressiver Kompetenzen bei den Frauen und stärkerer instrumenteller Kompetenzen bei den Männern (vgl. Schneewind & Ruppert, 1995; Sieverding, 1994).

Zu einer Einschätzung der Funktionalität der expressiven Fähigkeiten erscheint auch eine Differenzierung hinsichtlich der *Qualität* der Gefühle, denen Ausdruck verliehen werden soll, von Bedeutung. So konnten beispielsweise Sprecher und Sedikides (1993) folgende *geschlechtsspezifische Unterschiede* hinsichtlich der Qualität der ausgedrückten Gefühle zeigen, die zudem in Abhängigkeit von der Phase der Partnerschaft variierten: Nach den Ergebnissen dieser Autorinnen drücken Frauen in den ersten Phasen einer Beziehung allgemein Gefühle mehr aus, d.h. sowohl positive als auch negative Gefühle. Später, d.h. nach der Eheschließung, drücken Frauen mehr negative Gefühle aus, während sie hinsichtlich des Ausdrückens positiver Gefühle hinter den Männern zurückbleiben. Unabhängig vom Geschlecht nimmt das Ausdrücken von Gefühlen nach den Befunden von Sprecher und Sedikides (1993) mit zunehmender Partnerschaftsdauer ab.

Personale Kontrolle: internale versus externale Kontrollüberzeugungen; Selbstwirksamkeitserwartungen:

Der in Kobasa' s Konzept der "Widerstandsfähigkeit" ("hardiness") enthaltene Aspekt der *Kontrolle* als wichtige protektive Variable wurde bereits früher in den Arbeiten zu *"internalen versus externalen Kontrollüberzeugungen"* (Rotter, 1966) und zu den *"Selbstwirksamkeitserwartungen"* im Sinne von Bandura (1977) aufgezeigt (vgl. Schneewind 1982, 1996b; Weber, 1994). Die Kontrollüberzeugungen im Sinne von Rotter (1966) waren "lange Zeit unangefochtene Spitzenreiter unter den Kognitionen" (Weber, 1994, S. 191). Im Hinblick auf

Gesundheitsverhalten wurde allgemein postuliert, daß internal Kontrollüberzeugte, die davon ausgehen, daß Ereignisfolgen vom eigenen Handeln abhängig sind, sich mehr um ihre Gesundheit kümmern und sich stärker präventiv verhalten als external Kontrollüberzeugte (vgl. Weber, 1994). Allerdings zeigen die Forschungsergebnisse hierzu alles in allem, daß sich meist nicht signifikante oder schwache Zusammenhänge zwischen dieser allgemeinen Kontrollüberzeugung und konkreten Gesundheitsverhaltensweisen zeigen (vgl. Weber, 1994). Das hängt offenbar damit zusammen, daß die Überzeugung, ein geundheitsprotektives Verhalten hänge von einem selbst ab, noch keineswegs bedeutet, daß man sich auch kompetent dazu einschätzt, dieses zu realisieren. Diese zuletzt angesprochene Kognition, die *Selbstwirksamkeitserwartung*, hängt eindeutig positiv mit verschiedenen Variablen der Gesundheit und des Gesundheitsverhaltens zusammen (vgl. Weber, 1994). Weber stellt hierzu fest, daß es im Hinblick auf diese Kognition, die "derzeit zweifellos der erklärte Liebling unter den Kognitionen" ist, Hinweise gibt, daß diese "nicht nur - indirekt - über das Verhalten protektiv wirkt, sondern auch - direkt - mit gesundheitserhaltenden physiologischen Reaktionen verbunden ist" (S. 192).

Was die Zusammenhänge zwischen *internalen versus externalen Kontrollüberzeugungen* und Streßreduktion bzw. Gelingen einer *Anpassung an den Streß* betrifft, zeigt z.B. die Forschungsstudie von Folkman (1984), daß diese in Abhängigkeit von den konkreten Bedingungen stark variieren. Nach Folkman gehen höhere internale Kontrollüberzeugungen teilweise sogar mit höherem erlebtem Streß einher.

Das Konstrukt *Optimismus* (Scheier & Carver, 1987), das verallgemeinerte positive Ergebniserwartungen einer Person beschreibt, wurde nach Schwarzer (1990) erst relativ neu in die Bewältigungsforschung integriert. Nach Scheier und Carver (1987) ist Optimismus als günstig zu betrachten, wenn er der generalisierten Erwartung entspricht, daß die Dinge im Leben für einen selbst gut ausgehen werden. Dabei spielt es keine Rolle, worauf diese Erwartung gründet. Dies können z.B. Selbstwirksamkeitserwartungen, Glaube an eine gütige Umwelt und an Hilfe von anderen oder religiöse Überzeugungen sein (vgl. Weber, 1994). Wieland-Eckelmann und Carver (1990) belegen den Einfluß der Optimismus-Pessimismus-Dimension auf das aktuelle Bewältigungsverhalten. Weber (1994) gibt einen Überblick über Forschungsbelege zur gesundheitlichen Relevanz von Optimismus.

Selbstwertgefühl:

Hohe Ausprägungen an Selbstwertgefühl können als eine für erfolgreiche Streßbewältigung zentrale persönliche Ressource angesehen werden, die deutlich mit psychischer Gesundheit und Lebenszufriedenheit verknüpft ist (vgl. Bailer, 1989; Olson, 1996, Weiß, Schneewind & Olson, 1995). Bei Berücksichtigung des prozessualen Aspektes der Streßbewältigung ist außerdem festzustellen, daß

Belastungen, z.B. chronischer Art, oftmals das Selbstwertgefühl sowie die personale Kontrolle vermindern und auf diesem Wege das Gelingen einer Anpassung beeinträchtigen (vgl. Pearlin, Lieberman, Menaghan & Mullan, 1981).

Religiöser Glaube:

Zur Frage nach der Funktion von religiösem Glauben als Coping-Ressource sind insgesamt unterschiedliche Forschungsbefunde zu berichten: So berichten z.B. Lewis und Maltby (1995) positive Zusammenhänge zwischen dem Ausmaß an Religiosität und psychischer Gesundheit. Auch Olson und Stewart (1990b) verweisen in einer kurzen, zusammenfassenden Übersicht auf Befunde, die persönlichen Glauben als Ressource im Hinblick auf Streßbewältigung und Gesundheit erkennen lassen. Demgegenüber kann die Studie von Anson, Antonovsky und Sagy (1990) stellvertretend für die Befunde angesehen werden, die zum einen schwache Zusammenhänge des religiösen Glaubens mit unterschiedlichen Maßen der Anpassung feststellen können und bezüglich physischer Gesundheit und emotionalem Wohlbefinden sogar schwach negative Korrelationen. Allerdings zeigen die Längsschnittsdaten dieser Autoren auch, daß dieses Ergebnis eine mögliche Funktion des Glaubens als Resistenzressource keineswegs widerlegt: Längsschnittlich betrachtet erfolgte nämlich bei den untersuchten 639 Rentnern auf eine Abnahme des Wohlbefindens eine Zunahme an Religiosität, was sich bei querschnittlicher Betrachtung als negative Korrelation dieser interessierenden Variablen darstellte.

Weltanschauung (Lebenssinn):

Das Ausmaß an persönlich erlebtem *Lebenssinn* war bereits in Kapitel 2.1.4.2 als Baustein des sog. "Kohärenzsinns" nach Antonovsky besprochen worden. Es gibt Belege dafür, daß gerade diese Komponente des "sense of coherence" eine wichtige Ressource hinsichtlich gelungener Streßbewältigung darstellt (vgl. z.B. Ryland & Greenfeld, 1991). Diese Resultate sind nicht nur für die Persönlichkeitspsychologie bzw. die Streßforschung von Interesse, sondern auch für die wissenschaftliche Untermauerung der Theorie und Praxis der Logotherapie nach Viktor E. Frankl, die das Erleben von Sinnerfüllung als die entscheidende Determinante eines gesunden Lebens ansieht (vgl. Lukas, 1993, 1994).

Freizeit:

Für das Praktizieren von Freizeitaktivitäten unterschiedlicher Art (z.B. Sport, soziale und kulturelle Aktivitäten) konnten sowohl direkte Effekte auf die psychische und physische Gesundheit festgestellt werden (vgl. z.B. Ragheb, 1993) als auch indirekte (Puffer-) Effekte bezüglich der Beziehung zwischen Streß und Gesundheit (vgl. z.B. Coleman, 1993; Coleman & Iso-Ahola, 1993).

Als ein zentrales und für gesunderhaltende Effekte relevantes Charakteristikum von Freizeit hat sich die wahrgenommene *Freiheit* erwiesen (vgl. Coleman,

1993). Dabei besteht die erlebte Freiheit vor allem in dem mehr oder weniger hohen Grad an *Selbstbestimmung* der Freizeitgestaltung, die in Zusammenhang mit *personaler Kontrolle* gesehen werden kann (vgl. Coleman, 1993).

Im Hinblick auf eine Einschätzung der gesundheitlichen Wirkungen unterschiedlicher Formen der Freizeitgestaltung ist eine differentialpsychologische Blickrichtung vielversprechend, die auch die jeweiligen Charakteristika des Arbeitslebens sowie der persönlichen, familiären Situation berücksichtigt. Denn je nachdem, ob sich die praktizierte Arbeitstätigkeit beispielsweise durch einen Mangel oder ein Übermaß an körperlicher Aktivität auszeichnet, ist ein entsprechend anderer "Ausgleich" als funktional anzusehen (vgl. Bamberg, 1991, 1992, Greif, Bamberg & Semmer, 1991).

Körperliche Aktivität:

Eine Vielzahl von Untersuchungen hat gezeigt, daß körperliche Aktivität, z.B. in Form von Joggen, eine nützliche Coping-Strategie ist, um das Angst- und Anspannungsniveau unmittelbar zu senken (vgl. Abele, Brehm & Gall, 1991; Jex, 1991). Forschungsbefunde zur Beeinflussung von Trait-Angst liefern hingegen insgesamt gesehen weniger klare Befunde (vgl. Folkins & Sime, 1981; Francis & Carter, 1982).

Hinsichtlich des physischen und psychischen Wohlbefindens und der erlebten Fitneß können Längsschnittstudien in der Regel signifikante Veränderungen bei den Experimentalgruppen feststellen. Dabei zeigen sich im Durchschnitt bei denjenigen die deutlichsten Veränderungen, die zu Beginn der Experimentalphase die niedrigsten Fitneßwerte aufweisen (vgl. Francis & Carter, 1982).

Soziale Unterstützung:

Das Thema soziale Unterstützung hat in den letzten Jahrzehnten eine große Aufmerksamkeit innerhalb der Forschung zu Streß und Gesundheit auf sich gelenkt (vgl. z.B. Cohen & Wills, 1985; Hirsch & Rapkin, 1986; Krause, 1995; Thoits, 1982). Dabei konnte eine Vielzahl von Studien einen Moderatoreffekt sozialer Unterstützung bezüglich der Beziehung zwischen Stressoren und Gesundheit bzw. Krankheit belegen (vgl. Thoits, 1982).

Nach Seiffge-Krenke (1993) stellen die "sozialen Ressourcen" zusammen mit den "kritischen Lebensereignissen" die beiden zentralen und am meisten untersuchten Konzepte der Streßbewältigungsforschung dar. In der Literatur wurde sogar oft die sogenannte "Puffer-Hypothese" mit dem Effekt der sozialen Ressourcen gleichgesetzt (vgl. z.B. Thoits, 1982).

Krause (1995) verweist aber auch auf Studien, die zu dem Ergebnis kommen, daß soziale Unterstützung die schädlichen Auswirkungen kritischer Lebensereignisse sogar erhöhen kann. Neuere Arbeiten stellen die tradionellerweise als positiv beschriebenen Effekte von "social support" immer häufiger in Frage und machen darauf aufmerksam, daß das Thema sozialer Unterstützung differenziert betrachtet werden muß. Für unterschiedliche Formen von sozialer Unterstützung darf man unterschiedliche Effekte erwarten (vgl. Krause, 1995; Thoits, 1982). Krause weist darauf hin, daß die meisten Untersuchungen von einem allzu vereinfachten Streßprozeß ausgehen, der vor allem auch den komplexen sozialen Prozessen beim Aufsuchen und Annehmen sozialer Unterstützung nicht gerecht wird. So darf man beispielsweise keineswegs annehmen, daß jeder Mensch soziale Unterstützung jederzeit gerne empfängt. Vielmehr wird soziale Unterstützung sehr oft erst dann angenommen, wenn die individuellen Bewältigungsbemühungen gescheitert sind. Und auch wenn man die Hilfe akzeptiert, sind dennoch oft Ängste, z.B. vor zu starker Abhängigkeit mit im Spiel (vgl. Krause, 1995).

Umgekehrt werden oftmals gerade dadurch, daß man es schafft, einen Stressor alleine zu bewältigen, das Selbstwertgefühl und die personale Kontrolle erhöht (vgl. Moos & Schaefer, 1993). So fanden beispielsweise Wethington und Kessler (1986), daß diejenigen die besten "Streßbewältiger" waren, die sich nicht sofort an andere um Hilfe wandten, sondern die sich in erster Linie auf ihre eigenen persönlichen Ressourcen verließen. Allerdings ist es auch für diese Personen nützlich zu wissen, daß für den Fall eines Scheiterns der eigenen Bemühungen Hilfe von anderer Seite zur Verfügung steht.

Diesem Idealfall steht oftmals nicht nur die Wahrnehmung von zu geringen persönlichen Ressourcen zur Bewältigung des Stressors im Wege, sondern auch das Verhalten der unterstützenden Personen. Diese sind nicht selten überinvolviert oder nicht in der Lage, die passende Hilfe zu geben, z.B. weil sie als Familienangehörige von demselben Stressor (mit-) betroffen sind (vgl. Krause, 1995).

Die Sichtweise, daß soziale Unterstützung auch zu viel sein kann, konnte Krause (1995) in einer Studie an 1100 nach Kriterien der Repräsentativität ausgewählten älteren Personen bestätigen: Ein Zuviel an Hilfe im Fall von chronischen finanziellen Problemen erwies sich als Stressor, der als genauso problematisch erlebt werden kann wie ein Zuwenig an Unterstützung.

Darüber hinaus ist zu bedenken, daß ein höheres Maß an "sozialer Unterstützung" oftmals mit einem größeren sozialen Netzwerk und mit einer größeren Zahl sozialer Rollen verbunden ist (vgl. Hirsch & Rapkin, 1986). Durch die größere Zahl an Rollen wiederum werden meist auch mehr Erwartungen an einen gerichtet, die nicht selten miteinander in Konkurrenz stehen. Folglich ist insgesamt ein größeres Netzwerk nicht nur mit der Möglichkeit erhöhter Ressourcen, sondern oft auch mit mehr Stressoren verbunden. Dieser negative Effekt eines größeren sozialen Netzwerkes wird insbesondere für Frauen berichtet, was damit erklärt wird, daß an diese häufiger Erwartungen gerichtet werden, soziale Unterstützung zu leisten (vgl. Hirsch & Rapkin, 1986).

Von einem methodischen Standpunkt aus betrachtet sind zu den Forschungen zur sozialen Unterstützung nach Thoits (1982) insgesamt drei Punkte kritisch anzumerken: Erstens ist oft keine klare Konzeptualisierung und Operationalisierung gegeben, so daß deshalb die spezifischen Dimensionen, die den gefundenen

Effekt bewirkt haben, nicht ausreichend feststellbar sind. Zweitens wurde des öfteren nicht klar getrennt zwischen direkten und indirekten ("puffernden") Interaktionseffekten. Diese Effekte wurden meist entweder konfundiert oder es wurden die "Puffereffekte" überprüft ohne die Haupteffekte zwischen sozialer Unterstützung und Distreß bzw. psychischer Gesundheit zu berücksichtigen. Drittens besteht die Gefahr theoretischer und methodischer Konfundierungen zwischen Lebensereignissen und sozialer Unterstützung: "Lebensereignisse können direkte Indikatoren von Veränderungen im sozialen Unterstützungssystem sein, können zusätzliche Veränderungen in der sozialen Unterstützung hervorrufen oder beides" (Thoits, 1982, S. 148; Übers. v. Verf.).

2.2 Streß, Streßbewältigung und Gesundheit bei der Arbeit

Wichtige bisherige Ansätze zu Streß, Streßbewältigung und Gesundheit bei der Arbeit werden im folgenden Kapitel nur in sehr kurzer Form dargestellt, da die hier vorgestellte Arbeit in erster Linie familien-, gesundheits- und persönlichkeitspsychologisch ausgerichtet ist. Das Kapitel ist so aufgebaut, daß nach einer Beschreibung grundlegender Konzeptionen von Arbeitsstreß Befunde zu Auswirkungen unterschiedlicher Stressoren der Arbeitswelt auf die Gesundheit vorgestellt werden. Anschließend werden gesundheitsfördernde Auswirkungen von Arbeitstätigkeit generell und von speziellen Aspekten der Tätigkeit skizziert. Zuletzt wird auf das Konzept der Arbeitszufriedenheit eingegangen.

Streß in der Arbeit wird von Greif (1991, S. 1) als "ein Problem ..." gesehen, "... das seit den 60er Jahren beständig zugenommen hat". Und mit von Rosenstiel (1987) läßt sich feststellen: "Seit der Terminus 'Streß' beinahe zum Modewort geworden ist (vgl. Selye, 1974), beurteilen selbst Laien nicht selten Arbeitsbedingungen danach, ob sie Streß erzeugen" (S. 89). Allerdings steht eine genaue Definition, was unter Arbeitsstreß zu verstehen ist, vor ganz ähnlichen Problemen wie eine Definition von Streß allgemein (vgl. Kap. 2.1.1).

Arbeits- und organisationspsychologische Betrachtungen des Themas *Arbeitsstreß* folgen, ganz prinzipiell gesehen - ebenso wie die Streßforschung allgemein - entweder einer Konzeptualisierung von Streß (a) als Stimulus, (b) als Response oder (c) als Interaktion (Person-Umwelt-Transaktion) (vgl. v. Rosenstiel, 1987, S. 89ff.; vgl. Kap. 2.1.2).

Konzeptualisierungen von *Arbeitsstreß als Stimulus* lenken das Augenmerk auf die Merkmale der Arbeitssituation. Eine erste Differenzierung dieser Stimuli am Arbeitsplatz kann physische (z.B. Geräusche), soziale (z.B. Isolation) und psychische (z.B. erlebter Zeitdruck) Reize voneinander unterscheiden (vgl. v. Rosenstiel, 1987, S. 90).

Udris und Frese (1988) klassifizieren die Arbeitsstressoren in (a) Stressoren in der Arbeitsaufgabe (z.B. Störungen im Arbeitsablauf), (b) physikalische Stressoren (z.B. Lärm, Staub, Hitze, Schmutz), (c) zeitliche Aspekte der Arbeit (z.B. Schichtarbeit, unregelmäßige Arbeitszeiten, Arbeit auf Abruf) sowie (d) soziale und durch die Organisation bedingte Stressoren (z.B. Verhalten von Vorgesetzten und Kollegen, Einführung neuer Technologien, gegensätzliche Anforderungen verschiedener Rollen).

Cooper und Smith (1989) betonen die Bedeutung von Arbeitsstressoren in Form von *rollenbedingtem Streß*. Sie differenzieren diesen in (a) Konflikte zwischen verschiedenen Rollen (z.B. bei Konkurrenz von Berufsrolle und der Rolle als Partner), (b) Konflikte innerhalb der Rolle am Arbeitsplatz und (c) Rollenambiguität, d.h. mangelnde Klarheit bezüglich der Rollenerwartungen.

Reaktionsbezogene Sichtweisen (Streß als Response), die von der Beobachtung ausgehen, daß ganz unterschiedliche Stressoren auf der physiologischen Ebene ganz ähnliche Reaktionen auslösen (vgl. Selye, 1974), lenken den Fokus auf die Person. Sie scheinen alles in allem im Bereich der Arbeits- und Organisationspsychologie seltener zu sein. Eine Ausnahme stellen differentialpsychologische Betrachtungen, wie z.B. die A-B-Typologie nach Friedman und Rosenman (1974; siehe Kap. 2.1.4.2) dar, die das Hauptaugenmerk auf die Persönlichkeit mit dem ihr jeweils eigenen Erleben der Arbeitssituation und dem daraus resultierenden Verhalten legen (vgl. Kirkcaldy, Shephard & Cooper, 1993). Darüber hinaus fokussiert auch der Schweizer Psychologe Schallberger (1995) auf das Erleben von Arbeitsstreß und der Arbeitssituation als Ganzem durch die jeweilige Person. Mit seinem Forschungsansatz bezieht Schallberger somit eine Gegenposition zu den Ansätzen, die den Fokus auf die Stressorstimuli richten (vgl. Mohr, 1990). Schallbergers Ansatz und seine mit Hilfe des *16 PF*-Tests gewonnenen Ergebnisse werden in Kapitel 2.5 dargestellt.

Für Betrachtungen von sozialen Stressoren am Arbeitsplatz und von Stressoren, die mit der organisationalen Situation zusammenhängen, scheint am ehesten die in der Psychologie inzwischen allgemein vorherrschende Konzeption von Streß als *Person-Umwelt-Transaktion* angemessen zu sein (vgl. Lazarus, 1991). Diese Betrachtungsweise von Streß als Interaktion ist im Grunde genommen auch deshalb die Perspektive der Wahl, weil meist das Erreichen einer bestmöglichen Passung zwischen den Personen und den situationalen Gegebenheiten der Organisation das Ziel ist.

Insgesamt ist bei Forschungen zum Arbeitsstreß m.E. - vor allem bei Analysen von Streß durch die Arbeitsaufgabe und durch die physikalische Arbeitsumgebung - eine deutliche Tendenz zur Favorisierung der situationsbezogenen Betrachtungen (Streß als Stimulus) festzustellen. Eine derartige Fokussierung auf die Situation kommt dem - oft hinter Untersuchungen von Stressoren am Arbeitsplatz stehenden - Ziel entgegen, die Arbeitssituation der Arbeitnehmer zu verbessern (vgl. Mohr, 1990). Nach Mohr spricht außerdem auch die Tatsache, daß ein Drittel der Angestellten und über die Hälfte der gewerblichen Arbeitnehmer vorzeitig aus gesundheitlichen Gründen aus dem Erwerbsleben ausscheidet, dafür, Arbeitsstreß eher situationsbezogen als reaktionsbezogen zu betrachten. Auch folgert Mohr aus der - ihres Erachtens als bedenklich einzustufenden - Häufigkeit von gesundheitlichen Beeinträchtigungen durch die Arbeit, daß hinsichtlich der Arbeitswelt nicht nur "salutogenetisch" im Sinne von Antonovsky (1987) gedacht werden sollte. Vielmehr sollten auch die Zusammenhänge zwischen Arbeit und Krankheit betrachtet werden, wobei vor allem die krankheitsauslösenden Bedingungen zu berücksichtigen wären.

Werden vor dem Hintergrund des Konzepts der Mehrfachbelastung (vgl. Dunckel, 1985; zitiert in Mohr, 1990) mehrere Stressoren in Studien miteinbezogen, ergeben sich meist deutliche Zusammenhänge zwischen Arbeitsstreß und Indikatoren, wie z.B. Angst, Depressivität, Gereiztheit und psychosomatische Beschwerden. Zwar wurden die gefundenen Zusammenhänge meistens auf der Basis von Selbstbeobachtungsdaten ermittelt, was zu dem Einwand der Konfundierung von Stressoren und deren Auswirkungen geführt hat (vgl. Lazarus, DeLongis, Folkman & Gruen, 1985). Dennoch können vergleichende Untersuchungen mit den drei Methoden Selbsteinschätzung, Fremdbeobachtung und Ermittlung eines Gruppenmittelwertes zu der Schlußfolgerung gelangen, daß "bei Berücksichtigung aller Methodeneffekte ... substantielle Zusammenhänge bestehen bleiben" (Mohr, 1990, S. 233). Auch wenn sich bislang kaum *spezifische* Zusammenhänge zwischen bestimmten Stressoren und bestimmten psychischen Befindensbeeinträchtigungen feststellen lassen, so erscheint dieses Manko für Mohr - zumindest im Hinblick auf die Anwendung gesundheitspolitischer Maßnahmen - wenig relevant.

Zapf und Frese (1991) haben den Einfluß *sozialer Stressoren* am Arbeitsplatz dem Einfluß *anderer Arbeitsstressoren* - wie z.B. Umgebungsbelastungen, Zeitdruck, Unfallgefahr, organisatorische Probleme und Unsicherheit des Arbeitsplatzes - gegenübergestellt und mittels multipler Regressionsanalysen auf ihre Vorhersageleistung hinsichtlich (a) *psychischer Befindensbeeinträchtigungen* und (b) *psychosomatischer Beschwerden* untersucht. Dabei ergab sich für die psychische Ebene - gemessen über die abhängige Variable Angst - ein völlig anderes Bild als für die körperliche Ebene - gemessen über Selbstauskünfte zu physischen Beschwerden: Hinsichtlich des Angstniveaus erwiesen sich die sozialen Stressoren als mindestens so wichtig wie die anderen Arbeitsstressoren insgesamt. Hinsichtlich der körperlichen Gesundheit konnten die sozialen Stressoren hingegen deutlich weniger Varianz aufklären als die Summe der übrigen Arbeitsstressoren.

Der Zusammenhang zwischen *Arbeitsstreß* und *Gesundheit* wurde darüber hinaus auch in der Literatur zum *"Burnout"*-Phänomen thematisiert (vgl. z.B. Leiter & Durup, 1996). Nach Leiter und Durup (1996, S. 30) setzt sich "Burnout" aus den folgenden drei Dimensionen zusammen: (a) emotionale Erschöpfung, (b) Entfremdung und (c) vermindertes persönliches Leistungsvermögen. Für Menschen, die sich nach einem anstrengenden Arbeitstag in einem derartigen Zustand befinden, lassen sich "Spillover"-Effekte zu den Lebensbereichen Partnerschaft und Familie feststellen (vgl. Crouter, Perry-Jenkins, Huston & Crawford, 1989; Leiter & Durup, 1996, siehe auch Kap. 2.5, 4.4 und 5.4). Durch diese feststellbaren negativen Effekte auf den häuslichen Bereich wird auf lange Sicht der ungünstige Einfluß von Arbeitsstreß auf die Gesundheit noch verstärkt.

Nach dieser kurzen Darstellung zu den ungünstigen Auswirkungen von Arbeitsstreß soll im folgenden auf die *gesundheitsförderlichen Aspekte der Arbeitstätigkeit* eingegangen werden: Sowohl eher allgemeine Befunde zu den Effekten von Erwerbstätigkeit als auch speziellere Befunde, z.B. zu den Effekten von Arbeitstherapien zur Rehabilitation psychisch Kranker, lassen durchaus auch auf gesundheitsförderliche Aspekte der Erwerbsarbeit schließen (vgl. Mohr, 1990). Als gesundheitsförderliche Dimensionen bzw. Ressourcen der Arbeitstätigkeit gelten zum einen der *Handlungs- und Zeitspielraum*, der in Zusammenhang mit den psychologischen Konzepten der Autonomie, des Entscheidungsspielraums und der Kontrolle zu sehen ist. Des weiteren lassen sich für die Tätigkeitsmerkmale *Komplexität* und *Variabilität (Tätigkeitsspielraum)* und *Entscheidungsspielraum* der Arbeit die Persönlichkeitsentwicklung fördernde Wirkungen feststellen (vgl. Mohr, 1990; von Rosenstiel, 1987). Für das Kennzeichen Komplexität werden Auswirkungen sowohl auf die intellektuelle Flexibilität als auch auf das Wohlbefinden dokumentiert (vgl. Mohr, 1990; siehe auch Kap. 2.5).

Eine weitere wichtige Ressource wird durch die *soziale Unterstützung* dargestellt, die in den meisten Fällen mit einer Arbeitstätigkeit verbunden ist. Diese positiven Aspekte des Kontakts zu Vorgesetzten, Kollegen und Untergebenen können zwar nicht die Auswirkungen physikalischer Stressoren moderieren, jedoch diejenigen der psychischen Stressoren (vgl. Mohr, 1990; Zapf & Frese, 1991). Die sozialen Beziehungen am Arbeitsplatz - insbesondere diejenigen zu den Kollegen werden oftmals anhand des Konzepts der *Gruppenkohäsion* betrachtet. Für die Organisationspsychologie war dabei traditionellerweise insbesondere die Beziehung zwischen Gruppenkohäsion und Leistungsverhalten von Interesse. Forschungen hierzu zeigen insgesamt, daß die *Höhe* der von einer Arbeitsgruppe erbrachten Leistung insgesamt relativ unabhängig von der Ausprägung an Kohäsion ist. Ein Effekt der Kohäsion zeigt sich allerdings hinsichtlich der *Streuung* der Leistungen der einzelnen Gruppenmitglieder: Diese ist umso geringer, je höher die Kohäsion der Gruppe ist (vgl. v. Rosenstiel, 1987).

Als Ergebnisvariable eines mehr oder weniger gelungenen Bewältigungsprozesses wird in arbeits- und organisationspsychologischen Studien zum Thema Arbeitsstreß oftmals die *Arbeitszufriedenheit* betrachtet. Arbeitszufriedenheit wird in der Forschung teilweise auf die Person, teilweise aber auch auf die Organisation bezogen (vgl. v. Rosenstiel, 1987). Inhaltlich stehen bei der Betrachtung dieses vielschichtigen Konzeptes nach von Rosenstiel (1987, S. 397f.) die folgenden drei Aspekte im Vordergrund: (a) ein physisch-ökonomischer, der sich vor allem auf die äußeren Arbeitsbedingungen und die finanzielle Entlohnung bezieht, (b) ein sozialer, die zwischenmenschlichen Beziehungen am Arbeitsplatz thematisierender und (c) ein selbstverwirklichungsorientierter, der die Möglichkeiten der Entfaltung und Weiterentwicklung der eigenen Persönlichkeit in den Vordergrund rückt.

Durch die insgesamt höchst unterschiedlichen theoretischen Konzeptionen der Arbeitszufriedenheit fallen natürlich auch die Operationalisierungen ganz unterschiedlich aus. Ein im deutschen Sprachraum relativ bekanntes Verfahren ist der *"Arbeits-Beschreibungs-Bogen" (ABB)* nach Neuberger (1976; zitiert nach von Rosenstiel, 1987). Der *ABB* berücksichtigt die Zufriedenheit mit den Kollegen, den Vorgesetzten, der Tätigkeit, den äußeren Bedingungen, der Organisation und Leitung, der beruflichen Weiterbildung, der Bezahlung, der Arbeitszeit, der Arbeitsplatzsicherheit, der Arbeit insgesamt und dem Leben insgesamt.

Befunde zu den Zusammenhängen zwischen Arbeitszufriedenheit und Leistung liefern alles in allem erstaunlich geringe Korrelationen. Die Korrelationen zwischen Zufriedenheit und Fehlzeiten- sowie Fluktuationsrate fallen insgesamt mäßig hoch negativ aus (vgl. v. Rosenstiel, 1987). Für die Thematik der vorliegenden Arbeit sind die Befunde von Bedeutung, wonach Arbeitsunzufriedenheit mit dem Auftreten physischer und psychischer Krankheiten sowie mit geringerer Lebenserwartung zusammenhängt und darüber hinaus die Lebenszufriedenheit negativ beeinflußt (vgl. zusammenfassend v. Rosenstiel, 1987).

Bei kritischer Auseinandersetzung mit dem Konzept der Arbeitszufriedenheit ist mit von Rosenstiel (1987) festzustellen, daß die jeweilige Ausprägung an Zufriedenheit sehr stark vom persönlichen Anspruchsniveau abhängt und folglich auch Differenzierungen wie "resignative Arbeitszufriedenheit" und "konstruktive Arbeitsunzufriedenheit" zu berücksichtigen sind.

2.3 Streß, Streßbewältigung und Gesundheit in der Partnerschaft

Im folgenden werden Konzeptionen zu *Partnerschaftsstreß*, *dyadischem Coping* und dyadischer *Streßanpassung* thematisiert. Zwar kann man Partnerschaften auch unter "Familien" subsumieren und somit innerhalb des Kapitels 2.4 abhandeln, insbesondere wenn man eine psychologische Familiendefinition im Sinne von Schneewind zugrundelegt, die den "gemeinschaftlichen Lebensvollzug" innerhalb von "intimen Beziehungssystemen" als entscheidendes Charakteristikum einer "Familie" ansieht (vgl. Schneewind, 1999, S. 24f.). Der Lebensbereich der Dyade soll dennoch zusätzlich auch separat abgehandelt werden, denn zum einen entspricht dies der Grundstruktur des MASH-Modells (vgl. Kap. 2.6), und zum anderen sind auch einige der Konzeptionen und Forschungsbefunde, die speziell dyadischen Streß und dyadisches Coping betreffen, erwähnenswert. Dabei ist der Ansatz des schweizer Forscherteams von Perrez und Bodenmann von besonderem Interesse. Diese Autoren haben - neben der Entwicklung neuerer theoretischer Konzeptionen - experimentelle Longitudinalstudien unter Verwendung verschiedener methodischer Zugangsweisen sowohl im Labor als auch im Feld durchgeführt. Durch diese Autoren werden die streßtheoretischen Ansätze zu den Lebenskontexten Familie bzw. Partnerschaft auch insofern erweitert, als sie "Streß" - im Gegensatz zu den ursprünglichen Modellen, z.B. von Hill (1949, 1958) sowie McCubbin und Patterson (1982) - nicht in Form von "kritischen Lebensereignissen" ("life events") konzeptualisieren, sondern in Form von Mikrostressoren ("daily hassles") (siehe Kap. 2.1). Zudem ist der Ansatz dieser Forschergruppe transaktional und prozeßorientiert (vgl. Bodenmann, 1995b).

Zunächst kann allgemein festgestellt werden, daß *Streß in Partnerschaften* u.a. deshalb als sehr aktuelles Thema angesehen wird, weil sich zum einen vor allem bei den Frauen oftmals ein erhöhtes Streßvolumen aufgrund von *Doppelbeanspruchungen* ergeben hat, und weil man zum anderen von stärkeren *Rollenverunsicherungen* in Partnerschaften ausgehen darf (vgl. Bodenmann, 1995a; Schneewind, 1999).

Bodenmann und Perrez (1991) zeigen, daß in Systemen, wie Dyaden, Stressoren und Bewältigungsformen zu finden sind, die über individuelle Bewältigung hinausgehen und entsprechend auch auf der jeweiligen Systemebene, also z.B. der Dyade oder Familie, zu analysieren sind.

Bodenmann und Perrez (1991) gehen zunächst von der Definition von Streß nach Lazarus und Folkman (1984) aus, wonach Streß als eine transaktionale Beziehung zwischen Person und Umwelt aufzufassen ist, die von der Person als die eigenen Ressourcen beanspruchend oder übersteigend sowie das eigene Wohlbefinden gefährdend eingeschätzt wird (vgl. Kap. 2.1.2.3). Bodenmann und Perrez übertragen dieses interaktionale Konzept auf die Systemebene des Paares und definieren *Streß in Dyaden* als "Belastungen, welche beide Partner betreffen. Beanspruchung und Beanspruchungsressourcen eines Partners oder des Paars befinden sich (mindestens) vorübergehend in einem Ungleichgewicht, wobei die individuell oder gemeinsam wahrgenommene Situationseinschätzung (Bedrohung, Herausforderung oder Schäden) dyadenrelevante Folgen hat. Die Wiederherstellung der Homöostase erfordert meist die Ressourcen beider Beteiligten" (S. 8).

Bodenmann (1995a) unterscheidet prinzipiell *indirekten* von *direktem dyadischem Streß*: Zum einen kann Partnerschaftsstreß auf indirektem Wege dadurch entstehen, daß sich ungelöster Individualstreß oder Konsquenzen von individuellen Copingverhaltensweisen auf die dyadische Ebene auswirken, zum anderen ergibt sich "echter" dyadischer Streß, wenn Stressoren direkt beide Partner betreffen. Dabei können die Streßquellen innerhalb oder außerhalb des Paares liegen.

Bodenmann (1995a) definiert *dyadisches Coping* als "die Bemühungen eines Partners oder beider Partner, bei individuellen Belastungen des einen Partners (indirekt dyadischer Stress für den anderen) bzw. bei direkt dyadischem Stress bei der Stressbewältigung mitzuwirken und durch gezielte Bewältigungshandlungen eine neue Homöostase des vom Stress primär Betroffenen, des Gesamtsystems bzw. der Beziehung zwischen dem Paar und seiner Aussenwelt herbeizuführen. Dyadisches Coping beschreibt ein systemisches Konstrukt, in dessen Rahmen Stressignale des einen Partners und Antwortreaktionen (verbale und nonverbale Copingreaktionen) des anderen Partners auf diese Stressäusserungen berücksichtigt werden. Je nach Situation bzw. Problemkonstellation und in Abhängigkeit der jeweiligen aktuellen bzw. situationsübergreifenden, stabilen Copingdispositionen und -ressourcen beider Partner können Formen *gemeinsamen, supportiven* oder an den Partner *delegierten* dyadischen Copings eingesetzt werden" (S. 63).

Im Falle von *gemeinsamem dyadischen Copings* sind in der Regel beide Partner aufgrund dyadenrelevanter Zielsetzungen in symmetrischer Art und Weise in den dyadischen Copingprozeß involviert (z.B. gemeinsame Entspannungsübungen, gemeinsame Lösungsdiskussionen).

Demgegenüber umfaßt *supportives dyadisches Coping* "alle sach- und emotionsbezogenen Unterstützungshandlungen des einen Partners zugunsten des anderen, ohne ... letzterem die Bewältigungsarbeit ganz abzunehmen" (S. 64). Dies können beispielsweise konkrete Hilfestellungen bei der Verrichtung von Tätigkeiten sein, aber auch das Geben von Ratschlägen und Informationen, Äußerungen von positiven Gefühlen wie Liebe (im Kontext von Streßsituationen) oder konkrete Hilfestellungen zur Beruhigung (z.B. Massagen) (vgl. Bodenmann, 1995a).

Unter *delegiertem dyadischem Coping* versteht Bodenmann (1995a) "die Möglichkeit des einen Partners, in Stressituationen dem anderen Partner Tätigkeiten oder Aufgaben (z.B. Kinderbetreuung, Erledigen von Einkäufen an Stelle des anderen, wichtige Telefonate übernehmen, etc.) zur Bewältigung abzugeben" (S. 67).

Bodenmann und Perrez (1991) sowie Bodenmann (1995a) übertragen die *transaktionale*, *prozeßorientierte* und *kognitive* Position von Lazarus und Folkman (1984) von der individuellen auf die dyadische Systemebene und betrachten somit auf mikroanalytische Weise die individuellen sowie dyadischen Bewertungvorgänge innerhalb des Streßbewältigungsprozesses. Dabei werden die einzelnen Stadien des Copingprozesses auf der Ebene des Paarsystems sowohl innerhalb des *"primary appraisals"* als auch des *"secondary appraisals"* (vgl. Kap. 2.1.2.3) komplexer, da zusätzlich zu den eigenen Wahrnehmungs- und Einschätzungsprozessen auch jeweils noch diejenigen, die man beim Partner vermutet, bedacht werden müssen, und zwar in ihrer Bedeutung für den Partner und für das Paar als Ganzes (vgl. Bodenmann, 1995c).

Was die Forschungsbefunde des Teams von Perrez und Bodenmann zur Thematik der dyadischen Streßbewältigung betrifft, wurden eine Vielzahl von Ergebnissen anhand des sogenannten *EISI-Experiments* (*EISI*: Experimentell induzierter Streß in dyadischen Interaktionen), eines Laborexperiments mit mehreren Follow-up-Phasen, gewonnen. Ziel dieses mehrphasigen Experiments war eine möglichst genaue Abbildung des Streß-Coping-Prozesses in Partnerschaften und die Veränderungen der dyadischen Interaktion unter Streß (vgl. Bodenmann, 1995a, 1995c). Methodisch wurden dabei Selbstbeschreibungen, systematische Verhaltensbeobachtungen (u.a. per Video) und Motorikmessungen vorgenommen. Die Methode der Streßinduktion bestand darin, daß das Laborexperiment angeblich zur Messung der "Paarintelligenz" diente, einem fiktiven Konstrukt "zur Stimulierung eines hohen Anspruchsniveaus und zur Realisierung einer dyadischen Abhängigkeit" (Bodenmann & Perrez, 1995, S. 238). Das Paar hatte die Aufgabe, gemeinsam einen Intelligenztest unter Speedbedingungen zu bearbeiten. Für die Bestimmung des "Paar-IQ" sollte neben der möglichst guten und schnellen Lösung der "Intelligenzaufgaben" laut Instruktion auch die Bedienung der vorgegebenen Gegensprechanlage (zur Kommunikation mit dem Partner, der sich teilweise im Nebenzimmer befand) als Indikator für die situative Gedächtnisleistung, Konzentration und Fähigkeit zur Aufmerksamkeitsteilung mit herangezogen werden. Eine weitere Erhöhung des Streßniveaus mit gleichzeitiger Ärgererzeugung erfolgte dadurch, daß der Versuchsleiter das Experiment nach einer bestimmten Zeit abbrach und dies mit zu häufiger falscher Bedienung der Gegensprechanlage begründete. Dabei wurde die Attribution der mangelhaften Bedienung konkret auf einen der beiden Partner gerichtet. Außerdem sollte eine neue, strategisch bessere Aufteilung der einzelnen Bereiche des Intelligenztests erfolgen. Während dieser Phase des Experiments war insbesondere die *partnerschaftliche Interaktion* von Interesse. Darüber hinaus wurden aber auch die *intrapsychischen Prozesse* der beiden Partner im Kontext dieser partnerschaftlichen Interaktion unter Streßbedingungen detailliert untersucht. Die intrapsychischen Prozesse wurden per Fragebogen sowie über die Methode des lauten Denkens erfaßt.

Dabei zeigten sich Befunde, die für eine große Bedeutung der intrapsychischen kognitiven Prozesse für die dyadische Interaktion, sowie auch längerfristig für die Partnerschaft, sprechen. Ganz konkret wirken sich insbesondere intrapsychisch stattfindende *Vorwürfe* - ganz besonders, wenn diese auf den Partner gerichtet sind, aber auch wenn sie selbstbezogen oder auf den Versuchsleiter bezogen sind - sehr ungünstig auf die partnerschaftliche Interaktion aus. Der Effekt war im übrigen interessanterweise auf der nonverbalen sowie paraverbalen Ebene der Interaktion noch markanter festzustellen als auf der verbalen Ebene. Demgegenüber führen Formen intrapsychischer *Selbstberuhigung*, aber auch *kognitive Umbewertungen* - insbesondere, wenn diese gemeinsam mit geringer intrapsychischer Vorwurfsneigung auftreten - durchschnittlich sogar zu einer Verbesserung der dyadischen Interaktion und nicht nur zu einem "Abpuffern" der Folgen von Streß (vgl. Bodenmann, 1995a). Diese Zusammenhänge zwischen den Variablen des individuellen Copings und der Partnerschaft konnten auch im weiteren Verlauf der Längsschnittstudie nachgewiesen werden (vgl. Bodenmann, 1995a, 1995c). Pfadanalysen ergaben, daß außer *direkten* Zusammenhängen zwischen Streß bzw. Streßbewältigung und Partnerschaftsqualität auch *indirekte* Einflüsse festzustellen sind: Streß wirkt sich direkt wie indirekt, moderiert durch individuelles bzw. dyadisches Coping, auf die Partnerschaftsqualität aus.

Hinsichtlich der verbalen, paraverbalen und nonverbalen Interaktion ergab sich u.a. ein differentieller Befund, wonach Paare mit *geringer Partnerschaftszufriedenheit* im statistischen Mittel einen durch *Sachlichkeit* geprägten Interaktionsstil praktizieren, im Gegensatz zu den zufriedenen Paaren, bei denen der emotionale Austausch eine größere Rolle spielt (vgl. Bodenmann, 1995a).

Ein deutlicher *Geschlechtsunterschied*, der hinsichtlich der dyadischen Interaktionsprozesse festgestellt werden konnte, bestand darin, daß Männer signifikant häufiger Signale der Partnerin - insbesondere emotionaler Art - ignorierten als umgekehrt (vgl. Bodenmann & Perrez, 1991).

Um die *ökologische Validität* des EISI-Experiments zu sichern, wurde zunächst bereits während der Untersuchung die Beurteilung der Typikalität der Reaktionen, sowohl in der Selbst- als auch in der Partnereinschätzung, erfragt. Dabei schätzten 81 % ihr Verhalten als sehr typisch, 17 % als eher typisch und nur 2 % als untypisch ein. Die Paarinteraktion wurde ebenfalls von der überwiegenden Mehrheit als sehr typisch eingeschätzt.

Eine weitere Bestätigung der ökologischen Validität wurde durch Self-Report-Daten aus mehrwöchigen Untersuchungen im Feld, d.h. im Alltagssetting der Paare gewonnen. An dieser Felduntersuchung nahmen 60 % der Paare teil (vgl. Bodenmann & Perrez, 1995).

Die längsschnittliche Untersuchung der Paare mit Follow-up-Meßzeitpunkten, ein, zwei und drei Jahre nach dem Laborexperiment, konnte die *längerfristige* Wirkung der unterschiedlichen Streßbewältigungsprozesse auf die Partnerschaftsqualität und -stabilität belegen. Für 55 der 56 teilnehmenden Paare wurde die Stabilität bzw. Instabilität der Partnerschaft innerhalb des Zeitraumes von zwei Jahren mittels der einbezogenen Variablen richtig vorhergesagt (vgl. Bodenmann, 1995c, 1997). Der beste Prädiktor für sowohl eine Abnahme der Partnerschaftszufriedenheit als auch für ein höheres Scheidungsrisiko war die *Negativität* - ein Index aus negativer verbaler, paraverbaler und nonverbaler Verhaltensweisen - in der Partnerschaftsinteraktion (vgl. Bodenmann, 1996b).

Bodenmann (1995c, 1997) konnte insgesamt im Rahmen dieser 3-Jahres-Längsschnittstudie sowohl den Einfluß des *Streßniveaus* als auch die Bedeutung des *individuellen* sowie *dyadischen Copings* nachweisen. Die Partnerschaftszufriedenheit veränderte sich in Abhängigkeit des dyadischen Streßniveaus differentiell unterschiedlich: Bei Paaren mit viel Streß nahm die Zufriedenheit deutlich stärker ab als bei Paaren mit wenig Streß bzw. bei solchen, die gut mit Streß umgehen können und sich daher weniger belastet fühlen. Im Hinblick auf erfolgreiches Coping zeigte sich, daß hohe individuelle und dyadische Bewältigungsfertigkeiten auch relativ viel Streß "abpuffern" können, und daß sich infolgedessen ein deutlich stabilerer Verlauf der Partnerschaftszufriedenheit ergibt (vgl. Bodenmann, 1994, 1997).

Vor dem Hintergrund dieser Forschungsergebnisse entwickelte Bodenmann (1996a, 1996b) ein *Präventionstraining* für Paare, das u.a. auf eine Optimierung des Umgangs mit Stressoren ausgerichtet ist.

Den Einfluß des partnerschaftlichen Copings auf die Zufriedenheit mit der Partnerschaft konnte beispielsweise auch Wolf (1987) in seiner Studie an 70 Paaren aufzeigen. Unter den Copingstrategien erwies sich dabei der Einsatz passiver, evasiver und auch unangemessen aktiver (aggressiver) Verhaltensweisen als negativ für die Partnerschaftsqualität, während die Verwendung angemessen aktiver Strategien positive Konsequenzen für die Partnerschaft hatte.

Auch Ilfeld (1980) konnte die besondere Bedeutung des *Copingstils* eines Paares als Prädiktor für Eheprobleme bzw. die Qualität der Ehe nachweisen. Für besonders wenig belastete Ehen ist demnach der Copingstil der "optimistic action" charakteristisch, der sich insbesondere damit beschreiben läßt, daß sich die Partner "zusammensetzen und die Dinge besprechen" und "sich bemühen, einen Kompromiß zu finden" (S. 380). Der Copingstil des Paares erwies sich insgesamt als besserer Prädiktor für Eheprobleme als z.B. soziodemographische Variablen, Persönlichkeitsvariablen der Partner und das Vorliegen sozialer, außerhalb der Partnerschaft gelegener Stressoren. Bei der Interpretation dieses Ergebnisses zum Stellenwert des Stiles der "optimistic action" ist allerdings m.E. zu berücksichtigen, daß die Operationalisierung des Konzepts sehr stark partnerschaftliche Elemente im Sinne von supportivem dyadischem Coping (vgl. Bodenmann & Perrez, 1991) enthält. Aus diesem Grunde könnte die Effizienz des mit "optimistic action" umschriebenen Coping-Stiles unter anderem auch auf das als unterstützend versus ablehnend oder passiv wahrgenommene Partnerverhalten zurückzuführen sein. Ein derartiger Zusammenhang wurde z.B. in der Untersuchung von Weiß, Limmer, Burda-Viering, Schütz und Laux (1994) ermittelt.

Weiß et al. konnten in ihrer Studie zur partnerschaftlichen Belastungsbewältigung außerdem die folgenden *Geschlechtsunterschiede* feststellen: Bei den Männern löste die Konfrontation mit einem Stressor häufiger Gedanken und Handlungen aus, die sich mit der eigenen Person beschäftigen. Dies waren z.B. "selbstwertbezogene Gedanken und im interaktiven Handeln das Darstellen der eigenen Person und eigener Standpunkte gegenüber der Partnerin. Frauen hingegen schilderten weit mehr Bewältigungsbemühungen, die den Partner kognitiv oder aktional einbezogen. Sie dachten häufiger über ihre Partner nach als über sich selbst und äußerten sich in Gesprächen mit dem Partner häufiger über den Partner" (S. 277).

In der Forschungsliteratur wurde die Thematik *Streßbewältigung und partnerschaftliche Ressourcen* zwar oft nicht unter "dyadischem Coping" abgehandelt, aber war trotzdem auf partnerschaftsbezogene Coping-Prozesse ausgerichtet. So wurde dem Konzept des "emotional support" beispielsweise vergleichsweise viel Aufmerksamkeit zuteil:

So stellt erlebte *emotionale Unterstützung* durch den Partner z.B. nach Wolf (1987) eine entscheidende Variable für die effiziente Bewältigung von Belastungen dar. So schätzen diejenigen Personen, die ihren Partner als unterstützend erleben - z.B. indem der Partner Lösungsvorschläge für das aktuelle Problem liefert, oder indem er auf ein Anliegen des belasteten Partners eingeht - ihre Belastungsbewältigung als besonders effizient ein. Die Belastungsbewältigung selbst ist dann wiederum - wie bereits weiter oben mehrfach belegt wurde - ein guter Prädiktor für die Partnerschaftszufriedenheit.

Ein für die Thematik Streß und Gesundheit wichtiger lebensbereichübergreifender Einfluß von emotionaler Unterstützung durch den Partner zeigt sich hinsichtlich der Erholung von der Arbeit. Prozeßanalysen im Lebensalltag von Paaren zeigen, daß nur bei einem eher hohen Niveau an sozialer Unterstützung durch den Partner eine Verringerung des arbeitsbezogenen Ärgers während des Feierabends stattfinden kann (vgl. Repetti, 1989). Interessanterweise hat sich dabei als eine wichtige Form der partnerschaftlichen Unterstützung das Ermöglichen bzw. Erleichtern von *sozialem Rückzug* herausgestellt (vgl. Repetti, 1989).

Insgesamt wird die emotionale Unterstützung innerhalb der Partnerschaft oftmals als *die* zentrale partnerschaftsbezogene Streßbewältigungsressource überhaupt angesehen (vgl. z.B. Burke & Weir, 1982; Weiß, Limmer, Burda-Viering, Schütz & Laux, 1994).

Betrachtet man Streßbewältigung nicht nur auf der Ebene der Partnerschaft, sondern auch unter Einbeziehung weiterer sozialer Systeme, zeigt sich bei einem Vergleich aller zwischenmenschlicher Unterstützungssysteme, daß alles in allem die emotionale Unterstützung durch den Partner die *wichtigste Form sozialer Unterstützung* überhaupt darstellt: Sowohl Frauen als auch Männer wenden sich im Fall von Problemen oder Ängsten am ehesten an ihren Partner, und die Qualität der erwarteten oder erlangten Unterstützung durch den Partner hat besonders bedeutende Auswirkungen auf die psychische Gesundheit des Individuums (vgl. Burke & Weir, 1982). Diese wichtige Rolle emotionaler Unterstützung in der Partnerschaft wird oftmals mit "mental hygiene funktion" der Ehe umschrieben, worunter der "latente Beitrag, den ein Ehepartner zur psychischen Gesundheit seines Partners leistet (oder leisten kann)" verstanden wird (Burke & Weir, 1982, S. 221f.). Burke und Weir gehen davon aus, daß man für die emotionale partnerschaftliche Unterstützung (a) *präventive*, (b) *therapeutische* und (c) hinsichtlich der Beziehung zwischen Streß und Wohlbefinden *"puffernde"* Effekte feststellen kann. In ihrer Studie an 189 Ehepaaren konnten sie zeigen, daß gute partnerschaftliche Unterstützung sowohl mit der *psychischen* als auch mit der *körperlichen Gesundheit* der Partner zusammenhängt. Darüberhinaus zeigte sich ein lebensbereichübergreifender Effekt zum Arbeitsleben: Diejenigen, die angaben, daß sie sich auf die Unterstützung des Partners verlassen konnten und diese gerne in Anspruch nahmen, wiesen höhere Werte in der *Arbeitszufriedenheit* auf (siehe auch Kap. 2.5).

Die emotionale Unterstützung in der Partnerschaft kann auch als Aspekt der *Kohäsion* angesehen werden, einer zentralen partnerschaftlichen Dimension des *"Circumplex-Model of Marital and Family Systems"* (Olson, Sprenkle & Russell, 1979), anhand dessen Paar- und Familiensysteme klassifiziert werden können. Im Rahmen dieses typologischen Ansatzes wird die *Kohäsion* von Paar- und Familiensystemen ebenso wie die *Flexibilität* und die *Kommunikation* als eine wichtige, vermittelnde Variable zwischen Streß und Anpassung konzipiert (vgl. Lavee & Olson, 1991; Olson & Stewart, 1991b; Schneewind, 1999). Das "Circumplex-Modell" wird als Baustein des *MASH-Modells* in Kapitel 2.6 ausführlicher beschrieben.

Abgesehen von der Vielzahl der Forschungsbefunde, die die besondere Rolle der *Kohäsion* als zentrale Dimension der Partnerschaft und der Partnerschaftsqualität belegen (vgl. zusammenfassend Olson, Sprenkle & Russell, 1979), wird diesem Aspekt auch in der wissenschaftlichen und populärwissenschaftlichen Literatur eine besondere Bedeutung beigemessen. Dabei wird Kohäsion meist in Zusammenhang mit Individuationsprozessen oder Nähe-Distanz-Konflikten abgehandelt (vgl. z.B. Karpel, 1977; Scarf, 1987).

Von systemtheoretischer und kommunikationspsychologischer Seite wurde in den vergangenen drei Jahrzehnten vielfach die Bedeutung der partnerschaftlichen *Kommunikation* bzw. *Interaktion* als entscheidende Determinante der *Partnerschaftszufriedenheit* aufgezeigt (vgl. Hahlweg, 1995; Schulz v. Thun, 1991; Watzlawick, Beavin & Jackson, 1967). Störungen der Kommunikation, wie z.B. negative Eskalationen oder Konfusionen von Inhalts- und Beziehungsebene, sind demnach auch längsschnittlich betrachtet für eine Abnahme der Beziehungsqualität verantwortlich zu machen (vgl. Hahlweg, 1995). Auf diesen Einsichten und Befunden aufbauend wurden diverse präventive Programme und therapeutische Interventionen entwickelt, deren Effizienz als positiv eingeschätzt werden darf (vgl. Bodenmann, 1996; Schneewind, 1989; Thurmaier, 1997).

2.4 Streß, Streßbewältigung und Gesundheit in der Familie

In Fortführung der in Kapitel 2.3 dargestellten Theorien und Befunde zur partnerschaftlichen Streßbewältigung, die ja als Unterform zum Thema Familienstreßbewältigung zu betrachten waren, werden im folgenden ausgewählte Ansätze zu den Themen Familienstreß, familiäres Coping und Anpassung (bzw.

Zufriedenheit, Gesundheit) vor dem Hintergrund der entsprechenden Forschungstraditionen kurz skizziert.

Dabei wird von einer psychologischen Definition von Familie ausgegangen, wie sie von Schneewind (1999, 1995a) vertreten wird. Demnach ist Familie ein *intimes Beziehungssystem*, dessen "gemeinsamer Lebensvollzug" im Kontext von (a) *Abgrenzung* (d.h. in "raumzeitlicher Abhebung von anderen Personen"), (b) *Privatheit* (d.h. in einem "umgrenzten Lebensraum"), (c) *Dauerhaftigkeit* (d.h. in einem "auf längerfristige Gemeinsamkeit angelegten Zeitrahmen"), sowie (d) *Nähe* (d.h. in "physischer, geistiger und emotionaler Intimität") stattfindet (1995a, S. 129f).

Auch in der folgenden Familiendefinition von Boss (1988) ist deutlich die familienpsychologische Perspektive erkennbar: "Die Familie ist ein überdauerndes System von interagierenden Persönlichkeiten, die durch gemeinsame Rituale und Regeln sogar mehr als durch ihre Biologie miteinander verbunden sind" (S. 12; Übers. v. Verf.).

Eine Betrachtung von *Streß* und *Familie* erfolgt - prinzipiell gesehen - aus drei übergeordneten Blickwinkeln. *Erstens* aus der Perspektive der Tradition der *Familienstreßtheorie*, die auf den durch *kritische Lebensereignisse* ausgelösten Streß und die erforderliche Wiederanpassung fokussiert (vgl. Angell, 1936; Hill, 1949, 1958; McCubbin & Patterson, 1983). *Zweitens* werden im Rahmen der Betrachtung von Streßbewältigungsprozessen Familien als eine wichtige soziale *Ressource* konzipiert, die als "Streßpuffer" fungieren kann (vgl. Bodenmann-Kehl & Perrez, 1994; Fosson, 1988). *Drittens* können Familienbeziehungen auch als bedeutsame *Quelle von Streß* betrachtet werden (vgl. Fosson, 1988).

Diese drei Perspektiven schließen sich allerdings keineswegs aus, sondern ergänzen sich teilweise. So bezieht z.B. Hill (1949, 1958), der auf die Auswirkungen von kritischen Lebensereignissen fokussiert, durchaus auch familiäre Ressourcen als wesentlichen Baustein in sein familienbezogenes Streßmodell mit ein. Ein Beispiel für eine Ausrichtung, die Variablen der familiären Interaktion als Streßquelle konzeptualisiert und gleichzeitig wichtige familiäre Ressourcen integriert, ist das *MASH*-Modell von Olson und Stewart (1990b, siehe Kap. 2.6).

Die *Familienstreßtheorie* ging aus der Tradtion der anglo-amerikanischen soziologischen Familienforschung hervor (vgl. zusammenfassend Schneewind, 1995a). Bereits Angell (1936) betrachtete Familienstreß in Form der Auswirkungen der amerikanischen Weltwirtschaftskrise der 30er Jahre auf die Familie. Eine Fortsetzung dieser Betrachtung von durch *"Life events"* und gesellschaftliche Faktoren ausgelösten familiären "Krisen" erfolgte durch Hill (1949), der die Folgen kriegsbedingter familiärer Trennungen und Wiedervereinigungen in der Zeit während und nach dem zweiten Weltkrieg untersuchte. Auf theoretischer Ebene entwickelte er hierzu ein Familienkrisenmodell, das sogenannte *ABCX-Modell*.

Innerhalb dieses *ABCX-Modells* wird die familiäre Streßbewältigung, die in eine Krise mündet, vor dem Hintergrund von vier Komponenten konzeptualisiert: *A* (das *Stressorereignis*) - in Interaktion mit *B* (den familiären *Bewältigungsressourcen*) - in Interaktion mit *C* (der *Definition* des Ereignisses durch die Familie) - erzeugt *X* (die *Krise*) (vgl. Hill, 1958).

Hill (1958) unterscheidet diese Grundkomponenten danach, ob ihre Herkunft innerhalb der Familie zu sehen ist oder ob etwas von außen auf die Familie einwirkt. Für die *Ressourcen* (Komponente *B*) und die *Definition* (Komponente *C*) lokalisiert er die Herkunft innerhalb des Systems, für das Stressorereignis (Komponente *A*) außerhalb der Familie.

Insgesamt führt der krisenauslösende Stressor zu einer Phase der *Desorganisation*, auf die eine *Erholungsphase* folgt, die wiederum je nach der Qualität der familiären Krisenbewältigung in ein *neues Organisationsniveau* der Familie einmündet (vgl. Burr & Klein, 1994).

Eine Weiterentwicklung von Hills Modell erfolgte durch McCubbin und Patterson (1982) in Form des *"Doppelten ABCX-Modells"*. Dieses Modell berücksichtigt, daß es auch nach der "Krise" Stressoren gibt, die zum Teil wiederum auf neue, im Rahmen der Bewältigungsbemühungen des ursprünglichen Stressors gebildete Ressourcen treffen. Die Wirkung dieser neuen Stressoren und Ressourcen hängt wiederum von der Wahrnehmung ("Definition") durch die Familie ab. Innerhalb dieses Modells wird auch dem Phänomen der Akkumulation von Stressoren Rechnung getragen, d.h. dem Sich-anhäufen von Stressor-Ereignissen oder Anforderungen. Eine andere Erweiterung bzw. Veränderung des Hill' schen Ansatzes im Rahmen des *Doppelten ABCX-Modells* besteht darin, daß das Ergebnis des Bewältigungsprozesses nicht eine "Krise" sein muß, sondern auf einem Kontinuum von schlechter zu guter Anpassung lokalisiert werden kann. Das Modell berücksichtigt die drei Systemebenen Individuum, Familie und Gemeinde.

In Fortführung dieser Forschungstradition richtet Boss (1988) den Blick vor allem auf die Komponente der *"Definition"* des Stressors durch die Familie. Zunächst wird *Familienstreß* von Boss (1988) definiert als "Druck oder Spannung im Familiensystem" (S. 12; Übers. v. Verf.), wodurch der Gleichgewichtszustand der Familie eine Störung erfährt. Diese Veränderung der Homöostase wird von Boss (1988) sowohl als normal, als unvermeidbar und manchmal sogar als wünschenswert angesehen, da sich die Familie dadurch verändern und weiterentwickeln kann.

Im Rahmen ihrer Fokussierung auf die "Definition" des Stressors durch die Familie ist Boss (1988) insbesondere an den Faktoren interessiert, die Barrieren in bezug auf erfolgreiche Streßbewältigung darstellen. Eine derartige Rolle als Barriere nimmt sie für den Faktor der *Verleugnung* der Realität durch die Familie an, darüber hinaus für die sogenannte *"Boundary Ambiguity"*. Eine derartige "Ambiguität der Grenzen" liegt beispielsweise vor, wenn ein Familienmitglied zwar physisch anwesend ist, geistig jedoch - z.B. im Falle von akuter Alzheimer-

Krankheit - von den anderen Familienmitgliedern als abwesend erlebt wird. Die im Falle dieses Beispiels oftmals ausgelöste Unklarheit darüber, ob der völlig veränderte Mensch (noch) zum Familiensystem zu rechnen ist, stellt nach Boss (1988) einen weiteren Stressor dar und behindert die Copingbemühungen. Jedes Stressor-Ereignis kann sich für die Familie eher klar oder eher diffus - mit einem hohen Maß an Ambiguität - darstellen, und für den letzteren Fall wird oftmals die Copingstrategie der Informationssuche als sehr hilfreich angenommen (vgl. Boss, 1988; Burr & Klein, 1994).

Beispiele für Ansätze, die die Aufmerksamkeit insbesondere auf die familiären *Ressourcen* richten, sind insbesondere das *Circumplex-Modell* (Olson, Russell & Sprenkle, 1979) sowie das *MASH-Modell* (Olson & Stewart, 1990; Olson, 1996) zu nennen (siehe Kap. 2.6).

Bodenmann-Kehl und Perrez (1994) verknüpfen die Aspekte der individuellen und der familiären Ressourcen in ihrer Konzeption von "Familienkompetenz". Dabei gehen sie davon aus, daß sich innerhalb der Ressourcen bzw. Kompetenzen auf diesen beiden miteinander in Interaktion stehenden Systemebenen jeweils zwei unterschiedliche Aspekte unterscheiden lassen: allgemeine soziale Kompetenzen und Bewältigungskompetenzen, die nur im Fall von Streß relevant sind.

Insgesamt ist das Ergebnis des familiären Streßbewältigungsprozeß entscheidend von der *familieninternen Definition der Stressoren* abhängig, darüber hinaus von den *individuellen und familiären Bewältigungsressourcen*, sowie von der Rolle der jeweiligen *sozialen Unterstützungssysteme* (vgl. Schneewind, 1995a). Entscheidend ist, ob die *Bewältigungsform funktional oder dysfunktional* ist. Während dysfunktionale Bewältigungsformen die Situation der Familie verschlimmern und somit neue Stressoren hervorrufen können, werden durch funktionale Bewältigungsformen im günstigsten Falle nicht nur die Streßquelle beseitigt oder die Wirkung des Stressors abgefangen, sondern auch das persönliche bzw. familiäre Bewältigungsrepertoire erweitert (vgl. Boss, 1988; Schneewind, 1995a).

Schneewind (1995a) integriert in seinem *"integrativen Systemmodell der Familienentwicklung"* die Familienstreßtheorie, die Familiensystemtheorie und die Familienentwicklungstheorie. In diesem multisystemischen Modell wirken *vertikale Stressoren* (d.h. aktuelle Stressoren) auf *vertikale Ressourcen* der Systemebenen *Persönlichkeit*, *Partnerschaft*, *Familie*, *Mehrgenerationensystem* sowie *extrafamiliäre soziale Systeme*. Betrachtet man z.B. ein Paarsystem auf dem Weg seiner Entwicklung, so trifft dieses in Gegenwart und Zukunft darüber hinaus auch auf *horizontale Stressoren* (d.h. neue, im Laufe der Zeit sich ergebende Belastungen oder Herausforderungen). Deren Bewältigung ist u.a. auch von den *horizontalen Ressourcen* abhängig, die das Paarsystem im Laufe seiner Entwicklung stärken bzw. die Funktionalität des Systems aufrechterhalten (vgl. Schneewind, 1995a).

Was das Endergebnis der mehr oder weniger gelungenen familiären Streßbewältigung betrifft, ist die in Kapitel 2.1 beschriebene Umorientierung von pathogenetischen auf salutogenetische Variablen auch innerhalb der familienpsychologischen und -soziologischen Streßforschung festzustellen. So spielen in vielen Studien Konzepte, wie *Familienzufriedenheit* oder *familiäre Gesundheit* (z.B. "Family mental health"), eine Rolle (vgl. Olson, 1989; Pruchno, Burant & Peters, 1994). In gleicher Weise werden auch familiäre Interventionen immer häufiger auf die *Optimierung der familiären Prozesse* ausgerichtet (vgl. Schneewind, 1989).

Insgesamt erfährt die Ausrichtung auf familiäre Variablen der Streßbewältigung und Gesundheit immer mehr Bestätigung durch Befunde, die die besondere Relevanz der Systemebene Familie aufzeigen: So hatte z.B. in der Studie von Staudinger (1996) unter allen berücksichtigten Lebensthemen die Familie "eine hohe Priorität, ... in der Altersgruppe der 35- bis 84jährigen nahm das Thema Familie sogar den ersten Platz ein" (zitiert nach Schneewind, 1997, S. 244).

Die Tatsache, daß die - sich innerhalb der Psychologie immer mehr etablierende Disziplin der - *Familienpsychologie* wichtige Beiträge zur Gesamtdisziplin der Psychologie leistet, kann man mit Schneewind (1997) "insbesondere auf den grundlegend systemisch-interaktiven und kontextualistischen Ansatz (der Familienpsychologie) zurückführen, der Familien als sich gemeinsam entwickelnde intime Beziehungssysteme in ihrem jeweiligen Lebensumfeld begreift" (S. 247).

2.5 Systemübergreifende Betrachtungen von Streß und Gesundheit: bisherige Forschungsansätze und Befunde

Im folgenden Kapitel werden nach einer Einleitung zu systemübergreifenden Betrachtungen von Streß- und Gesundheitsprozessen einige Befunde zu Zusammenhängen zwischen den in dieser Dissertation untersuchten Lebensbereichen vorgestellt.

2.5.1 Allgemeines

Während sich die meisten Forschungsstudien inhaltlich meist nur in dem einen Lebensbereich bewegen, der ihrer Forschungstradition entspricht, gibt es mittlerweile aber auch immer mehr Studien, die mehrere Lebensbereiche zumindest berücksichtigen, auch wenn dabei nicht immer die Wechselwirkungen zwischen den Kontexten im Vordergrund des Interesses stehen.

Oft wird die Relevanz von Forschungen, die mehrere Lebenskontexte integrieren, betont und ein entsprechendes Manko innerhalb des bisherigen Forschungsstandes beklagt, beispielsweise von Cooper und Smith (1989): "Verschiedene

Studien haben gezeigt, daß die Beziehung zwischen Beruf und Familie eine Hauptursache für Streß bei weiblichen Managern und qualifizierten Angestellten ist ... . Dennoch ist es der Forschung bis heute nicht gelungen, detaillierte Daten ... zur Natur und zum Prozeß dieser Wechselwirkung zu liefern" (S. 19).

Systemübergreifende Betrachtungen von Streßprozessen sind insbesondere auf *"Spillover"-Effekte* von *Streß* ausgerichtet. Leiter und Durup (1996) definieren "Spillover" als "einen Prozeß, bei dem sich Streß in einem Lebensbereich bei einer Person so akkumuliert, daß er auch in einem anderen Lebensbereich erfahren wird" (S. 30; übers. v. Verf.). Das Ausmaß an "Spillover" ist nach Cooper und Smith (1989) abhängig von der subjektiven Bedeutsamkeit des Lebensbereiches, in dem Streß erlebt wird: Ist der Beruf weniger bedeutsam, kommt es zu geringeren Auswirkungen negativer Erfahrungen aus dem Berufsleben. "Spillover" ist nach Leiter und Durup von *"Carryover"* abzugrenzen, worunter sie den Prozeß verstehen, "bei dem eine Person, die Streß in einem Lebensbereich erlebt, zu Belastungen beiträgt, die für andere Personen in einem zweiten Lebensbereich erlebbar sind" (1996, S. 30; übers. v. Verf.).

Nach Cooper und Smith stehen ganz allgemein bei Betrachtungen psychologischer Zusammenhänge zwischen mindestens zwei unterschiedlichen Lebensbereichen folgende drei *Hypothesen* im Vordergrund: Systemübergreifende Beziehungen finden (a) in Form von *"Spillover"* statt (siehe oben), oder (b) in Form von *Kompensation*, d.h. man geht davon aus, daß das Individuum in der einen Umwelt das zu kompensieren versucht, was in der anderen Umwelt fehlt, oder (c) finden nicht in nennenswerter Form statt *(Unabhängigkeits-Hypothese)*. In der Literatur finden sich insgesamt für alle drei Hypothesen Belege.

Diese Klassifikation möglicher grundlegender Hypothesen wäre m.E. durch eine vierte Hypothese zu ergänzen, wenn man nicht nur negative Streßeffekte betrachtet, sondern auch positive, gesundheitsrelevante Übertragungen von einem Lebensbereich auf einen anderen miteinbezieht: Eine eher salutogenetisch orientierte Analyse lebensbereichübergreifender Effekte sollte die *Bereicherung* bzw. *Förderung* eines Lebensbereiches durch Ressourcen und positive Prozesse in einem anderem Lebensbereich berücksichtigen.

2.5.2 Forschungsbefunde zu lebensbereichübergreifenden Effekten

Im folgenden werden einige Befunde zu systemübergreifenden Zusammenhängen zwischen den vier Lebensbereichen, die in dieser Arbeit im Vordergrund stehen, vorgestellt (Persönlichkeit, Arbeitsleben, Partnerschaft, Familie). Dabei betreffen die nun beschriebenen psychologischen Zusammenhänge meist nur jeweils zwei Lebensbereiche, da Studien, die mehr als zwei unterschiedliche Kontexte berücksichtigen, selten sind.

Persönlichkeit und Arbeitsleben

Eine Betrachtung des Themas "Arbeit und Persönlichkeit" erfolgte zum einen aus der Perspektive, die Hoff (1995) mit "The long arm of the job" bezeichnet und folgendermaßen umschreibt: "Dieser Titel besagt, daß die Arbeitswelt im Leben erwerbstätiger Erwachsener nicht einfach hinter dem Fabriktor, im Büro, im Geschäft oder an anderen Arbeitsplätzen zurückbleibt, sondern auch das Denken, Fühlen und Handeln im privaten Lebensbereich prägt. Es gibt aber noch eine zweite Leseart des Titels "Der lange Arm der Arbeit": Dieser Arm greift schon lange *vor* der eigentlichen Erwerbstätigkeit in Familie und Schule zu. Und er kann auch noch die Zeit *nach* der Arbeit, den Ruhestand, fest "im Griff haben" (S. 423).

Psychologische Zusammenhänge zwischen der Person und der Arbeitswelt kann man auch im Hinblick auf das *Spannungsverhältnis zwischen Individuum und Organisation* betrachten, das nach von Rosenstiel (1987) "vereinfacht ausgedrückt darin liegt, daß die Organisation den einzelnen in instrumentellem Sinne für ihre Ziele nach zweckrationalen Gesichtspunkten einsetzt ... und in seinen individuellen Bedürfnissen negiert. Das Individuum hat - und daraus ergibt sich der Konflikt - diese individuellen Bedürfnisse keineswegs 'beim Pförtner abgegeben', wenn es den Betrieb betritt, sondern es strebt auch hier danach, diese zu verwirklichen und erlebt oder - wenn die Resignation fortgeschritten ist und die Bewußtheit fehlt - lebt seine Enttäuschung" (S. 31). Nach von Rosenstiel geraten gerade Personen, deren Persönlichkeitsmerkmalen ein höherer Grad an Reife zugeschrieben wird (relativ hohes Maß an Unabhängigkeit, Aktivität, Kontrolle über die eigene Situation und längerfristige Zeitperspektive) leicht "in Konflikt mit den Anforderungen formaler Organisationen" (S. 31).

Hinsichtlich der Forschungsaktivitäten zur Interaktion zwischen Individuum und Organisation sind nach von Rosenstiel (1987) "erst in jüngerer Zeit ... Tendenzen bemerkbar, die Situation des einzelnen in der Organisation, losgelöst von seiner Instrumentalität für das Erreichen des Organisationsziels, eingehend zu erforschen. So werden etwa zunehmend Bedingungen analysiert, die z.B. der Erhöhung der Zufriedenheit, der Veränderung des Bewußtseins, der Ausweitung des Kenntnisstands, der Stabilisierung der Emotionalität oder der Verbesserung der psychischen Gesundheit des einzelnen dienen ... " (S. 32). Diese neuere Ausrichtung der Forschung entspricht der salutogenetischen Perspektive im Sinne Antonovskys (1987).

Für die Betrachtung der psychologischen Zusammenhänge zwischen Arbeit und Person ist eine im Hinblick auf die individuelle Gesundheit wichtige Frage, ob die Leistungsvoraussetzungen der Person den jeweiligen beruflichen Anforderungen im wesentlichen entsprechen oder nicht (vgl. v. Rosenstiel, 1987). Liegen die Anforderungen für die betreffende Person zu hoch, wird "die Tätigkeit ... zur Bedrohung, d.h. es kommt zum *Streß* mit den damit verbundenen ungünstigen Folgen" (v. Rosenstiel, 1987, S. 54).

Ob und in welchem Ausmaß eine Anforderung als Bedrohung erlebt wird, hängt natürlich nicht nur von den Charakteristika der gegebenen Aufgabe ab, sondern auch von den Bewertungsprozessen der Person (vgl. Lazarus & Folkman, 1984) und von den persönlichen Ressourcen. So fanden beispielsweise Ryland und Greenfeld (1991) in einer Studie an 302 Verwaltungsangestellten, daß die Beziehung zwischen *Arbeitsstreß* und *psychischer Gesundheit* durch die Ausprägung an *"Kohärenzsinn"* im Sinne von Antonovsky (1987) signifikant moderiert wird.

Betrachtet man die Interaktion zwischen Arbeitswelt und Persönlichkeit hinsichtlich der Wirkungen der Arbeit auf die Persönlichkeitsentwicklung, so ergibt sich für die Tätigkeitsmerkmale *Komplexität* und *Variabilität (Tätigkeitsspielraum)* ein persönlichkeitsförderlicher Effekt (vgl. Hoff, 1995; Mohr, 1990; v. Rosenstiel, 1987). Insbesondere für das Merkmal der Komplexität läßt sich eine positive Beziehung zur Entwicklung intellektueller Fähigkeiten feststellen (vgl. Hoff, 1995). Darüber hinaus ist eine wichtige, die Persönlichkeitsentwicklung fördernde Variable der *Entscheidungsspielraum*, d.h. beispielsweise die Freiheit, Entscheidungen selbst treffen zu können, persönlichen Einfluß auf wichtige Prozesse zu erleben und Freiheiten im Arbeitsstil zu haben (vgl. Cooper & Smith, 1989). Sind sowohl der Tätigkeitsspielraum als auch der Entscheidungsspielraum hoch, ist ein hohes Ausmaß an *Handlungsspielraum* gegeben, was oftmals eine Zielvorstellung neuer Wege psychologischer Arbeitsgestaltung ist (vgl. v. Rosenstiel, 1987).

Persönlichkeit und Partnerschaft

Als ein - für die hier vorgestellte Forschungsarbeit wichtiges - Beispiel für empirisch ermittelte Zusammenhänge zwischen der persönlichen Streßbewältigung und dem Lebensbereich Partnerschaft wäre der folgende Befund von Hölzl und Reiter (1992) zu nennen: *Partnerschaftszufriedenheit* steht in einem hochsignifikanten, positiven Zusammenhang mit dem *"Kohärenzsinn"* nach Antonovsky, der über den "SOC-Fragebogen" erfaßt wurde (vgl. Antonovsky 1993b).

Die *Partnerschaftszufriedenheit* hängt außerdem nach den Befunden von Bodenmann (1995a) nicht nur von der Qualität des *dyadischen Copings* ab, sondern ganz eindeutig auch von der Qualität des *individuellen Copings* der Partner (vgl. Kap. 2.3).

Backmund (1993) ermittelte Zusammenhänge zwischen dem *Paarklima* und den folgenden Aspekten der *Persönlichkeit*: Narzißmus, Aggression, Empathie, Unterstützung, allgemeines Selbstwertgefühl, soziales Selbstwertgefühl und soziales Interesse.

Eine persönlichkeits- und differentialpsychologische Betrachtung von Partnerschaften sollte darüber hinaus auch *Geschlechtsunterschiede* berücksichtigen. Ein in der Forschungsliteratur vielfach berichteter Befund betrifft signifikant häufigere Schuldzuweisungen von Frauen bei Problempunkten in der Partnerschaft bzw. Familie (vgl. Fiedler & Ströhm, 1995). Eine Interpretation dieses

Geschlechtsunterschiedes hat allerdings sicherlich zu berücksichtigen, daß Frauen z.B. bei den Themen Kindererziehung und Arbeitsteilung im Haushalt deutlich mehr Enttäuschung erleben und somit mehr Anlaß zu Klagen haben (vgl. Weiß, Limmer, Burda-Viering, Schütz & Laux, 1994).

Die Thematik Persönlichkeit und Partnerschaft ist insgesamt ein so umfassendes Gebiet, daß hier auf weitere wichtige Unterbereiche mehr oder weniger nur verwiesen werden kann. So ist bereits die *Partnerwahl* vor dem Hintergrund der Persönlichkeit zu sehen (vgl. Klein, 1995). Des weiteren ist die *Aufrechterhaltung* und *Qualität* bzw. *Störung* und *Auflösung* von Beziehungen auch in Abhängigkeit von Persönlichkeitsvariablen zu sehen (vgl. Hahlweg, 1995). Außerdem ist stets zu berücksichtigen, daß Aspekte der *Beziehungspersönlichkeit,* wie z.B. Kommunikationsstile, die partnerschaftlichen Prozesse von Grund auf bestimmen (vgl. Schulz v. Thun, 1991).

Persönlichkeit und Familie

Möchte man die psychologischen Zusammenhänge zwischen Persönlichkeit und Familie von einer eher umfassenden und übergeordneten Perspektive aus betrachten, so befindet man sich unweigerlich in dem sehr umfangreichen Themengebiet der Persönlichkeitsentwicklung im Kontext von Erziehung und Sozialisation (vgl. Schneewind, 1991, 1994, 1999; Schneewind & Pekrun, 1994; Schneewind & Ruppert, 1995). Diesem Thema nähert sich die Pädagogische Psychologie zum einen in Form von übergreifenden Konzeptionen, wie z.B. den *Sozialklima-Ansätzen* und Bronfenbrenners *sozialökologischem Entwicklungsmodell* (vgl. Bronfenbrenner, 1981; Bronfenbrenner & Crouter, 1982; Schneewind & Pekrun). Zum anderen steht der Einfluß konkreter "Mikrosysteme" (Bronfenbrenner, 1981) im Blickpunkt, dabei insbesondere die Systeme der Schule und der Familie.

Innerhalb der Konzeptionen der *Familie als Sozialisationsumwelt* kann man Ansätze zur Familie als Lernumwelt von Familiensystemtheorien unterscheiden. Vielfach knüpfen die Ansätze zur *Familie als Lernumwelt* "an Murrays Konzept des 'beta press' ... an und versuchen, 'objektiv' vorhandene Merkmale der Familienwelt zu klassifizieren und explikativ in Beziehung zur Kindesentwicklung zu setzen" (Schneewind & Pekrun, 1994, S. 27). Die vor dem Hintergrund der allgemeinen Systemtheorie entwickelten *Familiensystem-Modelle* richten den Blick u.a. auf Rückkopplungs- und Homöostaseprozesse, reziproke Kausalität und Systemgrenzen (vgl. Schneewind, 1995a; Schneewind & Pekrun, 1994). Entwicklungspsychologische Betrachtungen von Familien über den Familienlebenszyklus und Ansätze zum Familienstreß (Familienentwicklungs- und Familienstreßtheorien) lassen sich als Erweiterungen dieser Familiensystemtheorien auffassen (vgl. Schneewind & Pekrun, 1994; Schneewind, 1995a). Da allerdings "die Modelle dieser Gruppe auf die Analyse von ganzen Familiensystemen (bzw.

Subsystemen) fokussieren, bleibt die Erklärung der Entwicklung von Einzelpersonen nachgeordnet" (Schneewind & Pekrun, 1994, S. 28).

Die Forschungen zu den Zusammenhängen zwischen Familie und Persönlichkeitsentwicklung betrachten in der Regel einzelne Konstrukte der sehr komplexen - und auf theoretischer Ebene meist relativ umfassend konzeptualisierten - Thematik. Eines der wenigen Beispiele für Forschungsansätze, die das Thema Persönlichkeitsentwicklung im Kontext der Familie mit einem sehr umfassenden und zudem längsschnittlichen Design (über 16 Jahre) untersucht hat, stellt das Projekt "Eltern-Kind-Beziehungen" von Schneewind und Mitarbeitern dar (vgl. Schneewind, 1995b; Schneewind & Ruppert, 1995). Diese Längsschnittstudie über 16 Jahre hat viele wesentliche Dimensionen auf den Ebenen der Persönlichkeit und der Familie erfaßt und auf Zusammenhänge bzw. Einflüsse untersucht. Die Studie konnte unter anderem deutliche Belege für eine Übertragung grundlegender Lebensorientierungen von einer Generation auf die nächste liefern. Bei der Einschätzung von Dimensionen des Familienklimas zeigten sich geschlechtsspezifische Effekte, denen zufolge sich Mädchen - insbesondere was das Ausmaß an familiärer Normorientierung anbelangt - eher an der Mutter orientieren und Jungen eher am Vater.

Relativ viel Forschungsaufmerksamkeit erhielt das Persönlichkeitskonstrukt der *personalen Kontrolle* in seinen Zusammenhängen mit Variablen der Familie (vgl. Ettrich, 1994; Schneewind, 1982, 1999). Nach Ettrich (1994) gehen internale Kontrollüberzeugungen von Kindern im Schulalter mit einem Familienklima einher, das sich durch hohen Zusammenhalt, günstige Möglichkeiten der Gefühlsäußerung, geringes familiäres Konflikterleben, aktive Freizeitgestaltung und klare Einhaltung familialer Regeln und Aufgaben auszeichnet.

Von ganz grundlegender Art sind auch die Annahmen der *Bindungstheorie* zum Zusammenhang zwischen der Persönlichkeit und den Familienbeziehungen. Vor dem Hintergrund der Bindungstheorie werden unter anderem Bezüge zwischen dem kleinkindlichen Mutter-Kind-Bindungsstil und dem späteren partnerschaftlichen Bindungstyp hergestellt (vgl. Kirkpatrick & Davis, 1994).

Arbeit und Partnerschaft

Im Hinblick auf die Wechselwirkungen zwischen Partnerschaft und Arbeitsleben zog wohl das immer häufiger werdende Phänomen der "Doppelverdienerehe" die meiste Aufmerksamkeit auf sich (vgl. Leiter & Durup, 1996). Forschungen hierzu werden oft vor dem Hintergrund der Frage nach der Vereinbarkeit von privatem und beruflichem Bereich durchgeführt. Diese Frage stellt sich insgesamt für Frauen deutlicher als für Männer und Frauen erleben dann auch meist eine *Doppelbelastung* (vgl. Schneewind, Gotzler, Schlehlein, Sierwald & Weiß, 1996). So wird beispielsweise die Aufteilung von Tätigkeiten der Hausarbeit viel eher von Frauen als ungerecht erlebt, und das Ausmaß der diesbezüglich erlebten Fairneß weist bei Frauen eher Zusammenhänge zur Partnerschaftszufriedenheit auf als bei Männern (vgl. Ward, 1993). Des weiteren können verschiedene Studien bestätigen, daß die familiären Aufgaben und das gewohnheitsmäßige unterstützende Verhalten der Ehefrauen es diesen weitaus weniger ermöglichen, sich nach einem anstrengenden Arbeitstag zu Hause zu erholen. Mikroanalytische Untersuchungen zeigen, daß nach einem stark beanspruchenden Arbeitstag der Ehemänner ihre Frauen umso mehr familiäre Aufgaben übernehmen, wohingegen die Ehemänner dies umgekehrt nicht entsprechend tun (vgl. Bolger, DeLongis, Kessler & Wethington, 1989). Auch auf physiologischer Ebene läßt sich - zumindest für den Fall von Berufen mit einem hohem Streßniveau - feststellen, daß sich Ehemänner verglichen mit Ehefrauen zu Hause besser von der Arbeit erholen können (vgl. Repetti, 1989).

Abgesehen von derartigen Geschlechtsunterschieden ermittelten Burke und Weir (1982) ganz allgemein positive Zusammenhänge zwischen dem Ausmaß an erlebter *emotionaler partnerschaftlicher Unterstützung* und dem Niveau der *Arbeitszufriedenheit*. Gleichzeitig hingen beide Variablen signifikant positiv mit der allgemeinen Lebenszufriedenheit der Individuen zusammen.

Leiter und Durup (1996) konnten in ihrer über einen Zeitraum von drei Monaten angelegten Längsschnittstudie über LISREL-Analysen zeigen, daß "Burnout" in der Arbeit - mit seinen Dimensionen emotionale Erschöpfung und Ausmaß an persönlicher Leistungsfähigkeit das Niveau an Partnerschaftszufriedenheit beeinflußt.

Arbeit und Familie

Nach Leiter und Durup (1996) läßt sich insgesamt gesehen feststellen, daß die Zusammenhänge zwischen Arbeits- und Familienleben bislang vor allem von den folgenden unterschiedlichen Forschungstraditionen untersucht wurden: Die eine Forschungsrichtung ist vor einem arbeits- und organisationspsychologischen Hintergrund zu sehen und insbesondere auf die Thematik von beruflichen Karrieren - vor allem von Managern - ausgerichtet. Dabei interessierte in erster Linie die Wirkrichtung von Variablen des Familienlebens auf berufsbezogene Variablen wie z.B. Karriereentwicklung. Belege für diese Effektrichtung liefern z.B. Bolger, DeLongis, Kessler und Wethington (1989), die einen negativen Einfluß des Ausmaßes an familiären Konflikten auf die Ausübung der Berufstätigkeit feststellten.

Einflüsse des Berufslebens auf das Familienleben sind Gegenstand einer anderen Forschungstradition, vor allem aus der Entwicklungspsychologie und der Familienpsychologie und -soziologie. Dabei stand oft die Thematik der "Doppelverdienerehen" und der Auswirkungen der Berufstätigkeit von Müttern im Vordergrund der Betrachtungen.

Bei einer Gegenüberstellung der Effektrichtungen hinsichtlich der Zusammenhänge zwischen Arbeitswelt und Familienleben sehen Leiter und Durup den Einfluß des Arbeitslebens auf das Familienleben als bedeutsamer an, unter anderem weil er täglich und durch Beobachtung nachweislich stattfindet. In einer Längsschnittuntersuchung konnten diese Autoren für das Intervall von drei Monaten anhand von mit LISREL analysierten Daten bestätigen, daß die Einflüsse von der Arbeit auf die Familie die Einflüsse der umgekehrten Wirkrichtung insgesamt übertreffen.

Aus persönlichkeits- und familienpsychologischer Perspektive wäre diesem Argument allerdings m.E. entgegenzuhalten, daß der Einfluß der Familie auf das Berufsleben zwar - z.B. bei Verwendung von Verhaltensbeobachtungsmethoden - schwieriger feststellbar ist, jedoch deswegen sicherlich nicht allgemein weniger bedeutsam ist. Erstens lassen sich sowohl quer- als auch längsschnittlich Effekte von der Familie auf das Berufsleben feststellen und zweitens dürfen die familiären Einflüsse sowohl auf Prozesse der Berufswahl als auch auf die Art der Ausübung der Tätigkeit als bedeutend eingeschätzt werden (vgl. Schneewind, Gotzler, Schlehlein, Sierwald & Weiß, 1996).

Stellvertretend für Studien, die den "Spillover"-Effekt von der Arbeit auf die Familie über Unterschiede in der familiären Interaktion nach belastenden oder anregenden Arbeitstagen untersuchen, ist die Untersuchung von Crouter, Perry-Jenkins, Huston und Crawford (1989) zu sehen. Die Autoren konnten bei den von ihnen untersuchten Männern feststellen, daß diese an Tagen, an denen sie mit viel Streß in der Arbeit konfrontiert waren, am Abend zuhause ihre Freizeit signifikant weniger aktiv verbrachten und die Zahl der negativen Interaktionen mit der Ehefrau - nach deren Einschätzungen - signifikant höher lag.

Partnerschaft und Familie

Bei einer Betrachtung der psychologischen Zusammenhänge zwischen den Lebensbereichen Partnerschaft und Familie muß man zunächst ganz prinzipiell differenzieren, ob es sich um die aktuelle Kernfamilie mit dem Subsystem Partnerschaft handelt oder ob die Zusammenhänge zwischen der Herkunftsfamilie der Partner und Variablen der aktuellen Partnerschaft Gegenstand sind. Bildet die Partnerschaft ein Subsystem des betrachteten Systems der aktuellen Kernfamilie, sind sehr starke psychologische Verflechtungen vorprogrammiert. Aber auch im Fall der Herkunftsfamilie und ihrer Einflüsse auf die Partnerschaften der Kinder darf man von bedeutsamen Effekten ausgehen (vgl. Schneewind, 1991, 1999). Für beide Varianten - vor allem aber für erstere - liegen eine Fülle empirischer Daten vor, die allerdings hier nicht im einzelnen dargestellt werden können (vgl. zusammenfassend Schneewind, 1999). Insgesamt ist jedoch festzustellen, daß nach einer Metaanalyse von 68 Studien zu den Beziehungen zwischen Partnerschafts- und Familiensystem psychologische Belastungen der Ehepartnerbeziehungen mit negativen Eltern-Kind-Beziehungen einhergehen, so daß die "Spillover-Hypothese" als bestätigt angesehen werden kann (vgl. Erel & Burman, 1995; zitiert in Schneewind, 1997, S. 248).

2.6 Theoretischer Hintergrund der Studie: das "Multisystem Assessment of Stress and Health (MASH)"-Modell

Im folgenden Kapitel wird auf den - im engeren Sinne - theoretischen Hintergrund der hier vorgestellten Studie eingegangen. Dieser theoretische Rahmen wird durch das *"Multisystem Assessment of Stress and Health (MASH)" Modell* (Olson & Stewart, 1990b; Olson, 1996) dargestellt, welches aus der familienpsychologisch und -soziologisch orientierten Streßforschung hervorging und Befunde aus der individuumszentrierten, arbeitsbezogenen und partnerschaftspsychologischen Streßforschung in die Konzeption miteinbezog.

Innerhalb des vielschichtigen Bereiches der Streßforschung gab es über Jahrzehnte hinweg mehr oder weniger getrennte Forschungstraditionen, wie z.B. die Familienstreßforschung und die Arbeitsstreßforschung (vgl. Greif, Bamberg & Semmer, 1991; Schneewind, 1999). In jüngerer Zeit hat sich die Überzeugung durchgesetzt, daß dem komplexen Thema Streß und Gesundheit nur Ansätze gerecht werden können, die mehrere Lebensbereiche einbeziehen und die Zusammenhänge zwischen diesen analysieren (vgl. Olson, 1996). So ist z.B. für Fragestellungen zu streßpotenzierenden bzw. -kompensierenden Effekten ein derartiger *multisystemischer Ansatz* notwendig. Vor diesem Hintergrund entwickelten die Familienpsychologen David Olson und Kenneth Stewart (1990b, 1991b) das *"Multisystem Assessment of Stress and Health (MASH) Model"*, welches den theoretischen Rahmen der hier beschriebenen Studie darstellt. Das Modell betrachtet *Streß*, *Ressourcen* und *Anpassung* auf den vier Systemebenen *Individuum*, *Arbeitsleben*, *Partnerschaft* und *Familie*. Mit diesem umfassenden Ansatz schlagen Olson und Stewart eine Brücke zwischen den familienpsychologisch und -soziologisch orientierten Streßmodellen einerseits (vor allem den Modellen von Hill, 1958; McCubbin & Patterson, 1982; siehe Kap. 2.4) und dem *"Cognitive Appraisal Model of Stress and Coping"* (Lazarus & Folkman, 1984) andererseits. Letzeres ging aus der individuumsbezogenen, kognitiv orientierten psychologischen Forschung hervor. Darüber hinaus werden Ansätze der Partnerschafts- und Arbeitsstreßforschung integriert (vgl. Olson & Stewart, 1990b).

Ein weiterer für die Konzeption des MASH-Modells wichtiger Einflußfaktor ist die von Antonovsky (1987) vorgeschlagene *"salutogenetische"* Ausrichtung, wonach die Charakteristika von gesunden Menschen bzw. Systemen analysiert werden sollten, um dadurch übergeordnete, hinsichtlich Streßresistenz bedeutsame Ressourcen zu finden. Im Unterschied zu den bislang vorherrschenden "pathogenenetischen" Modellen, die sich mit Krankheit oder Psychopathologie befassen, richtet das MASH-Modell den Blickwinkel auf Ressourcen und Prozesse, welche den Gesundheitszustand fördern. Darüber hinaus werden innerhalb dieser "salutogenetischen" Ansätze die Auswirkungen von Stressoren auf einem

Kontinuum zwischen den beiden Polen optimaler Gesundheit und Krankheit konzeptualisiert. Die zentrale Frage ist, wodurch eine Bewegung in Richtung des Gesundheitspols oder eine Aufrechterhaltung einer Position nahe an diesem Optimum-Pol ermöglicht wird (vgl. Olson & Stewart, 1991a). Auch ein pragmatisches Argument spricht dafür, in Forschungsuntersuchungen eher nach Gesundheitsvariablen als nach Symptomen zu fragen: Besonders in nicht-klinischen Stichproben werden selbst gängige Krankheitssymptome kaum berichtet. Insofern kann z.B. durch eine Ausrichtung auf das Ausmaß an emotionalem Wohlbefinden eine bessere Diskriminierung zwischen den Gesunden erzielt werden (vgl. Veit & Ware, 1983).

Im Rahmen des MASH-Modells wird Gesundheit vor allem auf einer psychologischen Ebene betrachtet, darüber hinaus jedoch auch auf einer physischen und einer sozialen Ebene. Somit wird dieser Ansatz den Forderungen von Lazarus und Folkman (1984) sowie Dym (1987) nach einer interdisziplinären und *biopsychosozialen* Perspektive gerecht. Dieser biopsychosozialen Ausrichtung liegt die Vorstellung zugrunde, daß Gesundheits- und Krankheitsprozesse in der ständigen Interaktion von biologischen, psychologischen und sozialen Gegebenheiten stattfinden, und daß deshalb die Betrachtungsweise nicht nur medizinisch oder nur psychologisch sein sollte.

Wie Abbildung 2.6.1 zeigt, besteht das MASH-Modell aus drei Grundkomponenten: *Streß*, *Ressourcen* und *Anpassung*. Diese Komponenten werden jeweils auf den vier Systemebenen *Individuum*, *Arbeitsleben*, *Partnerschaft* und *Familie* betrachtet.

"Streß" wird hierbei nicht in Form von Makrostressoren ("Life events"), sondern in Form von *Mikrostressoren* ("Daily hassles") konzeptualisiert, da sich die "täglichen Unannehmlichkeiten" bei einem Vergleich mit den "bedeutsamen Lebensereignissen" als bessere Prädiktoren von psychologischen Symptomen erweisen (vgl. Ivancevich, 1986; Kanner, Coyne, Schaefer & Lazarus, 1981; Kohn, Hay & Legere, 1994). Bei der Konzeptualisierung der *Streß*-Dimensionen der Lebensbereiche *Arbeitsleben*, *Partnerschaft* und *Familie* wurden darüber hinaus auch *"Role strains"*, d.h. Belastungen, die mit der Ausübung bestimmter Rollen zusammenhängen, berücksichtigt (vgl. Olson & Stewart, 1990b).

Die im MASH-Modell erkennbare Schwerpunktsetzung auf *"Ressourcen"* als Faktoren, welche die Beziehung zwischen Streß und Streßanpassung beeinflussen, ist nicht allein aus der "salutogenetischen" Ausrichtung des Modells erklärbar, sondern auch als Antwort auf die Forschungsbefunde zu verstehen, die für die Beziehung zwischen Streß und Dysfunktion nur relativ niedrige Korrelationen ermittelten (in der Regel unter $r = .30$). Diese meist niedrigen Korrelationskoeffizienten legen nahe, daß Ressourcen bzw. Coping bedeutsame Mediatorvariablen darstellen (vgl. Kobasa, Maddi & Courington, 1981; siehe Kap. 2.1.4).

Die Komponente *"Anpassung"* steht sowohl für das Ausmaß an *physischer* und *psychischer Gesundheit* als auch für das Niveau an *Zufriedenheit* in den vier Lebensbereichen.

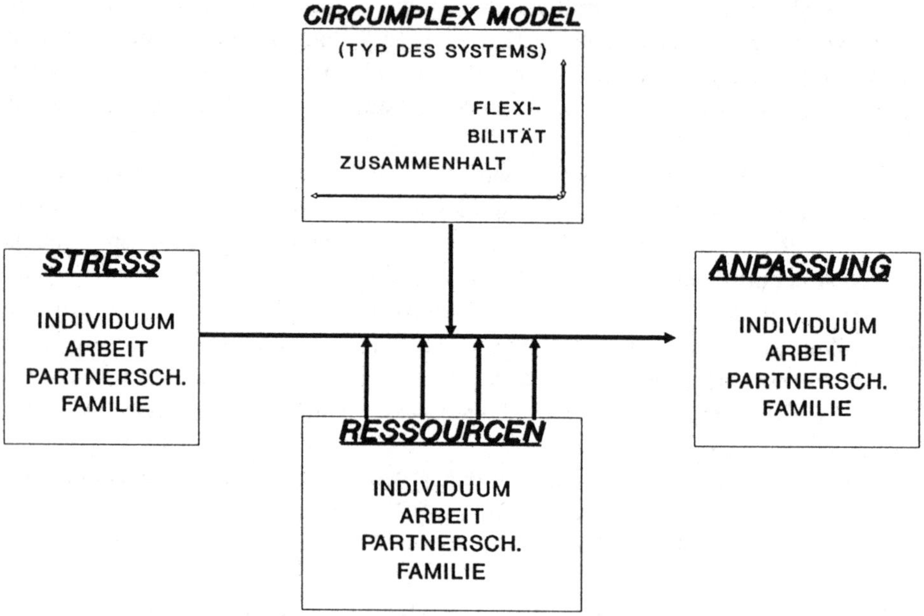

Abbildung 2.6.1. Das *"Multisystem Assessment of Stress and Health (MASH) Model"* nach Olson und Stewart (1990b, S. 3; Übers. v. Verf.)

Die Autoren des MASH-Modells gehen in ihren *Hypothesen* zunächst von negativen Auswirkungen der *Stressoren* der vier Lebensbereiche auf das Niveau der *Gesamtanpassung* aus. Diese postulierte (negative) Beziehung wird in Abbildung 2.6.1 durch den Pfeil zwischen den Komponenten *Streß* und *Anpassung* symbolisiert (vgl. Olson & Stewart, 1991b). Weiter erwarten Olson und Stewart, daß *Ressourcen* aus den verschiedenen Bereichen die Beziehung zwischen Streß und Anpassung beeinflussen, indem sie dabei helfen, Streß zu bewältigen und somit die Anpassung zu verbessern.

Ein weiterer, in Abbildung 1 erkennbarer Bestandteil des MASH-Modells ist das *"Circumplex Model of Marital and Family Systems"* (Olson, Sprenkle & Russell, 1979) mit seinen beiden Grunddimensionen *"Kohäsion"* (Zusammenhalt, Nähe) und *"Flexibilität"* (vgl. Olson, Russell & Sprenkle, 1979; Olson, 1986).

Kohäsion definieren Olson, Russell und Sprenkle (1983) als die "emotionale Bindung, die die Familienmitglieder untereinander haben" (S. 70; Übers. v. Verf.). Nach der in jüngerer Zeit erfolgten Überarbeitung des Modells (vgl. Olson, 1996) werden fünf Stufen der Ausprägung von Kohäsion unterschieden (von niedriger zu hoher Ausprägung): "losgelöst", "etwas verbunden", "verbunden", "sehr verbunden" und "verstrickt". Wie bereits die Nomenklatur dieser Stufen erkennen läßt, wird eine *kurvilineare* Beziehung zwischen der Ausprägung an *Kohäsion* und der *Funktionalität* des jeweiligen Systems postuliert (vgl. Olson, 1989; 1996). Ebenso wird auch die Beziehung zwischen der *Flexibilität*, die Olson in der neueren Variante des Circumplex-Modells (vgl. Olson, 1996) als das Ausmaß an Veränderung, z.B. der Regeln und Rollen, innerhalb des jeweiligen Systems konzeptualisiert, als kurvilinear zur Funktionalität des Systems angesehen. Da allerdings bei Selbstberichten - im Gegensatz zu Beobachtungsverfahren - die hohen Ausprägungen in den beiden Dimensionen in der Regel mit hoher Zufriedenheit einhergehen, wird auch bei Fragebogenuntersuchungen vor dem Hintergrund des MASH-Modells von Dimensionen ausgegangen, die linear positiv mit erfolgreicher Streßbewältigung und Anpassung zusammenhängen (Olson, 1996). Die Kombination der Ausprägungen auf den beiden Dimensionen ergibt nach der neueren Modellkonzeption (mit jeweils 5 Stufen) insgesamt 25 Typen von Systemen (vgl. Olson, 1991a, 1991b; Schneewind, 1999).

Für die Integration dieses typologischen Ansatzes in das übergeordnete MASH-Modell spricht der Forschungsbefund von Lavee und Olson (1991), wonach für unterschiedliche - nach der Klassifikation des Circumplex-Modells bestimmte - Typen von Familiensystemen unterschiedliche Zusammenhänge zwischen Streß, Coping und Streßanpassung feststellbar sind: Obwohl die untersuchten Circumplex-Typen ähnlich viele Stressor-Ereignisse erfuhren, wiesen sie unterschiedliche Niveaus an Streßanpassung auf. Abgesehen von dieser Moderatorfunktion wird im MASH-Modell für hohe Ausprägungen auf den zwei Circumplex-Dimensionen eine Funktion als "Ressource" angenommen.

Betrachtet man die Möglichkeiten, die das MASH-Modell bietet, aus "Bronfenbrenner'scher" Sicht (vgl. Bronfenbrenner, 1981), ist festzustellen, daß dieser Ansatz zum einen Analysen von *"Mikrosystemen"* ermöglicht. Dies wäre z.B. der Fall, wenn auf der Paarebene das Ausmaß an erlebtem Streß, die Bewältigungsressourcen und der Grad der Zufriedenheit mit der Partnerschaft (Anpassung) untersucht werden. Zum anderen können aber auch *"Mesosystem"*-Analysen durchgeführt werden, welche die Verbindung zwischen zwei Mikrosystemen, wie z.B. Partnerschaft und Arbeit, betrachten. Derartige Analysen von Mesosystem-Effekten können im Minimalfall zwei Mikrosysteme betreffen, die nur innerhalb einer Modellkomponente, z.B. Streß, auf Zusammenhänge untersucht werden. Im Maximalfall kann das Zusammenspiel der vier Lebensbereiche hinsichtlich Stressoren, Ressourcen und Gesundheit analysiert werden.

Der bisherige Stand der Forschung spricht alles in allem dafür, daß die Wechselwirkungen von Variablen aus verschiedenen Lebensbereichen von Bedeutung sind. So fanden beispielsweise Hirsch und Rapkin (1986) bei ihrer Untersuchung des Zusammenhangs zwischen Partnerschafts- und Arbeitszufriedenheit an einer Stichprobe von 235 verheirateten Krankenschwestern, daß Muster von hoher Zufriedenheit in einem der beiden Lebensbereiche bei hoher Unzufriedenheit in dem jeweils anderen Bereich nicht vorkamen. Hirsch und Rapkin folgern daraus, daß zumindest im Fall von hoher Unzufriedenheit in einem bedeutenden Lebensbereich dieser problematische Bereich deutliche Auswirkungen auf die Energien und die Zufriedenheit in dem anderen Lebensbereich hat.

Allerdings sollte auch die differentielle Betrachtung der verschiedenen Lebensbereiche nicht zu kurz kommen. Für die Bedeutung differentieller Effekte spricht z.B. folgendes Untersuchungsergebnis von Pearlin und Schooler (1978): Je nach Art (bzw. Lebensbereich) der Stressoren erweisen sich unterschiedliche Coping-Strategien als günstig.

Das MASH-Modell bot den theoretischen Rahmen für die Konstruktion eines 35 Skalen umfassenden Fragebogens, des *"Health and Stress Profile (HSP)"* (Olson & Stewart, 1990a), später *"Coping and Stress Profile (CSP)"* (Olson & Stewart, 1991b) genannt. Eine deutsche Version dieses Meßinstruments wird durch den Fragebogen *"Gesundheit und Streß"* (Schneewind & Weiß, 1991, 1996) dargestellt (siehe Kap. 3.4).

II. EMPIRISCHER TEIL

3. Methodik

In diesem Kapitel werden zunächst in Abschnitt 3.1 ein paar allgemeine, den Rahmen der Untersuchung beschreibende Charakteristika dargestellt, anschließend in Abschnitt 3.2 die Zielsetzung und die Fragestellungen dieser Studie. In Abschnitt 3.3 werden die Untersuchungsdurchführung und die Stichprobe beschrieben, in Abschnitt 3.4 die eingesetzten Meßinstrumente. In Abschnitt 3.5 wird schließlich kurz auf das methodische Vorgehen eingegangen.

3.1 Das Projekt "Gesundheit und Streß"

Die vorliegende Arbeit ist als Baustein innerhalb des Forschungsprojekts "Gesundheit und Streß" zu verstehen, das am Institut für Psychologie der Ludwig-Maximilians-Universität München unter der Leitung von Prof. Dr. Klaus A. Schneewind durchgeführt wird. Der gesamte Datensatz ist insofern sehr umfassend, als neben dem Fragebogen *Gesundheit und Streß* (Schneewind & Weiß, 1996a) zusätzlich auch der *16-Persönlichkeits-Faktoren-Test-R* (Schneewind & Graf, 1998; Schneewind & Weiß, 1996b), der *NEO-FFI* (Borkenau & Ostendorf, 1993) und die *Paarklimaskalen* (Schneewind, 1993) zum gleichen Zeitpunkt an derselben Stichprobe eingesetzt wurden.

3.2 Zielsetzung und Fragestellungen

Die Zielsetzung der vorliegenden Arbeit besteht darin, den Fragebogen *Gesundheit und Streß* zu erproben und auf seine *psychometrischen Qualitäten* zu untersuchen. Darüber hinaus sollen die durch ihn gewonnenen Ergebnisse einen *inhaltlichen* Beitrag zu einer multisystemischen Betrachtung von Streßbewältigung und Gesundheit leisten. Diesen Zielen soll anhand der folgenden fünf *Fragestellungen* nachgegangen werden:

1. Wie stellen sich die psychometrischen Qualitäten des Fragebogens *Gesundheit und Streß* dar?
2. Wie fallen die Zusammenhänge zwischen den Skalen aus? Wird durch die

empirisch ermittelte Struktur der Skalen die von Olson und Stewart (1991b) formulierte Hypothese bestätigt, wonach die Skalen der *MASH*-Modell-Komponente *Streß* negativ mit den Skalen der Komponenten *Ressourcen* und *Anpassung* korrelieren?

3. Wie stellen sich die Untersuchungsergebnisse aus den Perspektiven des Geschlechtervergleichs und des West-Ost-Vergleiches sowie des geschlechtsspezifischen West-Ost-Vergleiches dar?

4. Welche psychologischen Zusammenhänge sind für die *psychische Gesundheit* (emotionales Wohlbefinden, Lebenszufriedenheit) sowie die *physische Gesundheit* festzustellen und durch welche Dimensionen können diese Formen der Anpassung bzw. Gesundheit vorhergesagt werden?

5. Wie stellen sich die Profile von Gruppen mit bestimmten Ausprägungen an (a) Streßübertragung, (b) psychischer und physischer Gesundheit (Profile der 10 % Gesündesten) und (c) "Streß"- und "Ressourcen"-Werten dar, und was läßt sich daraus im Hinblick auf Streßbewältigung und Gesundheit ableiten?

3.3 Untersuchungsdurchführung und Stichprobe

Die Teilnehmer der Untersuchung wurden von einem deutschen Meinungsforschungsinstitut im Juni 1996 rekrutiert. Sie entstammen alle dem diesem Institut zur Verfügung stehenden Panel und wurden nach Kriterien der Repräsentativität ausgewählt. Das Institut hat 750 mit einem Anschreiben versehene Fragebögen verschickt und eine Rücklaufquote von 80 Prozent angestrebt. Die tatsächlich erzielte Rücklaufquote beträgt 82,4 %, was 618 Personen entspricht. Die Tatsache, daß trotz des großen Aufwandes (über 800 Fragen) die Rücklaufquote erfreulich hoch ausfiel, hängt sicherlich damit zusammen, daß unter den Teilnehmern zwei Städtereisen für je zwei Personen verlost wurden.

Die *Stichprobe* besteht aus 618 erwachsenen Versuchspersonen. Von diesen sind 330 Frauen und 288 Männer (53,4 versus 46,6 %). Somit liegt die Rücklaufquote der Frauen geringfügig über derjenigen der Männer.

476 (77 %) der Teilnehmer haben ihren Wohnsitz in den alten Bundesländern, 142 (23 %) in den neuen. Vergleicht man diese Zahlen mit den faktischen Verteilungswerten in der Bundesrepublik (79 versus 21 %), bedeutet dies, daß die Beantwortungsquote der Ostdeutschen geringfügig über derjenigen der Westdeutschen liegt. Die in der Stichprobe anzutreffende Verteilung der Gemeindegrößenklassen entspricht ziemlich exakt den Sollwerten der in der Bundesrepublik gegebenen Struktur.

Das Alter der untersuchten Personen reicht von 18 bis 70. Zwar ist die Gruppe der jungen Männer zwischen 18 und 29 Jahren etwas unterrepräsentiert und die Gruppe der 30- bis 39jährigen Frauen und Männer etwas überrepräsentiert. Den-

noch ist die Verteilung der Altersklassen insgesamt so, daß sie der in Deutschland derzeit gegebenen Altersstruktur entspricht.
Was die Schulbildung betrifft, ist bei 43 % der Probanden der höchste erreichte Abschluß die Volks- bzw. Hauptschule, 40,8 % haben eine weiterführende Schule ohne Abitur absolviert, 7,3 % haben Abitur (ohne Hochschulabschluß) und 8,9 % haben einen Universitäts- bzw. Fachhochschulabschluß. Somit liegt - wie bei Fragebogenuntersuchungen üblich - die Rücklaufquote aus der Bildungsgruppe mit Hauptschulabschluß etwas unter der durchschnittlichen.

Alles in allem kann die demographische Struktur der Stichprobe als repräsentativ für die deutsche Erwachsenenbevölkerung betrachtet werden.

3.4 Erhebungsinstrumente

Zunächst wird der in dieser Arbeit im Vordergrund stehende Fragebogen *Gesundheit und Streß* beschrieben, im Anschluß daran der *16 PF-R*, der *NEO-FFI* und die *Paarklimaskalen*.

3.4.1 Der Fragebogen "Gesundheit und Streß"

Eine erste Version des Meßinstrumentes *"Gesundheit und Streß"* (Schneewind & Weiß, 1991) stellte in erster Linie eine Übersetzung des *"Health and Stress Profile (HSP)"* von Olson und Stewart (1990a) dar, der 1991 in *"Coping and Stress Profile (CSP)"* umbenannt wurde. Demgegenüber wurden bei der Entwicklung der neuen Version des deutschen Fragebogens (1996) auch Veränderungen vorgenommen, die zum Teil aus inhaltlichen Gründen, zum Teil aus Gründen der Testökonomie oder der Optimierung der psychometrischen Qualitäten wünschenswert waren. Für die zweite Version neu operationalisierte Dimensionen sind die Skalen *Weltanschauung (Lebenssinn), Streßübertragung, Persönliche Zeit* und *Freizeiterholung.*

Die Struktur des Meßinstrumentes entspricht dem Aufbau des MASH-Modells (siehe Kap. 2.6), so daß für die vier Lebensbereiche *Individuum*, *Arbeit*, *Partnerschaft* und *Familie* Konzepte zu den Komponenten *Streß*, *Ressourcen* und *Anpassung* erfaßt werden (siehe Tab. 3.4.1). Jeder der - entsprechend der vier Lebensbereiche gegliederten - Fragebogenabschnitte beginnt mit einer *Streß*-Skala. Die Vielzahl der *"Ressourcen"*-Skalen läßt sich unterteilen in Skalen, die (a) *Verhalten*, (b) *Einstellungen* und (c) *zwischenmenschliche Beziehungen* zum Inhalt haben. Das Niveau der *"Anpassung"* wird über - für alle vier Lebensbereiche entwickelte - *"Zufriedenheits"*-Skalen und darüber hinaus über die Skalen *Körperliche Gesundheit* und *Emotionales Wohlbefinden* ermittelt.

Die erste Skala, *Persönlicher Streß*, ist mit 44 Items die umfangreichste Skala und fragt nach der Häufigkeit, mit der die aufgelisteten Themen innerhalb des vergangenen Jahres eine Streßquelle darstellten. Dabei werden ganz unterschiedliche Bereiche angesprochen, wie z.B. das Zuhause und die Wohnumgebung, Zeitdruck, die finanzielle Lage und unterschiedliche private und berufliche Alltagssituationen.

Die Skala *Körperliche Gesundheit* besteht aus einer Liste von 17 körperlichen Symptomen, die auch in nicht-klinischen Stichproben sehr gängig sind, wie beispielsweise Kopfschmerzen und Magenbeschwerden. Bei jedem Item soll die Auftretenshäufigkeit eingestuft werden.

Die Skala *Emotionales Wohlbefinden* stellt eine adaptierte Version des Meßinstruments "Psychological Distress" von Veit und Ware (1983) dar und erfaßt das Ausmaß an Depression und Angst versus Entspannung und Lebensgenuß.

Die 5-Item-Skala *Persönliche Problemlösungsfertigkeiten* thematisiert vor allem die Aktivität versus Passivität im Umgang mit Problemen.

Die Skala *Ausdrücken von Gefühlen* erfaßt nach Olson und Stewart (1990b), "wie eine Person mit anderen kommuniziert" (S. 9), wobei der Fokus auf dem Ausdrücken von Gefühlen und Wünschen liegt.

Die Skala *Selbstwertgefühl* erfaßt das Ausmaß an positiven Einstellungen und Gefühlen gegenüber der eigenen Person.

Die Skala *Bevorzugter Grad an Nähe* erfaßt die subjektive Präferenz für zwischenmenschlichen Kontakt versus Alleinsein.

Bevorzugter Grad an Flexibilität betrifft die Präferenz für Strukturiertheit, Geplantheit und Vertrautes versus für Neues und Unvorhersehbares.

Die Skala *Personale Kontrolle* mißt die Überzeugung, das eigene Leben und Schicksal selbst kontrollieren und seine Pläne verwirklichen zu können.

Die Skala *Lebenszufriedenheit* untersucht, inwieweit man das Leben als positive Erfahrung erlebt, man das Gefühl hat, Befriedigung in seinem Leben zu finden und ob man zuversichtlich oder beunruhigt seiner Zukunft entgegenblickt.

Während mit der Skala *Persönliche Zeit* die erlebte Qualität der "persönlichen", wirklich freien, selbstgestalteten Zeit, in der man tun und lassen kann, was man will, erfragt wird, thematisiert die Dimension *Freizeiterholung* den Erholungswert der "Freizeit alles in allem", womit neben der tatsächlich frei gestaltbaren Zeit auch die Zeit, die durch diverse Erledigungen oder Verpflichtungen innerhalb der offiziellen "Freizeit" gebunden ist, gemeint ist.

Mit der Skala *Weltanschauung* wird die Ausprägung an erlebtem Lebenssinn erfaßt. Die Items der Skala *Religiöse Einstellung* fragen vor allem nach dem Vorhandensein eines religiösen Glaubens und nach dessen subjektiver Bedeutung z.B. bei wichtigen Lebensentscheidungen.

Die Skala *Unterstützung durch andere* erfragt, wie sehr man glaubt, sich im Falle von Problemen oder Sorgen auf die Unterstützung unterschiedlicher Personen verlassen zu können.

Tab. 3.4.1: Der Fragebogen "Gesundheit und Streß" (Schneewind & Weiß, 1996a): Überblick über die Skalen

	INDIVIDUUM	ARBEIT	PARTNER-SCHAFT	FAMILIE
STRESS	Persönl.Streß	Arbeitsstreß	Paarstreß	Familienstreß
	Streßübertrag.			
RESSOUR-CEN (Verhalten)	Persönl. Problemlösefert.	Problemlös./ Arbeit	Problemlös./ Partnerschaft	Problemlös./ Familie
	Persönl. Zeit			
	Freizeit			
	Körperliche Aktivität			
RESSOUR-CEN (Einstellungen)	Selbstwertgef.			
	Personale Kontrolle			
	Weltanschauung			
	Religiöser Glaube			
RESSOUR-CEN (Zwischenmenschliche Beziehungen)	Bevorzugter Grad an Nähe	Kohäsion in der Arbeit	Kohäsion in der Partnerschaft	Kohäsion in der Familie
	Bevorz. Grad an Flexibilität	Flexibilität in der Arbeit	Flexibilität in der Partnersch.	Flexibilität in der Familie
	Ausdrücken von Gefühlen	Kommunikation in der Arbeit	Kommunikation des Paares	Kommunikation in der Familie
	Unterstützung durch andere			
ANPAS-SUNG	Körp. Gesundh.			
	Emot. Wohlbefinden			
	Lebenszufriedenheit	Zufriedenheit mit der Arbeit	Zufriedenheit mit der Partn.	Zufriedenheit mit der Familie

Körperliche Aktivität betrifft die Häufigkeit der Ausübung von "leichter", "gemäßigter" sowie "starker" Formen der Aktivität.

Mit der Skala *Streßübertragung* werden die subjektiv erlebten Auswirkungen bzw. Übertragungen von Streß in jedem der Lebensbereiche auf jeden anderen Bereich erfragt.

Anhand der Skala *Arbeitsstreß* soll jeweils eingeschätzt werden, inwiefern der angesprochene Problempunkt (z.B. Arbeitszeiten, Konkurrenzdruck) in den letzten zwölf Monaten Streß bei der Arbeit verursacht hat. Mit Hilfe der Skala *Problemlösungsfertigkeiten bei der Arbeit* wird untersucht, ob es der betreffenden Person in einer Situation von Arbeitsstreß möglich ist, aktiv, kreativ und optimistisch auf diese zu reagieren. Die Skala *Kommunikation bei der Arbeit* betrifft sowohl die Kommunikation mit den Kollegen als auch mit den Vorgesetzten. Schwerpunkte sind dabei die Fragen, ob ein offenes Ausdrücken der eigenen Ideen und Meinungen möglich ist, ob gutes Zuhören gegeben ist und ob die Kommunikation insgesamt effektiv ist. Die Items zur *Kohäsion bei der Arbeit* betreffen vor allem das Zusammengehörigkeitsgefühl, das gegenseitige Vertrauen und die subjektiv erlebte Nähe bzw. Distanz in Bezug auf das Arbeitsteam. Mit Hilfe der Skala *Flexibilität am Arbeitsplatz* wird zum einen erfragt, wie gut und flexibel das Team auf neue Anforderungen reagieren kann und zum anderen, wie flexibel bzw. kontrollierend und streng die Organisation und die Vorgesetzten sind. Schließlich mißt die Skala *Arbeitszufriedenheit* "das Ausmaß an Befriedigung durch die Arbeit und das Ausmaß, in dem die Arbeit eine Bereicherung darstellt" (Olson & Stewart, 1990b, S. 10).

Die Items der Skala *Partnerschaftsstreß* betreffen die Häufigkeit des Auftretens von z.B. Rollenkonflikten, Kommunikationsproblemen oder negativer Atmosphäre in der Partnerschaft. Mit der Skala *Problemlösefertigkeiten des Paares* wird zum einen untersucht, wie leicht es dem Paar in Streßsituationen fällt, Problemlösungen zu finden, zum anderen, inwieweit Streß ein kontrollierendes, chaotisches oder ein sich vom Partner distanzierendes Verhalten auslöst. Die Skala *Kommunikation in der Partnerschaft* enthält z.B. Fragen zum Ausdrücken der eigenen Wünsche, zur Ehrlichkeit und zum Zuhören. Die Dimensionen *Kohäsion ...* und *Flexibilität in der Partnerschaft* werden mit Hilfe einer gekürzten und adaptierten Version der "Marital Adaptability and Cohesion Evaluation Scales (MACES) III" (Olson, Portner & Lavee, 1985) erfaßt. Die Dimension *Kohäsion* thematisiert die emotionale Bindung zwischen den Partnern. Die *Flexibilitäts*-Skala erfaßt das Ausmaß an Anpassungsfähigkeit der Partner im Umgang mit ihren Rollen und Regeln. Die Items der *Zufriedenheit mit der Partnerschaft* beziehen sich z.B. auf die Bereiche Persönlichkeitseigenschaften des Partners, Rollen, Kommunikation, Freizeitgestaltung und Sexualität in der Partnerschaft.

Die Skala *Streß in der Familie* weist inhaltlich zwar einige Überlappungen zur Skala *Streß in der Partnerschaft* auf, bezieht jedoch darüber hinaus auch mehrere Items zum Eltern-Kind-Verhältnis mit ein. Die Skalen *Problemlösungs-*

fertigkeiten der Familie und *Kommunikation in der Familie* sind inhaltlich fast identisch mit den entsprechenden Skalen des Partnerschaftsbereichs. Die Skalen *Kohäsion ...* und *Flexibilität in der Familie* entsprechen in etwa dem in der Familienforschung vielfach verwendeten Instrument *Family Adaptability and Cohesion Evaluation Scales III (FACES III)* (Olson, Portner & Lavee, 1985). In Ergänzung zu der analog angelegten Partnerschaftsdimension schließt die familienbezogene *Flexibilitäts*-Skala auch die von den Eltern ausgehende Strenge bzw. Disziplin mit ein. Der letzte Teil des Meßinstrumentes, *Zufriedenheit mit der Familie* besteht in erster Linie aus Fragen nach der Zufriedenheit mit den zuvor beschriebenen Themen Problemlösefertigkeiten, Kommunikation, Kohäsion und Flexibilität in der Familie.

Das Meßinstrument "Gesundheit und Streß" wird im Testmanual (Schneewind & Weiß, in Druck) ausführlicher beschrieben.

3.4.2 Der "16-Persönlichkeits-Faktoren-Test-R"

Der *16-Persönlichkeits-Faktoren-Test* geht auf Raymond B. Cattell zurück und erschien 1949 in seiner ersten Auflage. Ausgangspunkt der Testentwicklung waren 17953 Eigenschaftsbezeichnungen aus psychologischen Lexika, die auf faktorenanalytischem Wege auf 16 zugrunde liegende Persönlichkeitsdimensionen reduziert werden konnten. Diese 16-Faktoren-Struktur konnte mittlerweile in über 50 Studien repliziert werden (vgl. Schneewind & Graf, 1998). Im folgenden werden die Skalen des revidierten Meßinstrumentes (Schneewind & Graf, 1998; Schneewind & Weiß, 1996b) kurz beschrieben:

Hohe Ausprägungen in der Skala *A (Wärme)* sprechen für eine warmherzige Persönlichkeit, die aufmerksam für die Gefühle anderer ist. Hohe Ausprägungen in der Skala *B (Logisches Schlußfolgern)* sprechen für hohe Fähigkeiten zu intelligentem, schlußfolgerndem Denken. Mit Hilfe der Skala *C (Emotionale Stabilität)* sollen Personen, die eher emotional ausgeglichen sind, von solchen differenziert werden, die eher emotional instabil und stimmungslabil sind. Die Pole der Skala *E (Dominanz)* sind zum einen Durchsetzungfähigkeit und Selbstbehauptung (hohe Ausprägung) und zum anderen kooperatives, konfliktvermeidendes Verhalten (niedrige Ausprägung). Hohe Ausprägungen in der Skala *F (Lebhaftigkeit)* werden von spontanen, geselligen, lebhaften Personen erzielt, während ernste, zurückhaltende, bedachte Menschen niedrige Werte erreichen. Die Skala *G (Regelbewußtsein)* trennt regel- und pflichtbewußte Persönlichkeiten von eher unangepaßten und nonkonformistischen. Die Skala *H (Soziale Kompetenz)* stellt eine Operationalisierung des Kontinuums von schüchternem und scheuem Verhalten zu einem Verhalten von Kontaktstärke und zwischenmenschlicher Kompetenz dar. Hohe Werte in der Skala *I (Empfindsamkeit)* charakterisieren gefühlvolle ästhetische und sentimentale gegenüber sachlichen, unsentimentalen und robusten Menschen. Die Pole der Skala *L (Wachsamkeit)* bilden auf der einen Seite mißtrauische, skeptische, wachsame Züge, auf der anderen Seite vertrauensvolle und arglose. Die Skala *M (Abgehobenheit)* erfaßt die Ausprägung an träumerischen, ideenorientierten und phantasievollen Eigenschaften im Gegensatz zu pragmatischen, lösungsorientierten Tendenzen. Die Pole der Skala *N (Privatheit)* sind zum einen - bei hohen Ausprägungen - Verschlossenheit und diskretes, sich nicht öffnendes Verhalten, zum anderen - bei niedrigen Ausprägungen - echtes, natürliches Verhalten ("gerade heraus"). Hohe Werte in der Skala *O (Besorgtheit)* lassen auf selbstzweifelnde und verletzliche Eigenschaften schließen, niedrige Werte auf selbstsichere, selbstzufriedene, selbstbejahende Züge. Personen, auf die der positive Pol der Skala *Q 1 (Offenheit für Veränderung)* zutrifft, sind experimentierfreudig und aufgeschlossen für Neues. Der Gegenpol läßt sich durch traditionalistisches, am Gewohnten haftendes Verhalten beschreiben. Die Skala *Q 2 (Selbstgenügsamkeit)* betrifft die Persönlichkeitsdimension von einzelgängerischem, zurückgezogenem Verhalten (hohe Ausprägungen), hin zu sozial orientiertem, anschlußfreudigem Verhalten (niedrige Ausprägungen). Wer hohe Werte in der Skala *Q 3 (Perfektionismus)* erzielt, kann als phantasievoll, selbstdiszipliniert und ordentlich beschrieben werden. Der Gegenpol wird von Menschen gebildet, die sehr flexibel sind und wenig Wert auf Ordnung, Perfektion und Disziplin legen. Die Persönlichkeitsdimension *Q 4 (Anspannung)* trennt zwischen reizbaren, nervösen, innerlich getriebenen Personen und solchen, die ruhig, entspannt, gelassen und geduldig sind.

3.4.3 Das "NEO-Fünf-Faktoren-Inventar (NEO-FFI)"

Der Fragebogen *NEO-Fünf-Faktoren-Inventar (NEO-FFI)* wurde von Costa und McCrae (1988; 1992) entwickelt und von Borkenau und Ostendorf (1993) für den deutschen Sprachraum adaptiert. Ebenso wie der *16 PF* stellt er ein sehr bekanntes Meßinstrument zur Erfassung der sogenannten "Big Five"-Persönlichkeitsdimensionen dar. Für weitere Informationen zu theoretischem Hintergrund und bisherigen empirischen Überprüfungen sei auf Borkenau und Ostendorf (1993) verwiesen. Die Inhalte der fünf Skalen werden im folgenden beschrieben.

Die Skala *Neurotizismus* bildet die Dimension von der emotionalen Stabilität hin zur emotionalen Labilität von Personen ab. Hohe Ausprägungen in dieser Dimension sprechen dafür, daß man leicht aus dem seelischen Gleichgewicht zu bringen ist. Personen mit hohen Ausprägungen in der Skala *Extraversion* sind nicht nur als gesellig anzusehen, sondern darüber hinaus auch als selbstsicher, aktiv, gesprächig, energisch, heiter und optimistisch. Für den Gegenpol der Introversion ist insbesondere der Wunsch allein zu sein charakteristisch. Die Skala *Offenheit für Erfahrungen* erfaßt das Ausmaß des Interesses an neuen Erfahrungen, Erlebnissen und Eindrücken. Das zentrale Merkmal von Personen mit hohen Werten in der Skala *Verträglichkeit* ist ihr Altruismus, ihr Verständnis, Wohlwollen und Mitgefühl sowie ihre Kooperativität und ihr Harmoniebedürfnis. In der Skala *Gewissenhaftigkeit* erreichen die Personen hohe Werte, die sich als zielstrebig, ehrgeizig, fleißig, ausdauernd, systematisch, willensstark, zuverlässig und genau beschreiben.

3.4.4 Die "Paarklimaskalen"

Die *Paarklimaskalen* gehen auf die Sozialklimaforschung von Rudolf Moos und seinem Team zurück und stellen eine Adaptation der "Family Environment Scale" (Moos, 1974) dar, die in der deutschen Fassung *Familienklimaskalen* (Schneewind, 1988; Schneewind, Beckmann, Hecht-Jackl, 1985) heißen Die Operationalisierungen der neun Dimensionen des *Paarklimas* werden im folgenden kurz beschrieben. Hinsichtlich genauerer Informationen, z.B. zum theoretischen Hintergrund dieses Instrumentes, sei auf Schneewind (1993) verwiesen.

Die Skala *Zusammenhalt* erfaßt das Ausmaß an Solidarität und Zusammengehörigkeitsgefühl in der Partnerschaft sowie das emotionale Aufeinandereingehen, Zuhören und das Interesse am Partner. Mit der Skala *Offenheit* wird das zugelassene Maß an spontanem Gefühlsausdruck und die Möglichkeit, offen über persönliche und partnerschaftsbezogene Probleme mit dem Partner reden zu können, erfaßt. Die Dimension *Konfliktneigung* betrifft das Ausmaß an Streit, Reibereien und Nörgeleien in der Partnerschaft. Die Skala *Selbständigkeit* erfaßt "inwieweit sich die Partner frei fühlen können, ihre eigenen Bedürfnisse und Interessen zu verwirklichen" (Schneewind, 1993, S. 147). Die Skala *Leistungsorientierung* thematisiert das Leistungs- und Wettbewerbsdenken innerhalb der Partnerschaft, aber auch den Stellenwert von Leistung allgemein, z.B. bei der Einschätzung anderer Menschen durch das Paar. Der Aspekt der *kulturellen Orientierung* des Paares betrifft ihre Aufgeschlossenheit für intellektuelle und kulturelle Inhalte bzw. Aktivitäten. Die Dimension der *aktiven Freizeitgestaltung* betrifft das Ausmaß der Nutzung der Freizeit durch Unternehmungen, Hobbies und Sozialkontakte. Hohe Ausprägungen in der Skala *Organisation* sprechen für ein hohes Maß an "Ordnung, Planung und Absprachen von Verantwortlichkeiten zwischen den Partnern" (Schneewind, 1993, S. 148). Der Skala *Kontrolle* untersucht die Verbindlichkeit von Regeln in der Partnerschaft und die Strenge versus Großzügigkeit im Umgang mit diesen.

3.5 Methodisches Vorgehen

Die Konstruktion des Fragebogens *Gesundheit und Streß* erfolgte vor dem Hintergrund der klassischen Testtheorie mittels Item-, Reliabilitäts- und Faktorenanalysen. Zur Überprüfung der psychometrischen Qualitäten der Skalen wurden mit Hilfe des Statistik-Programmes *SPSS* wiederum Itemanalysen, wie z.B. Faktorenanalysen und Berechnungen von Trennschärfen sowie Itemschwierigkeiten, durchgeführt. Darüber hinaus wurden die Reliabilitäten (Cronbach' s *Alpha*, vgl. Lienert, 1969) der einzelnen Skalen, die arithmetischen Mittelwerte, Standardabweichungen und Häufigkeitsverteilungen der Skalen berechnet, wobei letztere mit Hilfe des Kolmogorov-Smirnov-Tests auf signifikante Abweichungen von den postulierten Normalverteilungen überprüft wurden. Zur Bestimmung der Beziehungen zwischen den Skalen wurden Korrelations- und Faktorenanalysen eingesetzt. Für die Beantwortung der inhaltlichen Fragestellungen wurden darüber hinaus multiple Regressionsanalysen und Varianzanalysen (mit Hilfe der Prozeduren MANOVA bzw. ONEWAY) verwendet.

4. Ergebnisse

Das folgende Kapitel zu den Ergebnissen der Untersuchung ist so gegliedert, daß zunächst jeweils die Resultate, die anhand des Fragebogens *Gesundheit und Streß* gewonnenen wurden, beschrieben werden, und zum Teil im Anschluß daran die Ergebnisse zu den anderen, an derselben Stichprobe außerdem eingesetzten Meßinstrumenten (*16-Persönlichkeits-Faktoren-Test-R*, *NEO-FFI* und *Paarklimaskalen*). Kapitel 4.1 dieser Ergebnisdarstellung wendet sich den *psychometrischen Qualitäten* der Meßinstrumente zu, Kapitel 4.2 der inhaltlichen Struktur des Meßinstrumentes *Gesundheit und Streß* in Form von *Interkorrelationen* und *Faktorenanalysen* der Skalen. In Kapitel 4.3 werden die Werte der *Männer* und der *Frauen* einander gegenübergestellt, im Anschluß daran die Ergebnisse der *West-* versus *Ostdeutschen*. Mittels Varianzanalysen mit zweifaktoriellem Design werden auch Interaktionseffekte zwischen dem Geschlecht und der Zugehörigkeit zu den neuen bzw. alten Bundesländern überprüft. Kapitel 4.4 wendet sich speziell den Skalen *Körperliche Gesundheit*, *Emotionales Wohlbefinden* und *Lebenszufriedenheit* zu. Dabei werden in Abschnitt 4.4.1 die korrelativen Zusammenhänge dieser drei Maße zu allen anderen in die Untersuchung integrierten Meßinstrumenten beschrieben, in Abschnitt 4.4.2 die Ergebnisse multipler Regressionsanalysen. Kapitel 4.5 wendet sich schließlich verschiedenen *Gruppenprofilen* zu. Dabei werden zunächst in Abschnitt 4.5.1 die psychologischen Zusammenhänge der Skala *Streßübertragung* über Mittelwertsvergleiche von Subgruppen untersucht. Dann erfolgt in Abschnitt 4.5.2 eine Skizze der Profile der *10 % Gesündesten* unserer Stichprobe. Zuletzt werden in Abschnitt 4.5.3 Subgruppen mit unterschiedlichen Kombinationen von hohen versus niedrigen *Streß-* und *Ressourcen*-Niveaus verglichen.

4.1 Psychometrische Qualitäten: Item- und Skalenkennwerte

Die folgende Darstellung der psychometrischen Güte des Fragebogens *Gesundheit und Streß* geht in Abschnitt 4.1.1 auf die wesentlichen Itemkennwerte (Trennschärfe- und Schwierigkeitsindices) sowie die Reliabilitäten, arithmetischen Mittelwerte und Standardabweichungen der Skalen ein, in Abschnitt 4.1.2 auf die Häufigkeitsverteilungen der Skalen.

4.1.1 Kennwerte der Items, Skalenreliabilitäten, arithmetische Mittelwerte und Standardabweichungen der Skalen

Fragestellung 1 dieser Arbeit betrifft die *psychometrischen Qualitäten* der eingesetzten Meßinstrumente, insbesondere des Fragebogens *Gesundheit und Streß*.

Tabelle 4.1.1 gibt einen Überblick über die *Skalenkennwerte* der *Gesundheit und Streß*-Dimensionen in Form von internen Konsistenzkoeffizienten (Cronbach' s α; vgl. Lienert, 1969), arithmetischen Mittelwerten und Standardabweichungen der Skalen. Darüber hinaus werden die Itemhäufigkeiten der Skalen sowie die jeweiligen Fallzahlen berichtet.

Die *Reliabilitätskoeffizienten (Cronbach's Alpha)* der Skalen des Lebensbereiches *Individuum* liegen zwischen r = .67 und r = .98. Die Skalen der Lebensbereiche *Arbeitsleben*, *Partnerschaft* und *Familie* ergeben Koeffizienten von jeweils mindestens r = .70, meist bei über r = .80 liegend.

Eine erste Einschätzung der Höhe der *arithmetischen Mittelwerte* in den einzelnen Skalen ist anhand von Tabelle 4.1.1 dadurch leicht gewährleistet, daß der Skalierungsbereich jeweils 1 bis 5 beträgt und nach der Aufsummierung der Itemwerte durch die Zahl der Items dividiert wurde. (Die Items sind alle so gepolt, daß hohe Werteausprägungen für hohe inhaltliche Ausprägungen in den Themen der einzelnen Skalen sprechen.) Über die vier Lebensbereiche hinweg liegen die berichteten *Streß*-Ausprägungen einschließlich der Skala *Streßübertragung* in der unteren Hälfte der Skalierung. Demgegenüber liegen die Werte der *Ressourcen*-Skalen und der vier *Zufriedenheits*-Skalen größtenteils in der oberen Hälfte des Skalierungsbereiches. Lediglich die Skalen *Ausdrücken von Gefühlen*, *Bevorzugter Grad an Flexibilität*, *Religiöser Glaube* und *Unterstützung durch andere* zeigen im Mittel Werte unter M = 3.00.

Die *Standardabweichungen* der Skalen liegen mit einer Ausnahme insgesamt zwischen SD = .44 und SD = .80. Die Ausnahme stellt die Skala *Religiöser Glaube* dar, die mit SD = 1.22 einen sehr hohen Wert aufweist.

Die Zahl der in die Berechnung der Skalenwerte jeweils miteinbezogenen Fälle variiert zwar zwischen den vier Lebensbereichen deutlich, innerhalb der Lebensbereiche jedoch nur gering. Lediglich die - gegenüber den anderen Fallzahlen des Lebensbereiches *Individuum* niedriger liegende - Fallzahl von N = 449 in der Skala *Streßübertragung* bildet dabei eine Ausnahme. Bei dieser Skala mußten die Streßübertragungen von jeweils mindestens drei Lebensbereichen eingeschätzt werden, damit ein Skalenwert gebildet wurde.

Tab. 4.1.1: Skalenkennwerte des Meßinstrumentes *Gesundheit und Streß* (Cronbach's α, arithmetische Mittelwerte, Standardabweichungen, Itemzahlen und Fallzahlen).

Nr.	SKALA	α	*M*	*SD*	*n*(I)	*N*
	Lebensbereich: PERSON					
01	Persönlicher Streß	.90	2.13	.44	44	586
02	Körperliche Gesundheit	.86	3.82	.57	17	612
03	Emotionales Wohlbefinden	.86	3.27	.59	9	618
04	Problemlösefertigkeiten	.72	3.21	.61	3	616
05	Ausdrücken von Gefühlen	.74	2.75	.57	7	613
06	Bevorzugter Grad an Nähe	.80	3.65	.63	6	612
07	Bevorzugter Grad an Flexibilität	.83	2.37	.68	6	610
08	Selbstwertgefühl	.80	3.89	.65	7	605
09	Personale Kontrolle	.67	3.52	.66	5	608
10	Lebenszufriedenheit	.81	3.70	.68	7	605
11	Persönliche Zeit	.70	3.66	.75	4	613
12	Freizeiterholung	.89	3.68	.72	8	617
13	Weltanschauung	.81	3.83	.68	7	612
14	Religiöser Glaube	.98	2.36	1.22	5	613
15	Unterstützung durch andere	.71	2.85	.61	11	616
16	Körperliche Aktivität		1.98	.73	4	617
17	Streßübertragung	.91	2.29	.58	20	449
	Lebensbereich: ARBEITSLEBEN					
18	Arbeitsstreß	.89	2.33	.59	20	423
19	Problemlösefertigkeiten/ Arbeit	.74	3.47	.62	5	423
20	Kommunikation/ Arbeit	.82	3.45	.69	6	398
21	Kohäsion/ Arbeitsteam	.88	3.82	.74	6	400
22	Flexibilität/ Arbeit	.89	3.38	.59	5	399
23	Arbeitszufriedenheit	.79	3.49	.64	7	413

Nr.	SKALA	α	M	*SD*	*n*(I)	*N*
	Lebensbereich: PARTNERSCHAFT					
24	Streß/ Partnerschaft	.86	2.13	.61	12	488
25	Problemlösefert./ Partnerschaft	.80	3.82	.69	6	486
26	Kommunikation/ Partnerschaft	.85	3.83	.80	6	485
27	Kohäsion/ Partnerschaft	.85	4.03	.73	6	486
28	Flexibilität/ Partnerschaft	.70	3.10	.62	6	483
29	Zufriedenheit/ Partnerschaft	.89	3.82	.74	6	487
	Lebensbereich: FAMILIE					
30	Streß/ Familie	.85	2.21	.55	14	271
31	Problemlösefertigk./ Familie	.81	3.67	.73	5	293
32	Kommunikation/ Familie	.86	3.89	.69	6	294
33	Kohäsion/ Familie	.91	3.84	.77	6	294
34	Flexibilität/ Familie	.77	3.59	.59	6	293
35	Zufriedenheit/ Familie	.92	3.66	.70	7	294

(Fortsetzung von Tab. 4.1.1)

Anmerkungen: Antwortformat jeweils 1-5,
n(I): Zahl der Items pro Skala.
Für die Dimension der *Körperlichen Aktivität* wurde kein Konsistenzkoeffizient angegeben, da diese eher in Form eines Index und nicht einer Skala erfaßt wurde (siehe Kap. 3).

Im folgenden werden für die weiteren, in unser Forschungsprojekt integrierten Meßinstrumente die wesentlichen Skalenkennwerte dargestellt, zunächst mit Hilfe von Tabelle 4.1.2 für den *16 PF-R*.

Die Höhe der *internen Konsistenzen* der einzelnen Skalen des *16 PF-R* liegt zwischen *r* = .64 (Skala *M - Abgehobenheit*) und *r* = .88 (Skala *H - Soziale Kompetenz*). Die *arithmetischen Mittelwerte* in den einzelnen *16 PF-R*-Primärskalen sind als Summenwerte zu verstehen, die vor dem Hintergrund der Skalierung jedes Items in die drei Stufen "0", "1" und "2" (im Fragebogen als "a", "b" und "c" kodiert) zu interpretieren sind. Dabei sind die einzelnen Items so kodiert bzw. umkodiert, daß die numerisch höchste Ausprägung ("2") in die Richtung der hohen Ausprägung im Skaleninhalt, so wie er aus der Skalenbezeichnung hervorgeht, weist. Die Stufe "b" bzw. "1" steht für die Antwortalternative "weiß nicht".

Eine Ausnahme dieser Regel stellt die Skala *B (Logisches Schlußfolgern)* dar, die nur die zwei Stufen "1" für "richtig" und "0" für "nicht richtig" unterscheidet. Die *Mittelwerte* in den 16 Skalen liefern insgesamt ein Bild, bei dem nicht extrem hohe oder extrem niedrige Werte erreicht werden, was auf eine zu geringe Differenzierung durch die Skala schließen lassen würde. Auch die *Standardabweichungen* bestätigen mit Werten zwischen *SD* = 4.2 und *SD* = 7.4 das Bild einer ausreichenden Variation der Werte. Der niedrigere Wert von *SD* = 3.3 bei der Skala *B* ist vor dem Hintergrund des speziellen Antwortformats dieser Skala zu sehen (siehe oben).

Tab. 4.1.2: Kennwerte der Skalen des *16-Persönlichkeits-Faktoren-Tests-R*: Interne Konsistenzen (Cronbach' s *Alpha*), arithmetische Mittelwerte, Standardabweichungen und Itemhäufigkeiten der Skalen (*N* = 618).

16 PF-R-Skala	α	*M*	*SD*	n(I)
Wärme (Skala A)	.68	20.6	4.2	9
Logisches Schlußfolgern (B)	.80	8.5	3.3	13
Emotionale Stabilität (C)	.71	25.3	4.9	11
Dominanz (E)	.77	23.6	5.3	11
Lebhaftigkeit (F)	.68	16.0	4.3	9
Regelbewußtsein (G)	.68	22.2	4.7	11
Soziale Kompetenz (H)	.88	25.6	7.4	12
Empfindsamkeit (I)	.79	23.1	5.8	11
Wachsamkeit (L)	.68	24.0	4.2	10
Abgehobenheit (M)	.64	17.8	4.2	11
Privatheit (N)	.76	24.2	5.4	11
Besorgtheit (O)	.77	24.4	5.6	11
Offenheit für Veränderung (Q1)	.71	21.4	5.1	11
Selbstgenügsamkeit (Q2)	.76	21.1	5.5	11
Perfektionismus (Q3)	.76	24.3	5.6	11
Anspannung (Q4)	.76	22.8	5.6	11

Anmerkungen. Antwortformat bei den einzelnen Items der Skala B: 1 (richtig) 0 (nicht richtig); bei allen übrigen Skalen mögliche Itemwerte: 0-2.

Die in Tabelle 4.1.3 dargestellten *Mittelwerte* der Gesamtstichprobe in den *NEO-FFI*-Skalen sind als Summenwerte aufzufassen, deren Grundlage Rohwerte von 1 bis 5 bilden. Nach den Umpolungen einzelner Items sprechen hohe Werte für hohe Ausprägungen in dem mit der Skalenbezeichnung markierten Pol der dahinterstehenden Dimension. Die Höhe dieser Mittelwerte in den fünf Dimensionen liegt insgesamt im mittleren Bereich der möglichen Werteausprägungen, bei der Skala *Neurotizismus* im unteren Mittelfeld, bei der Skala *Gewissenhaftigkeit* hingegen im oberen Mittelfeld. Die Höhe der *Standardabweichungen* läßt auf eine ausreichend hohe Bandbreite der Werte schließen.

Tab. 4.1.3: Skalenstatistiken zum *NEO-Fünf-Faktoren-Inventar*: Arithmetische Mittelwerte, Standardabweichungen und Itemhäufigkeiten der Skalen ($N = 618$).

NEO-FFI-Skala	*M*	*SD*	*n*(I)
Neurotizismus	31.54	8.27	12
Extraversion	40.53	6.89	12
Offenheit	39.34	6.22	12
Verträglichkeit	43.86	5.84	12
Gewissenhaftigkeit	46.33	6.33	12

Anmerkungen: Antwortformat jeweils 1-5.

In Tabelle 4.1.4 sind für die neun Dimensionen der *Paarklimaskalen* die internen Konsistenzen (Cronbach' s *Alpha*), die Skalenmittelwerte und die Standardabweichungen aufgeführt.

Die dargestellten *internen Konsistenzen* der einzelnen Skalen des *Paarklimas* liegen zwischen $r = .53$ und $r = .82$. Die Höhe der Koeffizienten für die Skalen *Leistungsorientierung* und *Kontrolle* liegen deutlich unterhalb der Vergleichswerte von Schneewind (1993).

Die *arithmetischen Mittelwerte* der Skalen können in Relation zu dem Skalierungsbereich, der zwischen 1 und 4 liegt, eingeschätzt werden, da nach der Aufsummierung der Werte durch die jeweilige Itemanzahl (6) dividiert wurde. Während die meisten der berechneten Mittelwerte im mittleren Bereich der möglichen Ausprägungen liegen, sind die Werte der Skalen *Zusammenhalt* und *Offenheit* mit Werten über $M = 3.00$ relativ hoch und der Wert der Skala *Konfliktneigung* mit einem Wert unter $M = 2.00$ relativ niedrig. Die *Standardabweichungen* liegen zwischen $SD = .40$ und $SD = .57$.

Tab. 4.1.4: Reliabilitätskoeffizienten (Cronbach's *Alpha*), arithmetische Mittelwerte und Standardabweichungen der *Paarklimaskalen* ($N = 487$).

PAARKLIMA- SKALA	α	*M*	*SD*
Zusammenhalt	.80	3.22	.50
Offenheit	.75	3.04	.52
Konfliktneigung	.82	1.90	.56
Selbständigkeit	.70	2.61	.49
Leistungsorientierung	.54	2.34	.42
Kulturelle Orientierung	.69	2.37	.53
Aktive Freizeitgestaltung	.79	2.66	.57
Organisation	.68	2.90	.48
Kontrolle	.53	2.34	.40

Anmerkungen. Antwortformat für jedes Item: 1-4.
Itemanzahl pro Skala: 6.

4.1.2 Häufigkeitsverteilungen der Skalen

Die *Häufigkeitsverteilungen* der Skalen des *Gesundheit und Streß*-Fragebogens wurden anhand des Kolmogorov-Smirnov-Tests darauf überprüft, ob sie Normalverteilungen entsprechen. Es wurde jeweils die Nullhypothese getestet, nach der kein Unterschied zwischen der empirischen Werteverteilung in unserer Stichprobe und der theoretisch postulierten Normalverteilung mit gleichem Mittelwert und gleicher Streuung besteht. Ist der Wert *Z* nach Kolmogorov-Smirnov, der ein Maß für die Abweichung einer empirischen Verteilung von der theoretisch postulierten Verteilung darstellt, signifikant, muß die Nullhypothese zurückgewiesen werden. Nach den Ergebnissen dieser auf dem 1 %-Niveau[2] durchgeführten Tests wird für die folgenden Skalen die Annahme einer Normalverteilung beibehalten: *Persönlicher Streß, Ausdrücken von Gefühlen, Bevorzugter Grad an Nähe, Unterstützung durch andere, Streßübertragung, Arbeitsstreß, Kommunikation bei der Arbeit, Flexibilität bei der Arbeit, Arbeitszufriedenheit, Problemlösefertigkeiten* und *Flexibilität in der Partnerschaft, Familienstreß, Problemlösefer-*

[2]Es wurde nicht das 5 %- sondern das 1 %-Niveau gewählt, da eine große Zahl (34) einzelner Tests am gleichen Datensatz durchgeführt wurde.

tigkeiten, Kommunikation und *Kohäsion in der Familie*. Alle übrigen Skalen weichen signifikant von der theoretisch postulierten Normalverteilung ab. Bei einigen der *"Ressourcen"*- und *"Zufriedenheits"*-Skalen liegt eine Zwischenform zwischen einer Normal- und einer rechtsschiefen Verteilung vor (z.B. bei den Skalen *Selbstwertgefühl, Personale Kontrolle, Kohäsion bei der Arbeit, Kohäsion in der Partnerschaft* und *Partnerschaftszufriedenheit*).

4.2 Inhaltliche Struktur des *Gesundheit und Streß*-Fragebogens: Interkorrelationen und Faktorenanalysen der Skalen

Im folgenden werden die Zusammenhänge zwischen den einzelnen Skalen des *Gesundheit und Streß*-Fragebogens in Form von Interkorrelationen und Faktorenanalysen dargestellt. Dabei werden zunächst in Abschnitt 4.2.1 die Zusammenhänge *innerhalb* der vier Lebensbereiche betrachtet, im Anschluß daran in Abschnitt 4.2.2 die lebensbereichübergreifenden Zusammenhänge *zwischen* den vier Ebenen. Um der Tatsache gerecht zu werden, daß im folgenden eine sehr große Zahl von Korrelationskoeffizienten betrachtet wird, wird das strengere Signifikanzniveau von $\alpha < .01$ verwendet.

4.2.1 Zusammenhänge innerhalb der Lebensbereiche: Interkorrelationen und Faktorenanalysen der Skalen

Die folgende Betrachtung der psychologischen Zusammenhänge zwischen den Skalen ist so gegliedert, daß für jeden der vier Lebensbereiche getrennt die Skaleninterkorrelationen und die Faktorenanalysen der Skalen beschrieben werden. Die Interkorrelationen der Skalen des Lebensbereichs *Individuum* sind in Tabelle 4.2.1 - in zwei Hälften aufgeteilt - dargestellt. Bei der Beschreibung der Resultate werden die drei individuumsbezogenen Skalen der Komponente "Anpassung" (*Körperliche Gesundheit, Emotionales Wohlbefinden, Lebenszufriedenheit*) nicht miteinbezogen, da den Korrelationen dieser Dimensionen weiter unten ein eigener Abschnitt gewidmet wird (Kap. 4.4.1).

Die Skala *Persönlicher Streß* zeigt die höchsten negativen Korrelationen mit den "Ressourcen" *Freizeiterholung* ($r = -.39$), *Personale Kontrolle* ($r = -.34$), *Selbstwertgefühl* ($r = -.33$) und *Persönliche Zeit* ($r = -.31$). Beachtung verdient auch die sehr hohe positive Korrelation zwischen *Persönlichem Streß* und der *Streßübertragung* ($r = .46$). Die *Streßübertragung* ihrerseits hängt darüber hinaus auch deutlich negativ mit der *Freizeiterholung* zusammen ($r = -.32$).

Die Höhe der Koeffizienten der Skalen *Persönliche Problemlösefertigkeiten*, *Ausdrücken von Gefühlen*, *Bevorzugte Grad an Nähe*, *Bevorzugter Grad an Flexibilität* und *Körperliche Aktivität* ist insgesamt gering bis mäßig hoch.

Die Skalen *Selbstwertgefühl*, *Personale Kontrolle*, *Weltanschauung* und *Persönliche Zeit* weisen untereinander relativ hohe Korrelationen auf. Für die Skala *Freizeiterholung* sind die entsprechenden Zusammenhänge zu diesen Skalen zwar auch hochsignifikant, aber dennoch weniger deutlich als im Fall der Skala *Persönliche Zeit*.

Für die Skala *Religiöser Glaube* können kaum psychologische Zusammenhänge berichtet werden, lediglich ein mäßig hoher zur *Weltanschauung* ($r = .31$).

Die Skala *Soziale Unterstützung* hängt z.B. mit den Skalen *Bevorzugter Grad an Nähe* und *Ausdrücken von Gefühlen*, also anderen Indikatoren des zwischenmenschlichen Kontakts, mäßig hoch zusammen.

Tab. 4.2.1: Interkorrelationen der Skalen des Lebensbereichs *Individuum*.

SKALA	1	2	3	4	5	6	7
1 Persönl. Streß	1.00						
2 Körp. Gesundh.	-.46**	1.00					
3 Emot. Wohlbef.	-.52**	.59**	1.00				
4 Problemlösefert.	.15**	.11*	.20**	1.00			
5 Ausdr. v. Gef.	.05	.00	.07	.27**	1.00		
6 Bevorz. Nähe	-.01	.13*	.20**	.24**	.38**	1.00	
7 Bevorz. Flexibil.	.10*	.03	-.06	-.03	.13**	.12*	1.00
8 Selbstwertgef.	-.33**	.40**	.60**	.28**	.14**	.26**	-.13**
9 Pers. Kontrolle	-.34**	.43**	.53**	.20**	.08	.15**	-.07
10 Lebenszufr.	-.40**	.39**	.64**	.25**	.18**	.26**	-.13*
11 Persönl. Zeit	-.31**	.25**	.48**	.13**	.02	.15**	-.13**
12 Freizeiterholung	-.39**	.23**	.42**	-.01	.01	.12*	-.14**
13 Weltanschauung	-.19**	.18**	.40**	.30**	.13**	.23**	-.20**
14 Relig. Glaube	.07	-.10	-.04	.03	.04	.05	-.12*
15 Soziale Unterst.	-.11*	.15**	.20**	.15**	.20**	.26**	-.08
16 Körp. Aktivität	-.04	.06	.12*	.15**	.04	.15**	-.04
17 Streßübertrag.	.46**	-.32**	-.42**	.06	.18**	.01	.10

SKALA	8	9	10	11	12	13	14	15	16
8 S.wertgef.	1.00								
9 Personale Kontrolle	.65 **	1.00							
10 Lebens-zufriedenheit	.76 **	.58 **	1.00						
11 Persönl. Zeit	.44 **	.34 **	.50 **	1.00					
12 Freizeit-erholung	.33 **	.22 **	.36 **	.60 **	1.00				
13 Weltan-schauung	.52 **	.35 **	.59 **	.44 **	.34 **	1.00			
14 Religiöser Glaube	-.01	-.04	.09	.06	.03	.31 **	1.00		
15 Soziale Unterstützung	.28 **	.25 **	.32 **	.21 **	.12 **	.24 **	.11 *	1.00	
16 Körperl. Aktivität	.15 **	.15 **	.15 **	.14 **	.12 *	.12 *	.06	.08	1.00
17 Streß-übertr.	-.24 **	-.25 **	-.23 **	-.25 **	-.32 **	-.23 **	.11	-.02	-.02

Fortsetzung von Tab. 4.2.1.
Anmerkungen. $N = 604$. ** $p < .001$ * $p < .01$

Eine Faktorenanalyse nach der Hauptkomponentenmethode, die alle *Gesundheit und Streß*-Skalen des Lebensbereiches *Individuum* miteinbezieht, liefert nach dem Kriterium von Eigenwerten mit einer Mindesthöhe von 1.00 vier Faktoren. Nach obliquer Rotation ergibt sich die in Tabelle 4.2.2 dargestellte Faktorladungsmatrix. Dabei sind nur Faktorladungen, die mindestens $r = .30$ betragen, aufgeführt.

Auf Faktor 1 laden insbesondere die Skalen *Personale Kontrolle*, *Emotionales Wohlbefinden*, *Körperliche Gesundheit*, *Selbstwertgefühl*, *Lebenszufriedenheit* und *Persönlicher Streß* hoch, daneben aber auch die Skala *Streßübertragung*. Offensichtlich handelt es sich um einen Faktor der "Gesundheit und psychischen Stabilität".

Faktor 2 wird insbesondere durch die Skalen *Ausdrücken von Gefühlen* und *Bevorzugter Grad an Nähe* repräsentiert, darüber hinaus aber auch durch die Skalen *Bevorzugter Grad an Flexibilität*, *Persönliche Problemlösefertigkeiten*,

Unterstützung durch andere und *Streßübertragung*. Insbesondere die Ladungen des *Ausdrückens von Gefühlen* und des *Bevorzugten Grades an Nähe*, aber auch der *Unterstützung durch andere* sprechen dafür, daß es sich hier um einen Faktor des "zwischenmenschlichen Kontaktes" handelt.

Auf Faktor 3 laden vor allem die Skalen *Bevorzugter Grad an Flexibilität*, *Weltanschauung* und *Religiöser Glaube* hoch. Geringere Faktorladungen sind aber auch für die Skalen *Problemlösefertigkeiten*, *Selbstwertgefühl*, *Lebenszufriedenheit*, *Unterstützung durch andere* und *Körperliche Aktivität* zu berichten. Dieser Faktor läßt sich - insbesondere wenn man die drei am höchsten ladenden Skalen betrachtet - als Faktor der "Lebenseinstellung" ansehen.

Faktor 4 ist als Faktor der "Freizeitgestaltung" zu beschreiben, da insbesondere die Skalen *Persönliche Zeit* und *Freizeiterholung* hoch auf ihn laden.

Tab. 4.2.2: Faktorielle Struktur der Skalen des Lebensbereichs *Individuum* (Faktorladungsmatrix).

Nr.	SKALA	Faktor 1	Faktor 2	Faktor 3	Faktor 4
01	Persönlicher Streß	-.63			
02	Körperliche Gesundheit	.75			
03	Emotionales Wohlbefinden	.76			
04	Problemlösefertigkeiten		.33	-.40	
05	Ausdrücken von Gefühlen		.77		
06	Bevorzugter Grad an Nähe		.73		
07	Bevorzugter Grad an Flexibilität		.49	.62	
08	Selbstwertgefühl	.71		-.32	
09	Personale Kontrolle	.78			
10	Lebenszufriedenheit	.64		-.33	
11	Persönliche Zeit				.72
12	Freizeiterholung				.86
13	Weltanschauung			-.60	
14	Religiöser Glaube			-.61	
15	Unterstützung durch andere		.31	-.33	
16	Körperliche Aktivität			-.37	
17	Streßübertragung	-.46	.33		-.33

Für die Skalen des Lebensbereichs *Arbeitsleben* werden zunächst in Tabelle 4.2.3 die Interkorrelationen dargestellt, anschließend in Tabelle 4.2.4 die Ergebnisse einer Faktorenanalyse mit den entsprechenden sechs Skalen.

Tab. 4.2.3: Interkorrelationen der Skalen des Lebensbereichs *Arbeitsleben.*

SKALA	18	19	20	21	22
18 Arbeitsstreß	1.00				
19 Problemlösefertigk./Arbeit	-.14*	1.00			
20 Kommunikation/ Arbeit	-.51**	.30**	1.00		
21 Kohäsion/ Arbeit	-.46**	.25**	.70**	1.00	
22 Flexibilität/ Arbeit	-.37**	.27**	.69**	.65**	1.00
23 Arbeitszufriedenheit	-.47**	.32**	.58**	.49**	.58**

Anmerkungen. $N = 419$. ** $p < .001$ * $p < .01$

Zu den Korrelationen der Skalen des Lebensbereichs *Arbeitsleben* läßt sich insgesamt feststellen, daß die Koeffizienten nicht nur durchwegs die Signifikanzgrenze von $\alpha < .01$ erreichen, sondern zudem auch größtenteils relativ hoch ausfallen. Lediglich die Zusammenhangsmaße der Skala *Problemlösefertigkeiten bei der Arbeit* fallen tendentiell niedriger aus.

Die Ergebnisse der durchgeführten Hauptkomponentenanalyse mit den sechs Skalen des Lebensbereiches *Arbeitsleben* zeigen nur einen Faktor mit insgesamt hohen Faktorladungen. Eine etwas geringere Faktorladung läßt sich wiederum nur für die Skala *Problemlösefertigkeiten bei der Arbeit* feststellen.

Tab. 4.2.4: Faktorielle Struktur der Skalen des Lebensbereichs *Arbeitsleben* (Faktorladungsmatrix).

Nr.	Skala	Faktor 1
18	Arbeitsstreß	-.67
19	Problemlösefertigkeiten bei der Arbeit	.42
20	Kommunikation bei der Arbeit	.88
21	Kohäsion bei der Arbeit	.83
22	Flexibilität bei der Arbeit	.83
23	Zufriedenheit mit der Arbeit	.78

Die Interkorrelationen der Skalen des Lebensbereiches *Partnerschaft* (siehe Tabelle 4.2.5) fallen mit Beträgen zwischen r = .31 und r = .81, überwiegend über r = .60 liegend, insgesamt hoch aus.

Tab. 4.2.5: Interkorrelationen der Skalen des Lebensbereichs *Partnerschaft*.

	24 Streß/ Partn..	25	26	27	28
25 Problemlösefert./ Parntn.	-.69**	1.00			
26 Kommunikation/ Partn.	-.81**	.69**	1.00		
27 Kohäsion/ Partn.	-.68**	.55**	.66**	1.00	
28 Flexibilität/ Partn.	-.43**	.31**	.46**	.52**	1.00
29 Zufriedenheit/ Partn.	-.74**	.61**	.74**	.75**	.53**

Anmerkungen. N=482. ** $p < .001$ * $p < .01$

Entsprechend der hohen Interkorrelationen der Skalen der Systemebene *Partnerschaft* gelangte die durchgeführte Faktorenanalyse nur zu einem einzigen, in Tabelle 4.2.6 dargestellten Faktor. Dieser zeichnet sich durch hohe Faktorladungen aller Skalen aus.

Tab. 4.2.6: Faktorielle Struktur der Skalen des Lebensbereichs *Partnerschaft* (Faktorladungsmatrix).

Nr.	Skala	Faktor 1
24	Streß in der Partnerschaft	-.89
25	Problemlösefertigkeiten/ Partnerschaft	.78
26	Kommunikation in der Partnerschaft	.89
27	Kohäsion in der Partnerschaft	.84
28	Flexibilität in der Partnerschaft	.63
29	Zufriedenheit mit der Partnerschaft	.89

In der folgenden Tabelle 4.2.7 sind die Interkorrelationen der Skalen des Lebensbereiches *Familie* dargestellt.

Tab. 4.2.7: Interkorrelationen der Skalen des Lebensbereichs *Familie*.

	30 Streß/ Familie	31	32	33	34
31 Problemlösef./ Familie	-.55**				
32 Kommunikation/ Familie	-.43**	.59**			
33 Kohäsion der Familie	-.33**	.46**	.69**		
34 Flexibilität der Familie	-.32**	.46**	.62**	.71**	
35 Familienzufriedenheit	-.49**	.62**	.78**	.72**	.76**

Anmerkungen. N=291. ** $p < .001$

Die Korrelationskoeffizienten der Skalen der familiären Ressourcen fallen insgesamt sehr hoch aus. Das gleiche kann über die Zusammenhänge der einzelnen Ressourcen mit der *Familienzufriedenheit* gesagt werden. Die Zusammenhänge der Skala *Familienstreß* mit den übrigen Skalen erreichen eine Höhe von $r = -.32$ *(Flexibilität der Familie)* bis zu $r = -.55$ *(Problemlösefertigkeiten der Familie)*.

Aufgrund dieser insgesamt sehr hohen Korrelationen ergab auch die Faktorenanalyse der Skalen des Lebensbereiches *Familie* nur einen Faktor mit durchwegs hohen Faktorladungen (siehe Tab. 4.2.8).

Tab. 4.2.8: Faktorielle Struktur der Skalen des Lebensbereichs *Familie* (Faktorladungsmatrix).

Nr.	Skala	Faktor 1
30	Streß in der Familie	-.61
31	Problemlösefertigkeiten der Familie	.75
32	Kommunikation in der Familie	.87
33	Kohäsion der Familie	.81
34	Flexibilität der Familie	.82
35	Zufriedenheit der Familie	.92

4.2.2 Zusammenhänge zwischen den Lebensbereichen: Skaleninterkorrelationen

Im Hinblick auf die Frage nach lebensbereichübergreifenden Zusammenhängen zwischen *Persönlichkeit*, *Arbeitsleben*, *Partnerschaft* und *Familie* werden im folgenden zunächst die Korrelationen der Skalen zu den jeweils vergleichbaren - in allen vier Lebensbereichen erhobenen - Konstrukten betrachtet.

In Tabelle 4.2.9 sind zunächst die Interkorrelationen der vier *Streß*-Skalen dargestellt, die ausschließlich signifikant positiv ausfallen. Der *Persönliche Streß* weist mit allen drei anderen *Streß*-Dimensionen deutliche Zusammenhänge auf. Außerdem erreicht auch die Korrelation zwischen dem *Streß in der Partnerschaft* und demjenigen in der *Familie* eine beachtliche Höhe.

Tab. 4.2.9: Interkorrelationen der *Streß*-Skalen der vier Lebensbereiche (*Individuum*, *Arbeitsleben*, *Partnerschaft*, *Familie*).

	Persönlicher Streß	Arbeitsstreß	Partnerschaftsstreß
Arbeitsstreß	.54** (n = 418)		
Partnerschaftsstreß	.38** (n = 468)	.19** (n = 334)	
Familienstreß	.56** (n = 267)	.19* (n = 221)	.46** (n = 236)

Anmerkungen. ** $p < .001$ * $p < .01$

Wie die in Tabelle 4.2.10 dargestellten Korrelationen der Skalen der *Problemlösefertigkeiten* erkennen lassen, weist die Skala *Persönliche Problemlösefertigkeiten* eine deutliche Korrelation in Höhe von $r = .32$ mit der Skala *Problemlösefertigkeiten bei der Arbeit* auf, hingegen nahezu Nullkorrelationen mit den entsprechenden Skalen der Lebensbereiche *Partnerschaft* und *Familie*.

Tab. 4.2.10: Interkorrelationen der Skalen der *Problemlösefertigkeiten* in den vier Lebensbereichen (*Individuum*, *Arbeitsleben*, *Partnerschaft*, *Familie*).

	Persönl. Problemlösef.	Problemlösef./ Arbeit	Problemlösef. des Paares
Probleml./ Arbeit	.32** (n = 421)		
Probleml./ Paar	-.03 (n = 484)	.10 (n = 335)	
Probleml./ Familie	.03 (n = 291)	.08 (n = 223)	.54** (n = 251)

Anmerkungen. ** $p < .001$

Die Höhe der Korrelationen zwischen den *Kommunikations*-Skalen der vier Lebensbereiche fällt sehr unterschiedlich aus (siehe Tab. 4.2.11): Während die *Kommunikation in der Partnerschaft* und in der *Familie* mit $r = .63$ sehr hoch korreliert, sind die übrigen Koeffizienten - mit einer Ausnahme - zwar signifikant, aber nicht sehr hoch. Die Fähigkeit der Person, ihre Gefühle auszudrücken, zeigt keine signifikante Korrelation zur *Kommunikation bei der Arbeit.* Hingegen korrelieren sowohl das *Ausdrücken von Gefühlen* als auch die *Kommunikation bei der Arbeit* signifikant mit der *Kommunikation in der Partnerschaft* sowie *in der Familie.*

Tab. 4.2.11: Interkorrelationen der *Kommunikations*-Skalen der vier Lebensbereiche

	Ausdr. von Gefühlen/ Individ..	Kommunikation/ Arbeit	Kommunikation/ Partnerschaft
Kommunik/ Arbeit	.08 ($n = 395$)		
Kommunik./ Partn.	.18** ($n = 481$)	.22** ($n = 315$)	
Kommunik./ Fam.	.17* ($n = 291$)	.24** ($n = 209$)	.63** ($n = 255$)

Anmerkungen. ** $p < .001$ * $p < .01$

Die lebensbereichübergreifenden Zusammenhänge der Skalen der *Nähe* bzw. *Kohäsion* können ausnahmslos mit signifikanten Koeffizienten beschrieben werden (siehe Tab. 4.2.12). Allerdings erreicht lediglich die Korrelation zwischen der *Paarkohäsion* und der *Familienkohäsion* mit $r = .59$ eine markante Höhe. Dennoch ist festzustellen, daß die *Kohäsion des Arbeitsteams* signifikant mit der *Paar-* und *Familienkohäsion* zusammenhängt. Ebenso zeigt der *Bevorzugte Grad an Nähe* signifikante positive Korrelationen zur erlebten *Kohäsion bei der Arbeit, in der Partnerschaft* und *in der Familie.*

Tab. 4.2.12: Interkorrelationen der *Kohäsions*-Skalen der vier Lebensbereiche.

	Bevorzugter Grad an Nähe	Kohäsion des Arbeitsteams	Kohäsion des Paares
Kohäsion/ Arbeit	.17** ($n = 398$)		
Kohäsion/ Paar	.18** ($n = 482$)	.17* ($n = 317$)	
Kohäsion/ Familie	.12 ($n = 292$)	.25** ($n = 214$)	.59** ($n = 253$)

Anmerkungen. ** $p < .001$ * $p < .01$

Auch im Hinblick auf die *Flexibilität* (siehe Tab. 4.2.13) fällt die Verbindung zwischen dem Partnerschafts- und Familienbereich am deutlichsten aus ($r = .51$). Die persönliche Präferenz hinsichtlich des Ausmaßes an Flexibilität versus Strukturiertheit (Skala *Bevorzugter Grad an Flexibilität*) zeigt keine signifikanten Zusammenhänge zur erlebten *Flexibilität am Arbeitsplatz, in der Partnerschaft* und *in der Familie*.

Tab. 4.2.13: Interkorrelationen der *Flexibilitäts*-Skalen der vier Lebensbereiche

	Bevorz. Grad an Flexibilität	Flexibilität/ Arbeit	Flexibilität des Paares
Flexibilität/ Arbeit	-.02 (n = 396)		
Flexib. Des Paares	.03 (n = 478)	.20** (n = 315)	
Flexib. Der Familie	-.06 (n = 290)	.38** (n = 209)	.51** (n = 251)

Anmerkungen. ** $p < .001$

Die Korrelationen zwischen den vier *Zufriedenheits*-Skalen (siehe Tab. 4.2.14) ergeben durchwegs signifikante Koeffizienten, wobei der höchste Wert wiederum derjenige zwischen *Partnerschaft* und *Familie* ist. Die *Lebenszufriedenheit* zeigt deutliche Zusammenhänge zur *Partnerschaftszufriedenheit* und zur *Familienzufriedenheit* (jeweils $r = .45$), aber auch zur *Arbeitszufriedenheit* ($r = .31$). Die *Arbeitszufriedenheit* ihrerseits hängt mit der *Familienzufriedenheit* (r= .31) und mit der *Partnerschaftszufriedenheit* ($r = .23$) positiv zusammen.

Tab. 4.2.14: Interkorrelationen der *Zufriedenheits*-Skalen der vier Lebensbereiche.

	Lebenszufrieden-heit	Zufriedenheit mit der Arbeit	Zufriedenheit mit der Partnerschaft
Zufriedenheit mit der Arbeit	.31** (n = 406)		
Zufr. mit der Partnerschaft	.45** (n = 477)	.23** (n = 324)	
Zufriedenheit mit der Familie	.45** (n = 288)	.31** (n = 219)	.62** (n = 254)

Anmerkungen. ** $p < .001$

4.3 Vergleiche zwischen ost- und westdeutschen Frauen und Männern

In diesem Kapitel werden zunächst die Werte der Frauen und der Männer der gesamten Stichprobe miteinander verglichen. Dann erfolgt ein Vergleich der *Gesundheit und Streß*-Werte zwischen den 144 Ostdeutschen und den 474 Westdeutschen unserer Stichprobe. Im Anschluß daran wird mittels Varianzanalysen mit zweifaktoriellem Design ein Vergleich der Mittelwerte der vier Gruppen der ost- und westdeutschen Frauen und Männer vorgenommen.

4.3.1 Vergleiche zwischen den Geschlechtern

Im folgenden werden die arithmetischen Mittelwerte von Frauen und Männern in den einzelnen Skalen des Fragebogens *Gesundheit und Streß* mittels univariater Varianzanalysen verglichen. Bei diesen Berechnungen wurde aufgrund der großen Zahl der an derselben Stichprobe durchgeführten univariaten Tests wiederum ein Signifikanzniveau von $\alpha < .01$ gewählt. Um die Variablen Alter und Bildung zu kontrollieren, wurden diese als Kovariate bei jedem Test berücksichtigt. Für eine Einschätzung der Bedeutsamkeit wurde neben der jeweiligen Berechnung der Signifikanz des F-Wertes auch die Effektstärke untersucht. Die Effektstärke eta^2 gibt dabei jeweils an, wieviel Prozent der Varianz der Skala durch den Faktor (hier durch das Geschlecht) aufgeklärt wird.

Wie nach den in Tabelle 4.3.1 dargestellten Daten erkennbar ist, unterscheiden sich die Männer und Frauen unserer repräsentativen Stichprobe bezüglich der Skalen des Lebensbereiches *"Individuum"* signifikant in der *Körperlichen Gesundheit* und im *Emotionalen Wohlbefinden* in dem Sinne, daß Männer weniger körperliche Symptome und größeres Wohlbefinden berichten. Dabei kann der Faktor Geschlecht 3,1 % der Varianz in der *Körperlichen Gesundheit* und 1,4 % der Varianz im *Emotionalen Wohlbefinden* aufklären.

Im Hinblick auf die *"Persönlichen Ressourcen"* wurden zum einen für die Frauen signifikant höhere Werte im *Ausdrücken von Gefühlen*, im *Bevorzugten Grad an Nähe* und im *Religiösen Glauben* ermittelt.

Die Tendenz zur *Streßübertragung* ist bei den Frauen stärker ausgeprägt, wobei aber durch den Faktor Geschlecht nur 1,5 % der Varianz dieser Skala aufgeklärt wird.

Für die Skalen der Lebensbereiche *Arbeitsleben*, *Partnerschaft* und *Familie* sind durchwegs keine signifikanten Geschlechtsunterschiede festzustellen.

Tab. 4.3.1: Geschlechtervergleich: arithmetische Mittelwerte der Männer und Frauen, Effektstärken *eta²* und Signifikanz der Gruppenunterschiede *p*.

Nr.	SKALA	*M* Männer	*M* Frauen	*eta²*	*P*
	Lebensbereich: PERSON				
01	Persönlicher Streß	2.12	2.14	.003	n.s.
02	Körperliche Gesundheit	3.95	3.72	.031	**
03	Emotionales Wohlbefinden	3.36	3.19	.014	*
04	Problemlösefertigkeiten	3.24	3.18	.000	n.s.
05	Ausdrücken von Gefühlen	2.65	2.83	.026	**
06	Bevorzugter Grad an Nähe	3.55	3.74	.045	**
07	Bevorz. Grad an Flexibilität	2.33	2.41	.003	n.s.
08	Selbstwertgefühl	3.98	3.82	.007	n.s.
09	Personale Kontrolle	3.63	3.43	.007	n.s.
10	Lebenszufriedenheit	3.75	3.67	.000	n.s.
11	Persönliche Zeit	3.70	3.63	.004	n.s.
12	Freizeiterholung	3.64	3.71	.001	n.s.
13	Weltanschauung	3.79	3.86	.001	n.s.
14	Religiöser Glaube	2.15	2.54	.013	*
15	Unterstützung durch andere	2.81	2.88	.002	n.s.
16	Körperliche Aktivität	1.99	1.98	.000	n.s.
17	Streßübertragung	2.23	2.34	.015	*
	Lebensbereich: ARBEITSLEBEN				
18	Arbeitsstreß	2.38	2.28	.000	n.s.
19	Problemlösefertigk./ Arbeit	3.44	3.50	.001	n.s.
20	Kommunikation/ Arbeit	3.46	3.43	.001	n.s.
21	Kohäsion/ Arbeit	3.81	3.84	.001	n.s.
22	Flexibilität/ Arbeit	3.38	3.38	.000	n.s.
23	Arbeitszufriedenheit	3.49	3.49	.000	n.s.

Nr.	SKALA	*M* Männer	*M* Frauen	eta^2	*P*
	Lebensbereich: PARTNERSCHAFT				
24	Streß/ Partnerschaft	2.11	2.14	.000	n.s.
25	Problemlösef./ Partnerschaft	3.84	3.80	.000	n.s.
26	Kommunikation/ Partn.	3.91	3.76	.007	n.s.
27	Kohäsion/ Partnerschaft	4.01	4.04	.001	n.s.
28	Flexibilität/ Partnerschaft	3.13	3.08	.000	n.s.
29	Zufriedenheit/ Partnerschaft	3.89	3.77	.002	n.s.
	Lebensbereich: FAMILIE				
30	Streß/ Familie	2.12	2.28	.014	n.s.
31	Problemlösefertigk./ Familie	3.69	3.66	.002	n.s.
32	Kommunikation/ Familie	3.84	3.92	.001	n.s.
33	Kohäsion/ Familie	3.81	3.86	.001	n.s.
34	Flexibilität/ Familie	3.58	3.59	.000	n.s.
35	Zufriedenheit/ Familie	3.67	3.65	.000	n.s.

(Fortsetzung von Tab. 4.3.1)
Anmerkungen. * $p < .01$; ** $p < .001$

4.3.2 Vergleiche zwischen Ost- und Westdeutschen

Im folgenden werden die arithmetischen Mittelwerte der West- und Ostdeutschen einander gegenübergestellt. Nach derselben Methode wie beim Vergleich der Geschlechter wurden univariate Varianzanalysen mit Bestimmung der jeweiligen Effektstärken - hier des Faktors "West-Ost" - durchgeführt. Unter Kontrolle der Variablen Alter und Bildung wurden die in Tabelle 4.3.2 dargestellten Ergebnisse ermittelt.

Tab. 4.3.2: Vergleich von West- versus Ostdeutschen: arithmetische Mittelwerte, Effektstärken eta^2, Signifikanz der Gruppenunterschiede p.

Nr.	SKALA	*M* West (*N*=473)	*M* Ost (*N*=143)	eta^2	p
	Lebensbereich: PERSON				
01	Persönlicher Streß	2.11	2.17	.005	n.s.
02	Körperliche Gesundheit	3.81	3.87	.000	n.s.
03	Emotionales Wohlbefinden	3.29	3.19	.007	n.s.
04	Problemlösefertigkeiten	3.21	3.22	.001	n.s.
05	Ausdrücken von Gefühlen	2.74	2.78	.000	n.s.
06	Bevorzugter Grad an Nähe	3.64	3.70	.000	n.s.
07	Bevorz. Grad an Flexibilität	2.40	2.30	.004	n.s.
08	Selbstwertgefühl	3.92	3.82	.006	n.s.
09	Personale Kontrolle	3.52	3.52	.000	n.s.
10	Lebenszufriedenheit	3.75	3.57	.016	*
11	Persönliche Zeit	3.69	3.56	.003	n.s.
12	Freizeiterholung	3.69	3.64	.000	n.s.
13	Weltanschauung	3.83	3.82	.000	n.s.
14	Religiöser Glaube	2.55	1.73	.078	**
15	Unterstützung durch andere	2.81	2.96	.009	n.s.
16	Körperliche Aktivität	2.02	1.88	.013	*
17	Streßübertragung	2.32	2.20	.010	n.s.
	Lebensbereich ARBEITSLEBEN				
18	Arbeitsstreß	2.33	2.34	.000	n.s.
19	Problemlösef./ Arbeit	3.47	3.48	.000	n.s.
20	Kommunikation/ Arbeit	3.43	3.50	.003	n.s.
21	Kohäsion/ Arbeitsteam	3.81	3.86	.001	n.s.
22	Flexibilität/ Arbeitsstrukturen	3.37	3.42	.001	n.s.
23	Arbeitszufriedenheit	3.50	3.44	.001	n.s.

Nr.	SKALA	West	Ost	eta^2	p
	Lebensbereich: PARTNERSCHAFT				
24	Streß/ Partnerschaft	2.15	2.03	.004	n.s.
25	Problemlösef./ Partnerschaft	3.79	3.92	.009	n.s.
26	Kommunikation/ Partnerschaft	3.82	3.86	.000	n.s.
27	Kohäsion/ Partnerschaft	3.99	4.13	.004	n.s.
28	Flexibilität/ Partnerschaft	3.08	3.17	.004	n.s.
29	Zufriedenheit/ Partnerschaft	3.80	3.92	.005	n.s.
	Lebensbereich: FAMILIE				
30	Streß/ Familie	2.26	2.04	.024	*
31	Problemlösef./ Familie	3.60	3.92	.036	**
32	Kommunikation/ Familie	3.83	4.08	.021	*
33	Kohäsion/ Familie	3.79	4.01	.018	n.s.
34	Flexibilität/ Familie	3.58	3.62	.001	n.s.
35	Zufriedenheit/ Familie	3.61	3.81	.011	n.s.

(Fortsetzung von Tab. 4.3.2)
Anmerkungen. eta²: Effektstärke; * $p < .01$; ** $p < .001$

Innerhalb des Lebensbereiches *Individuum* ergaben sich für die meisten Skalen keine signifikanten Mittelwertsunterschiede. Signifikante Differenzen sind hinsichtlich der *Lebenszufriedenheit* festzustellen, bei der die Westdeutschen höhere Werte zeigen. Die Zugehörigkeit zu den alten versus neuen Bundesländern erklärt hierbei allerdings nur 1,6 % der Gesamtvarianz in dieser Skala. Hingegen werden 7,8 % der Varianz im *Religiösen Glauben* durch die Zugehörigkeit zu West- versus Ostdeutschland erklärt: Ostdeutsche haben deutlich niedrigere Werte in dieser Skala des persönlichen Glaubens. Ein weiterer signifikanter Unterschied zwischen West- und Ostdeutschen besteht in den etwas höheren Werten der Westdeutschen in der *Körperlichen Aktivität.*

Für die Lebensbereiche *Arbeitsleben* und *Partnerschaft* gibt es keine signifikanten Unterschiede zu berichten. Im Gegensatz dazu stellen sich die Niveaus an Streß und Ressourcen im Lebensbereich *Familie* bei Ostdeutschen teilweise anders dar als bei Westdeutschen: Ostdeutsche berichten über signifikant weniger *Familienstreß* und über signifikant günstigere *Problemlösefertigkeiten der Familie* sowie über positivere *Kommunikation* in ihren Familien. Die in diesen Skalen durch den Faktor "West-Ost" aufgeklärten Varianzanteile betragen 2,4 %, 3,6 % und 2,1 % der jeweiligen Gesamtvarianz.

4.3.3 Gruppenvergleiche mit den beiden Faktoren Geschlecht und West-Ost

Im folgenden wird eine nach Geschlechtern und gleichzeitig nach Zugehörigkeit zu West- und Ostdeutschland differenzierte Gegenüberstellung der Werte vorgenommen. In Tabelle 4.3.3 werden die Skalenmittelwerte der west- und ostdeutschen Männer sowie der west- und ostdeutschen Frauen aufgeführt. Die Ergebnisse, die jeweils univariat durchgeführte Varianzanalysen mit den beiden Faktoren "Geschlecht" und "West-Ost" - unter Kontrolle der Variablen Alter und Bildung - ergaben, sind in den Spalten 6 bis 8 der Tabelle ersichtlich. In Spalte 6 wird die Effektstärke *(eta²)* des Haupteffekts Geschlecht berichtet, in Spalte 7 diejenige des Haupteffekts "West-Ost" und in Spalte 8 die Effektstärke der Interaktion aus Geschlecht und "West-Ost". Da bei diesen Varianzanalysen im Gegensatz zu den weiter oben berichteten Berechnungen *zwei* Faktoren (Geschlecht, West-Ost) gleichzeitig berücksichtigt wurden, differieren die Stärken der Haupteffekte "Geschlecht" und "West-Ost" meist geringfügig von den Werten aus den Tabellen 4.3.1 und 4.3.2. Bei der folgenden Beschreibung der Ergebnisse wird zur Vermeidung von Redundanzen nur auf die Skalenwerte eingegangen, für die (a) *beide* Haupteffekte signifikant sind oder (b) ein signifikanter *Interaktionseffekt* festzustellen ist.

Der Fall eines signifikanten Haupteffekts "Geschlecht" bei gleichzeitigem Vorliegen eines signifikanten Haupteffektes "West-Ost" trifft nur auf die Skala *Religiöser Glaube* zu. Westdeutsche Frauen haben einen stärkeren Glauben als westdeutsche Männer. Ebenso haben ostdeutsche Frauen im Mittel eher einen höheren *Religiösen Glauben* als ostdeutsche Männer. Aber der Haupteffekt West-Ost ist mit seiner Varianzaufklärung von 7,8 % der Gesamtvarianz so ausgepägt, daß westdeutsche Männer - dem Haupteffekt Geschlecht entgegengerichtet - höhere Werte im *Religiösen Glauben* haben als ostdeutsche Frauen.

Eine Interaktion zwischen Geschlecht und der Zugehörigkeit zu West- bzw. Ostdeutschland zeigt sich nur im Fall der Skala *Bevorzugter Grad an Nähe*: Während bei Westdeutschen die Mittelwerte zwischen Männern und Frauen kaum differieren, liegen die Skalenwerte der ostdeutschen Frauen deutlich über denen der ostdeutschen Männer.

Tab. 4.3.3: Mittelwerte von west- und ostdeutschen Frauen und Männern: Ergebnisse univariater Varianzanalysen mit Haupteffekten (Geschlecht, Westost) und Interaktionseffekten.

SKALA	M West *(M)*	M Ost *(M)*	Fr. West *(M)*	Fr. Ost *(M)*	HE Geschl *(eta²)*	HE WO *(eta²)*	IE. *(eta²)*
Lebensber. PERSON							
Persönlicher Streß	2.12	2.11	2.11	2.24	.003	.005	.007
Körperl. Gesundh.	3.91	4.06	3.72	3.71	.031**	.000	.001
Emotion.Wohlbef.	3.37	3.32	3.23	3.09	.014*	.007	.001
Problemlösefert.	3.23	3.25	3.18	3.19	.000	.001	.000
Ausdr. von Gef.	2.63	2.69	2.83	2.85	.026**	.000	.000
Bevorzugter Grad an Nähe	3.58	3.46	3.69	3.90	.045**	.000	.020 **
Bev. Grad an Flex.	2.35	2.26	2.44	2.32	.003	.004	.000
Selbstwertgefühl	4.01	3.89	3.83	3.77	.007	.006	.001
Personale Kontrolle	3.65	3.57	3.41	3.49	.007	.000	.004
Lebenszufriedenh.	3.80	3.56	3.70	3.57	.000	.016*	.002
Persönliche Zeit	3.71	3.64	3.67	3.50	.004	.003	.002
Freizeiterholung	3.66	3.59	3.71	3.69	.001	.000	.000
Weltanschauung	3.79	3.80	3.86	3.83	.001	.000	.000
Religiöser Glaube	2.31	1.59	2.76	1.84	.013*	.078 **	.003
Soz. Unterstützung	2.77	2.94	2.85	2.97	.002	.009	.000
Körperl. Aktivität	2.03	1.87	2.00	1.88	.000	.013*	.000
Streßübertragung	2.28	2.06	2.35	2.34	.015*	.010	.007
Lebensbereich: ARBEITSLEBEN							
Arbeitsstreß	2.40	2.30	2.24	2.39	.000	.000	.009
Probleml./Arbeit	3.43	3.47	3.50	3.50	.001	.000	.001
Kommunik./ Arbeit	3.44	3.52	3.42	3.47	.001	.003	.000
Kohäsion/ Arbeit	3.77	3.96	3.87	3.74	.001	.001	.008
Flexibilität/ Arbeit	3.36	3.44	3.37	3.39	.000	.001	.001
Arbeitszufriedenh.	3.50	3.46	3.51	3.44	.000	.001	.000

SKALA	Män. West	Män. Ost	Fr. West	Fr. Ost	HE Geschl	HE WO	Int.eff.
Lebensbereich: PARTNERSCHAFT							
Streß/ Partnerschaft	2.14	2.04	2.17	2.03	.000	.004	.000
Probleml./Partn.	3.80	3.94	3.77	3.91	.000	.009	.000
Kommunik./ Partn.	3.89	3.97	3.76	3.75	.007	.000	.000
Kohäsion/ Partn.	3.99	4.07	3.99	4.19	.001	.004	.002
Flexibilität/ Partn.	3.12	3.15	3.05	3.18	.000	.004	.001
Zufriedenh./Partn.	3.88	3.91	3.73	3.92	.002	.005	.002
Lebensbereich: FAMILIE							
Streß/ Familie	2.17	1.95	2.33	2.11	.014	.024*	.000
Probleml./ Familie	3.59	4.00	3.60	3.86	.002	.036 **	.002
Kommunik./ Fam.	3.77	4.07	3.87	4.09	.001	.021*	.001
Kohäsion/ Familie	3.73	4.09	3.83	3.94	.001	.018	.004
Flexibil./ Familie	3.57	3.63	3.59	3.60	.000	.001	.000
Zufriedenh./ Fam.	3.62	3.84	3.61	3.79	.000	.011	.000

(Fortsetzung von Tab. 4.3.3)
Anmerkungen. * $p < .01$; ** $p < .001$

4.4 Körperliche Gesundheit, emotionales Wohlbefinden und Lebenszufriedenheit: Ergebnisse von Korrelations- und Regressionsanalysen

Das folgende Kapitel wendet sich der physischen und psychischen Gesundheit in Form der Skalen *Körperliche Gesundheit, Emotionales Wohlbefinden* und *Lebenszufriedenheit* zu. Um die *dritte Fragestellung* nach den psychologischen Zusammenhängen und der Vorhersage von physischer sowie psychischer Gesundheit zu beantworten, werden im folgenden in Abschnitt 4.4.1 zunächst die Korrelationen aller Skalen der Meßinstrumente *Gesundheit und Streß, 16 PF-R, NEO-FFI* und *Paarklimaskalen* mit diesen drei Skalen der persönlichen "Anpassung" präsentiert, anschließend in Abschnitt 4.4.2 die Ergebnisse multipler Regressionsanalysen zur Vorhersage dieser drei Dimensionen.

4.4.1 Korrelate der körperlichen Gesundheit, des emotionalen Wohlbefindens und der Lebenszufriedenheit

Im folgenden werden die Korrelationen aller *Gesundheit und Streß*-Skalen mit der *Körperlichen Gesundheit*, dem *Emotionalen Wohlbefinden* und der *Lebenszufriedenheit* vorgestellt. Als Signifikanzniveau wurde aufgrund der Vielzahl der durchgeführten Tests $\alpha < .01$ zugrundegelegt. Für den als erstes untersuchten Lebensbereich, *Individuum*, werden in Tabelle 4.4.1 zunächst die sechs Dimensionen dargestellt, für die eine inhaltliche Entsprechung in den drei anderen Lebensbereichen gegeben ist. Im zweiten Abschnitt der Tabelle werden dann die Werte für die Skalen aufgeführt, die nur innerhalb des Lebensbereiches *Individuum* weitere wichtige Aspekte erfassen.

Tab. 4.4.1: Korrelationen zwischen den Skalen des Lebensbereichs *Individuum* und den Skalen *Körperliche Gesundheit*, *Emotionales Wohlbefinden* und *Lebenszufriedenheit* (N = 618).

"Gesundheit und Streß"-Skala (Lebensbereich *"Individuum"*)	Körperliche Gesundheit	Emotionales Wohlbefinden	Lebenszufriedenheit
Persönlicher Streß	-.46**	-.52**	-.40**
Problemlösefertigkeiten	.11*	.20**	.25**
Ausdrücken von Gefühlen	.00	.07	.18**
Bevorzugter Grad an Nähe	.13*	.20**	.26**
Bevorz. Grad an Flexibilität	.03	-.06	-.13*
Lebenszufriedenheit	.39**	.64**	(1.00)
Personale Kontrolle	.43**	.53**	.58**
Selbstwertgefühl	.40**	.60**	.76**
Freizeiterholung	.23**	.42**	.36**
Persönliche Zeit	.25**	.48**	.50**
Weltanschauung (Lebenssinn)	.18**	.40**	.59**
Religiöser Glaube	-.10	-.04	.09
Soziale Unterstützung	.15**	.20**	.32**
Streßübertragung	-.32**	-.42**	-.23**

Anmerkungen. * $p < .01$; ** $p < .001$

Die Skala *Persönlicher Streß* weist sowohl zur *Körperlichen Gesundheit*, zum *Emotionalen Wohlbefinden* als auch zur *Lebenszufriedenheit* deutliche Zusammenhänge in der Größenordnung von r = -.40 bis r = -.52 auf. Diese Höhe der Korrelationen wird von keiner derjenigen "Ressourcen" des Lebensbereichs *Individuum* erreicht, die im *MASH*-Modell für alle vier Lebensbereiche integriert wurden (*Problemlösefertigkeiten, Ausdrücken von Gefühlen, Bevorzugter Grad an Nähe* und *Bevorzugter Grad an Flexibilität*). Die Skalen *Ausdrücken von Gefühlen* und *Bevorzugter Grad an Flexibilität* korrelieren lediglich mit der *Lebenszufriedenheit* signifikant. Dabei ist der Korrelationskoeffizient des *Bevorzugten Grades an Flexibilität* bemerkenswerterweise negativ (r = -.13).

Mit Korrelationskoeffizienten zwischen r = .40 und r = .76 fallen die Zusammenhänge zwischen sowohl der *Personalen Kontrolle* als auch des *Selbstwertgefühls* mit den drei Skalen der "Anpassung" vergleichsweise hoch aus. Die Skalen *Freizeiterholung*, *Persönliche Zeit* und *Weltanschauung* korrelieren durchwegs signifikant mit den drei "Anpassungs"-Skalen, dabei mit der *Lebenszufriedenheit* und dem *Emotionalen Wohlbefinden* höher als mit der *Körperlichen Gesundheit.*

Im Gegensatz dazu korreliert die Skala *Religiöser Glaube* nur gering mit den drei Gesundheitsskalen, wobei der Zusammenhang zur *Lebenszufriedenheit* schwach positiv (r = .09), derjenige zur *Körperlichen Gesundheit* hingegen schwach negativ ist (r = -.10).

Der Grad an *Sozialer Unterstützung*, den man im Fall von Problemen zur Verfügung zu haben glaubt, hängt sowohl mit der *Lebenszufriedenheit* positiv zusammen (r = .32), als auch mit dem *Emotionalen Wohlbefinden* (r = .20) und der *Körperlichen Gesundheit* (r = .15).

Die Tendenz zur *Streßübertragung* hängt negativ mit diesen drei Gesundheitsmaßen zusammen, im Falle des *Emotionalen Wohlbefindens* mit r= -.42 deutlich negativ.

In Tabelle 4.4.2 sind die entsprechenden Korrelationen der Skalen des Bereichs *Arbeitsleben* aufgeführt. Es zeigen sich mit nur einer Ausnahme signifikante Korrelationen mit der *Körperlichen Gesundheit*, dem *Emotionalen Wohlbefinden* und der *Lebenszufriedenheit*, die in der Größenordnung zwischen r = .20 und r = .35 liegen. Die Ausnahme wird durch die Korrelation von r = .07 zwischen den *Problemlösefertigkeiten bei der Arbeit* und der *Körperlichen Gesundheit* dargestellt. Innerhalb der Skalen dieses Lebensbereiches weist die Skala *Arbeitsstreß* die höchsten Korrelationen mit den Skalen *Körperliche Gesundheit* und *Emotionales Wohlbefinden* auf. Mit der *Lebenszufriedenheit* hängt hingegen die *Arbeitszufriedenheit* am stärksten zusammen (r = .31).

Tab. 4.4.2: Korrelationen zwischen den Skalen des Lebensbereichs *Arbeitsleben* und den Skalen *Körperliche Gesundheit*, *Emotionales Wohlbefinden* und *Lebenszufriedenheit* (n = 420).

	Körperliche Gesundheit	Emotionales Wohlbef.	Lebenszu-friedenheit
Streß/ Arbeit	-.33**	-.35**	-.25**
Problemlösefertigkeiten/ Arbeit	.07	.24**	.24**
Kommunikation/ Arbeit	.24**	.27**	.27**
Kohäsion/ Arbeit	.29**	.30**	.25**
Flexibilität/ Arbeit	.21**	.24**	.18**
Zufriedenheit/ Arbeit	.20**	.29**	.31**

Anmerkungen. * $p < .01$; ** $p < .001$

Als nächstes werden in Tabelle 4.4.3 die entsprechenden korrelativen Zusammenhänge für den Lebensbereich *Partnerschaft* dargestellt.

Tab. 4.4.3: Korrelationen zwischen den Skalen des Lebensbereichs *Partnerschaft* und den Skalen *Körperliche Gesundheit*, *Emotionales Wohlbefinden* und *Lebenszufriedenheit* (n = 488).

	Körperliche Gesundheit	Emotionales Wohlbef.	Lebenszu-friedenheit
Streß/ Partnerschaft	-.28**	-.43**	-.48**
Problemlösefertigkeiten/ Partnerschaft	.17**	.30**	.32**
Kommunikation/ Partnerschaft	.28**	.40**	.47**
Kohäsion/ Partnerschaft	.08	.22**	.34**
Flexibilität/ Partnerschaft	.05	.18**	.28**
Zufriedenheit/ Partnerschaft	.19**	.34**	.45**

Anmerkungen. * $p < .01$; ** $p < .001$

Nach den Daten aus Tabelle 4.4.3 zeigen alle Skalen des Lebensbereiches *Partnerschaft* signifikante Korrelationen mit dem *Emotionalen Wohlbefinden* und der *Lebenszufriedenheit.* Die beiden "Circumplex"-Dimensionen *Kohäsion* und

Flexibilität in der Partnerschaft weisen keine signifikanten Zusammenhänge mit der *Körperlichen Gesundheit* auf.

In Tabelle 4.4.4 werden die korrelativen Zusammenhänge, die sich für den Lebensbereich *Familie* ergeben, aufgeführt. Hierbei zeigen sich wiederum überwiegend auf dem 1-Promille-Niveau signifikante Korrelationen mit den Skalen der physischen und psychischen Gesundheit. Bei einem Vergleich der Höhe der Skalenzusammenhänge mit der *Körperlichen Gesundheit* sticht die Skala *Familienstreß* mit $r = -.43$ hervor. Keinen signifikanten Zusammenhang zur *Körperlichen Gesundheit* zeigen - wie im Bereich Partnerschaft - die Dimensionen *Kohäsion* und *Flexibilität*. Unter den Korrelationen mit dem *Emotionalen Wohlbefinden* liefern die beiden Skalen *Familienstreß* und *Familienzufriedenheit* mit $r = -.42$ bzw. $r = .45$ besonders hohe Werte. Die korrelativen Zusammenhänge mit der *Lebenszufriedenheit* fallen für die Skalen *Familienzufriedenheit* und *Familienflexibilität* mit $r = .45$ bzw. $r = .39$ am höchsten aus. Insgesamt sind die Korrelationen der Familiendimensionen mit der *Lebenszufriedenheit* ähnlich hoch wie diejenigen mit dem *Emotionalen Wohlbefinden*.

Tab. 4.4.4: Korrelationen zwischen den Skalen des Lebensbereichs *Familie* und den Skalen *Körperliche Gesundheit, Emotionales Wohlbefinden* und *Lebenszufriedenheit* ($n = 294$).

	Körperliche Gesundheit	Emotionales Wohlbef.	Lebenszufriedenheit
Streß/ Familie	-.43**	-.42**	-.34**
Problemlösefertigkeiten/ Familie	.22**	.31**	.24**
Kommunikation/ Familie	.19**	.32**	.35**
Kohäsion/ Familie	.11	.21**	.31**
Flexibilität/ Familie	.13	.30**	.39**
Zufriedenheit/ Familie	.27**	.45**	.45**

Anmerkungen. * $p < .01$; ** $p < .001$

Die Zusammenhänge zwischen der *Persönlichkeit* und psychischer bzw. physischer Gesundheit werden - über die oben beschriebenen Korrelationen der im *Gesundheit und Streß*-Fragebogen enthaltenen Persönlichkeitsdimensionen hinausgehend - im folgenden auch anhand der *16 PF-R*-Dimensionen (siehe Tab. 4.4.5) sowie die *NEO-FFI*-Skalen (siehe Tab. 4.4.5) beschrieben.

Die in Tabelle 4.4.5 dargestellten Korrelationskoeffizienten zwischen den *16 PF-R*-Dimensionen und den Maßen der Gesundheit liefern viele signifikante, und auch einige sehr deutliche Zusammenhänge:

Tab. 4.4.5: Korrelationen zwischen den *16 PF-R*-Skalen und der *Körperlichen Gesundheit*, dem *Emotionalen Wohlbefinden* und der *Lebenszufriedenheit* ($N = 618$).

16 PF-R-Skala	Körperl. Gesundheit	Emotion. Wohlbef.	Lebenszu-friedenheit
Wärme (A)	-.09	-.09	.03
Logisches Schlußfolgern (B)	.26**	.20**	.13**
Emotionale Stabilität (C)	.40**	.64**	.61**
Dominanz (E)	.11*	.15**	.16**
Lebhaftigkeit (F)	.08	.13*	.19**
Regelbewußtsein (G)	-.04	-.03	.01
Soziale Kompetenz (H)	.16**	.24**	.32**
Empfindsamkeit (I)	-.17**	-.18**	-.10
Wachsamkeit (L)	-.25**	-.24**	-.23**
Abgehobenheit (M)	-.18**	-.26**	-.26**
Privatheit (N)	-.04	-.04	-.11*
Besorgtheit (O)	-.33**	-.51**	-.33**
Offenheit für Veränderung (Q1)	.07	.02	.03
Selbstgenügsamkeit (Q2)	-.09	-.10	-.13**
Perfektionismus (Q3)	-.07	-.04	-.01
Anspannung (Q4)	-.27**	-.49**	-.26**

Anmerkungen. * $p < .01$; ** $p < .001$

Der stärkste Zusammenhang einer innerhalb des *16 PF-R*-Tests enthaltenen Persönlichkeitsdimension mit den drei Skalen der persönlichen *"Anpassung"* läßt sich - mit Koeffizienten zwischen $r = .40$ bis $r = .64$ für die *Emotionale Stabilität* ermitteln. Aber auch die Persönlichkeitsfaktoren *Besorgtheit* und *Anspannung* zeigen insbesondere mit dem *Emotionalen Wohlbefinden* beachtenswerte negative Zusammenhänge. Signifikante positive Zusammenhänge zu den drei Skalen der Gesundheit ergeben sich weiterhin für die Persönlichkeitsfaktoren *Logisches Schlußfolgern*, *Dominanz* und *Soziale Kompetenz*.

Demgegenüber sind signifikant negative Zusammenhänge für die Persönlichkeitsfaktoren *Empfindsamkeit, Wachsamkeit, Abgehobenheit* und *Selbstgenügsamkeit* festzustellen. Darüber hinaus korreliert *Privatheit* negativ mit *Lebenszufriedenheit*. Hingegen hängt *Lebhaftigkeit* positiv mit dem *Emotionalen Wohlbefinden* und der *Lebenszufriedenheit* zusammen.

Die Koeffizienten der Faktoren *Wärme*, *Regelbewußtsein*, *Offenheit für Veränderung* und *Perfektionismus* erreichen nicht die Signifikanzgrenze.

Unter den in Tabelle 4.4.6 dargestellten *NEO-FFI*-Skalen ragt die Skala *Neurotizismus* mit sehr hohen negativen Korrelationskoeffizienten mit dem *Emotionalen Wohlbefinden* (r = -.59), der *Lebenszufriedenheit* (r = -.53), aber auch der *Körperlichen Gesundheit* (r = -.45) heraus. Signifikante positive Korrelationen mit dem *Emotionalen Wohlbefinden* und der *Lebenszufriedenheit* finden sich bei den Skalen *Extraversion*, *Verträglichkeit* und *Gewissenhaftigkeit*. Mit der *Körperlichen Gesundheit* hängen insgesamt nur die *NEO-FFI*-Dimensionen *Neurotizismus* und *Extraversion* signifikant zusammen.

Tab. 4.4.6: Korrelationen zwischen den *NEO-FFI*-Skalen und der *Körperlichen Gesundheit*, dem *Emotionalen Wohlbefinden* und der *Lebenszufriedenheit* (N = 618).

NEO-FFI-Skala	Körperliche Gesundheit	Emotionales Wohlbefinden	Lebenszufriedenheit
Neurotizismus	-.45**	-.59**	-.53**
Extraversion	.16**	.25**	.35**
Offenheit	.01	.06	.05
Verträglichkeit	.09	.17**	.18**
Gewissenhaftigkeit	.09	.17**	.25**

Anmerkungen. * $p < .01$; ** $p < .001$

Insgesamt übertreffen die Korrelationen der Persönlichkeitsdimensionen - sowohl des *NEO-FFI* als auch des *16 PF-R*-Tests - mit den Maßen der *psychischen* Gesundheit *(Emotionales Wohlbefinden, Lebenszufriedenheit)* diejenigen mit der *körperlichen* Gesundheit.

Die erweiterte Betrachtung der psychologischen Zusammenhänge zwischen der *Partnerschaft* und der psychischen und physischen Gesundheit soll im folgenden über die entsprechenden Ergebnisse zu den *Paarklimaskalen* stattfinden (siehe Tab. 4.4.7). Die Dimensionen *Zusammenhalt*, *Offenheit* und *Aktive Freizeitge-*

staltung hängen signifikant positiv mit der *Körperlichen Gesundheit* zusammen, die Dimension *Konfliktneigung* negativ. Für die psychische Gesundheit in Form von *Emotionalem Wohlbefinden* und *Lebenszufriedenheit* gelten dieselben Zusammenhänge zum *"Paarklima"*, wobei darüber hinaus die Dimension *Organisation* signifikant positiv und die Dimension *Kontrolle* signifikant negativ mit diesen Maßen korreliert. Zudem gehen *Selbständigkeit* und *Kulturelle Orientierung* mit höherer *Lebenszufriedenheit* einher.

Insgesamt sind wiederum die Zusammenhänge zwischen dem *"Paarklima"* und den Skalen der psychischen Gesundheit *(Emotionales Wohlbefinden, Lebenszufriedenheit)* höher ausgeprägt als diejenigen mit der *Körperlichen Gesundheit*.

Tab. 4.4.7: Korrelationen zwischen den *Paarklimaskalen* und der *Körperlichen Gesundheit*, dem *Emotionalen Wohlbefinden* und der *Lebenszufriedenheit* (n = 487).

PAARKLIMASKALA	Körperliche Gesundheit	Emotionales Wohlbefinden	Lebenszufriedenheit
Zusammenhalt	.12*	.28**	.41**
Offenheit	.24**	.26**	.36**
Konfliktneigung	-.21**	-.45**	-.48**
Selbständigkeit	.02	.10	.13*
Leistungsorientierung	-.03	-.08	.01
Kulturelle Orientierung	-.05	.07	.12*
Aktive Freizeitgestaltung	.19**	.22**	.30**
Organisation	.09	.16**	.20**
Kontrolle	-.05	-.12*	-.15*

Anmerkungen. * $p < .01$; ** $p < .001$

4.4.2 Prädiktion von körperlicher Gesundheit, emotionalem Wohlbefinden und Lebenszufriedenheit

Im folgenden Kapitel wird der Frage nachgegangen, welche der vielen in die Untersuchung miteinbezogenen "Streß"- und "Ressourcen"-Skalen (a) *Lebenszufriedenheit*, (b) *Emotionales Wohlbefinden* und (c) *Körperliche Gesundheit* am besten vorhersagen können. Zu diesem Zwecke wurden - getrennt für diese drei unabhängigen Variablen - multiple Regressionsanalysen durchgeführt. Dabei wurden bei den im folgenden als erstes beschriebenen Analysen nur die "Streß"-

und "Ressourcen"-Skalen des Lebensbereichs *Individuum* als Prädiktoren eingesetzt, bei den als zweites dargestellten Regressionsanalysen hingegen die "Streß"- und "Ressourcen"-Skalen aus allen vier Lebensbereichen. Um die Bedeutung der einzelnen Prädiktoren abschätzen zu können, wurden schrittweise multiple Regressionsanalysen auf dem Signifikanzniveau von $\alpha < .05$ durchgeführt.

Für die nun als erstes betrachtete Vorhersage von *Lebenszufriedenheit* mit den Prädiktoren der "Streß"- und "Ressourcen"-Skalen des Lebensbereichs *Individuum* ergaben sich die in Tabelle 4.4.8 dargestellen Ergebnisse.

Tab. 4.4.8: Multiple Regression von persönlichen Stressoren und Ressourcen auf *Lebenszufriedenheit.*

Schritt	Prädiktoren	*Beta*	Mult.*R*	R^2 (adj.)	R^2 (Veränd)
1.	Selbstwertgefühl	.74	.74	.54	.54
2.	Weltanschauung	.59	.77	.60	.06
3.	Persönlicher Streß	-.19	.77	.63	.03
4.	Personale Kontrolle	.15	.80	.64	.01
5.	Unterst. durch andere	.10	.81	.65	.01
6.	Persönliche Zeit	.09	.81	.66	.01
7.	Ausdrücken von Gefühlen	.07	.82	.66	.00

Anmerkungen. R^2 (adj.): adjustierter Wert von R^2 (Anteil erklärter Varianz)
R^2 (Veränd.): Veränderung des Anteils aufgeklärter Varianz durch den in diesem Schritt hinzukommenden Prädiktor.

Die schrittweise ausgewählten Prädiktorvariablen werden nach den Ergebnissen aus Tabelle 4.4.8 von der Skala *Selbstwertgefühl* angeführt, die bereits 54 % der Varianz in *Lebenszufriedenheit* vorhersagt. An zweiter Stelle gelangt die Skala *Weltanschauung* in die Regressionsgleichung, gefolgt von den Skalen *Persönlicher Streß* (mit negativem Beta-Gewicht), *Personale Kontrolle*, *Unterstützung durch andere*, *Persönliche Zeit* und *Ausdrücken von Gefühlen*. Diese sieben Prädiktoren ergeben ein *Multiples R* von .82 und klären somit 66 % der Varianz in *Lebenszufriedenheit* auf.

Die als zweites durchgeführten schrittweisen multiplen Regressionen von *Emotionalem Wohlbefinden* gelangten zu den in Tabelle 4.4.9 aufgeführten Ergebnissen. Auch hier wurde die Skala *Selbstwertgefühl* im ersten Schritt ausgewählt. Der dabei aufgeklärte Varianzanteil von $R^2 = .33$ steigert sich durch das Hinzukommen der folgenden Skalen auf einen Wert von $R^2 = .54$: *Persönlicher*

Streß (mit negativem Beta-Gewicht), *Persönliche Zeit*, *Streßübertragung* (mit negativem Beta-Gewicht), *Personale Kontrolle*, *Bevorzugter Grad an Flexibilität*, *Persönliche Problemlösefertigkeiten* und *Freizeiterholung*.

Tab. 4.4.9: Multiple Regression von persönlichen Stressoren und Ressourcen auf *Emotionales Wohlbefinden*.

Schritt	Prädiktoren	*Beta*	Mult.*R*	R^2 (adj.)	R^2 (Veränd.)
1.	Selbstwertgefühl	.58	.58	.33	.33
2.	Persönlicher Streß	-.38	.68	.46	.13
3.	Persönliche Zeit	.22	.71	.50	.04
4.	Streßübertragung	-.15	.72	.52	.02
5.	Personale Kontrolle	.14	.73	.53	.01
6.	Bevorz. Grad an Flexibil.	.09	.73	.53	.00
7.	Persönl. Problemlösefertigk.	.09	.74	.54	.01
8.	Freizeiterholung	.10	.74	.54	.00

Anmerkungen. R^2 (adj.): adjustierter Wert von R^2 (Anteil erklärter Varianz)
R^2 (Veränd.): Veränderung des Anteils aufgeklärter Varianz durch den in diesem Schritt hinzukommenden Prädiktor.

Bei der Vorhersage von *Körperlicher Gesundheit* konnten - wie aus Tabelle 4.4.10 hervorgeht - nur zwei Skalen einen signifikanten Beitrag leisten: Erstens die Skala *Persönlicher Streß* (mit negativem Beta-Gewicht), die 27 % der Varianz aufklärt, und zweitens die Skala *Personale Kontrolle*, durch deren Hinzukommen sich der Prozentsatz aufgeklärter Varianz auf den Wert von 33 % steigert.

Tab. 4.4.10: Multiple Regression von persönlichen Stressoren und Ressourcen auf *Körperliche Gesundheit*.

Schritt	Prädiktoren	*Beta*	Mult. *R*	R^2 (adj.)	R^2 (Veränd.)
1.	Persönlicher Streß	-.52	.52	.27	.27
2.	Personale Kontrolle	.27	.58	.33	.06

Anmerkungen. Legende analog zu Tab. 4.4.9.

Bei den folgenden multiplen Regressionsanalysen wurden zusätzlich zu den "Streß"- und "Ressourcen"-Skalen des Lebensbereichs *Individuum* auch diejenigen der Lebensbereiche *Arbeitsleben*, *Partnerschaft* und *Familie* als Prädiktorvariablen miteinbezogen.

Tabelle 4.4.11 zeigt die Resultate der multiplen Regression von *Lebenszufriedenheit*. Unter den vielen Prädiktoren wurde an erster Stelle die Skala *Weltanschauung* ausgewählt, die mit einem *Multiplen R* von .68 etwa 45 % der Varianz von *Lebenszufriedenheit* vorhersagen kann. Im nächsten Schritt ging mit negativem Beta-Gewicht die Skala *Streß in der Partnerschaft* in die Regressionsgleichung ein, wodurch weitere 11 % der Varianz aufgeklärt werden konnten. Es folgten die Skalen *Personale Kontrolle*, *Flexibilität in der Familie*, *Persönlicher Streß* (mit negativem Beta-Gewicht), *Streßübertragung*, *Freizeiterholung* und *Persönliche Problemlösefertigkeiten*.

Tab. 4.4.11: Multiple Regression von persönlichen, arbeitsbezogenen, partnerschaftlichen und familiären Stressoren und Ressourcen auf *Lebenszufriedenheit*.

Schritt	Prädiktoren	*Beta*	Mult. *R*	R^2 (adj.)	R^2 (Veränd.)
1.	Weltanschauung	.68	.68	.45	.45
2.	Streß in der Partnerschaft	-.36	.76	.56	.11
3.	Personale Kontrolle	.27	.79	.62	.06
4.	Flexibilität in der Familie	.17	.81	.64	.02
5.	Persönlicher Streß	-.15	.82	.66	.02
6.	Streßübertragung	.14	.83	.67	.01
7.	Freizeiterholung	.12	.83	.68	.01
8.	Persönl. Problemlösef.	.11	.84	.68	.00

Anmerkungen. R^2 (adj.): adjustierter Wert von R^2 (Anteil erklärter Varianz)
R^2 (Veränd.): Veränderung des Anteils aufgeklärter Varianz durch den in diesem Schritt hinzukommenden Prädiktor.

Tabelle 4.4.12 zeigt die Ergebnisse der stufenweisen multiplen Regressionsanalysen von *Emotionalem Wohlbefinden*. Dabei konnten sieben Skalen auf dem 5 %-Niveau signifikante Vorhersagebeiträge leisten: *Personale Kontrolle*, *Persönlicher Streß* (mit negativem Beta-Gewicht), *Freizeiterholung*, *Problemlösefertigkeiten bei der Arbeit*, *Streßübertragung* (mit negativem Beta-Gewicht), *Persönliche Problemlösefertigkeiten* und *Kommunikation in der Familie*. Der insgesamt aufgeklärte Varianzanteil beträgt 55 %.

Tab. 4.4.12: Multiple Regression von persönlichen, arbeitsbezogenen, partnerschaftlichen und familiären Stressoren und Ressourcen auf *Emotionales Wohlbefinden.*

Schritt	Prädiktoren	*Beta*	Mult. *R*	R^2 (adj.)	R^2 (Veränd.)
1.	Personale Kontrolle	.57	.57	.32	.32
2.	Persönlicher Streß	-.35	.66	.43	.11
3.	Freizeiterholung	.23	.69	.47	.04
4.	Problemlösefert./ Arbeit	.18	.71	.50	.03
5.	Streßübertragung	-.17	.73	.51	.01
6.	Persönl. Problemlösef.	.15	.74	.53	.02
7.	Kommunikation/ Familie	.14	.75	.55	.02

Anmerkungen. R^2 (adj.): adjustierter Wert von R^2 (Anteil erklärter Varianz)
R^2 (Veränd.): Veränderung des Anteils aufgeklärter Varianz durch den in diesem Schritt hinzukommenden Prädiktor.

Bei der in Tabelle 4.4.13 dargestellten schrittweisen multiplen Regression von *Körperlicher Gesundheit* wurden fünf Skalen in der folgenden Reihenfolge ausgewählt: *Persönlicher Streß* (mit negativem Beta-Gewicht), *Personale Kontrolle*, *Kohäsion bei der Arbeit*, *Unterstützung durch andere* (mit negativem Beta-Gewicht) und *Streß in der Familie* (mit negativem Beta-Gewicht). Der aufgeklärte Varianzanteil liegt bei $R^2 = .43$.

Tab. 4.4.13: Multiple Regression von persönlichen, arbeitsbezogenen, partnerschaftlichen und familiären Stressoren und Ressourcen auf *Körperliche Gesundheit.*

Schritt	Prädiktoren	*Beta*	Mult. *R*	R^2 (adj.)	R^2 (Veränd.)
1.	Persönlicher Streß	-.54	.54	.29	.29
2.	Personale Kontrolle	.30	.61	.36	.07
3.	Kohäsion bei der Arbeit	.17	.63	.39	.03
4.	Unterstützung durch andere	-.19	.66	.41	.02
5.	Streß in der Familie	-.16	.67	.43	.02

Anmerkungen. Legende analog zu Tab. 4.4.12.

4.5 Streß- und gesundheitsbezogene Gruppenprofile

Innerhalb des folgenden Kapitels werden Gruppenprofile beschrieben, deren Muster Aufschlüsse über streß- und gesundheitsrelevante psychologische Zusammenhänge geben sollen. Zunächst werden in Abschnitt 4.5.1 Subgruppen mit unterschiedlich stark ausgeprägten Tendenzen zur lebensbereichübergreifenden *Streßübertragung* miteinander verglichen. In Abschnitt 4.5.2 werden dann die Profile der *10 % Gesündesten* skizziert, um die Frage nach den Kennzeichen besonders gesunder Menschen zu beantworten. Der letzte Abschnitt, 4.5.3, wendet sich dann Vergleichen von Subgruppen zu, bei denen unterschiedliche Kombinationen von *Streß*- und *Ressourcen*-Ausprägungen vorliegen.

4.5.1 Profile der lebensbereichübergreifenden Streßübertragung

Da das *MASH*-Modell mehrere Lebensbereiche berücksichtigt, fordert es ganz allgemein dazu heraus, die psychologischen Zusammenhänge zwischen diesen berücksichtigten Systemebenen zu untersuchen (vgl. Kap. 2.6). Dabei sind vor dem Hintergrund der "Spillover"-Hypothesen Übertragungsphänomene von einem System auf ein anderes von Interesse (vgl. Kap. 2.5). Im folgenden wird das Phänomen der Streßübertragung anhand der Daten der eigenen Einschätzung des Ausmaßes an "Spillover" (Skala *Streßübertragung*) betrachtet.

Die Daten dieser 20-Item-Skala *Streßübertragung* dienten zu der folgendermaßen durchgeführten Untersuchung von Subgruppen: Die Werte in dieser Skala wurden trichotomisiert, und die Personen des Drittels der Probanden mit den höchsten Werten und des Drittels mit den niedrigsten Werten wurden einander gegenübergestellt.[3] Univariate Varianzanalysen mit Berechnung der jeweiligen Effektstärken eta^2 ergaben die in Tabelle 4.5.1 dargestellten Ergebnisse zu den einzelnen Skalen des Fragebogens *Gesundheit und Streß*. Die Variablen Alter und Bildung wurden als Kovariate miteinbezogen und somit kontrolliert.

In der Skala *Persönlicher Streß* zeigen sich markante Mittelwertsunterschiede zwischen den Subgruppen (m = 1.93 versus m = 3.38). Dabei beträgt der durch die Gruppenzugehörigkeit zu den Gruppen *hohe* versus *niedrige Streßübertrager* aufgeklärte Varianzanteil 15,6 % der Gesamtvarianz der Skala.

---

[3]Insgesamt wurden nur diejenigen Versuchspersonen berücksichtigt, die die Streßübertragung zwischen jeweils mindestens drei Lebensbereichen eingeschätzt haben und somit mindestens in 16 der 20 Items gültige Werte aufweisen.

Tab. 4.5.1: Skalenmittelwerte der Gruppen "Niedrige Streßübertrager" (n = 132) und "Hohe Streßübertrager" (n = 144), Effektstärken eta^2 und Wahrscheinlichkeit p.

Nr.	SKALA	Niedr. Streßüb.	Hohe Streßüb.	eta^2	p
	Lebensbereich: PERSON	*m*	*m*		
01	Persönlicher Streß	1.93	3.38	.156	**
02	Körperliche Gesundheit	4.08	3.68	.075	**
03	Emotionales Wohlbefinden	3.56	3.02	.127	**
04	Problemlösefertigkeiten	3.22	3.23	.005	n.s.
05	Ausdrücken von Gefühlen	2.71	2.91	.013	n.s.
06	Bevorzugter Grad an Nähe	3.70	3.70	.003	n.s.
07	Bevorzugter Grad an Flexibilität	2.34	2.48	.005	n.s.
08	Selbstwertgefühl	4.16	3.76	.049	**
09	Personale Kontrolle	3.78	3.38	.057	**
10	Lebenszufriedenheit	3.95	3.60	.044	**
11	Persönliche Zeit	3.88	3.45	.038	**
12	Freizeiterholung	3.90	3.39	.062	**
13	Weltanschauung	3.99	3.67	.029	*
14	Religiöser Glaube	2.18	2.51	.011	n.s.
15	Unterstützung durch andere	2.95	2.93	.000	n.s.
16	Körperliche Aktivität	2.03	1.95	.003	n.s.
17	Streßübertragung	1.62	2.96	.818	**
	Lebensbereich: ARBEITSLEBEN				
18	Arbeitsstreß	1.98	2.55	.152	**
19	Problemlösefertigkeiten/ Arbeit	3.59	3.39	.014	n.s.
20	Kommunikation/ Arbeit	3.72	3.29	.061	**
21	Kohäsion/ Arbeit	4.07	3.65	.052	**
22	Flexibilität/ Arbeit	3.59	3.25	.027	*
23	Arbeitszufriedenheit	3.66	3.39	.036	*

Nr.	SKALA	Niedr. Streßüb. *m*	Hohe Streßüb. *m*	eta^2	*p*
	Lebensbereich: PARTNERSCHAFT				
24	Streß/ Partnerschaft	1.88	2.31	.089	**
25	Problemlösef./ Partnerschaft	4.11	3.58	.117	**
26	Kommunikation/ Partnerschaft	4.12	3.61	.078	**
27	Kohäsion/ Partnerschaft	4.17	3.97	.019	n.s.
28	Flexibilität/ Partnerschaft	3.16	3.05	.005	n.s.
29	Zufriedenheit/ Partnerschaft	4.02	3.70	.040	**
	Lebensbereich: FAMILIE				
30	Streß/ Familie	1.95	2.52	.169	**
31	Problemlösefertigkeiten/ Familie	3.92	3.47	.054	*
32	Kommunikation/ Familie	4.15	3.77	.041	*
33	Kohäsion/ Familie	3.96	3.76	.014	n.s.
34	Flexibilität/ Familie	3.70	3.58	.006	n.s.
35	Zufriedenheit/ Familie	3.91	3.49	.053	*

(Fortsetzung von Tab. 4.5.1)
Anmerkungen. ** $p < .001$; * $p < .01$

Im Hinblick auf die Skalen der individuellen *"Anpassung"* haben diejenigen, die weniger Streß von einem Lebensbereich auf einen anderen übertragen, signifikant höhere Werte in der *Körperlichen Gesundheit*, im *Emotionalen Wohlbefinden* und in der *Lebenszufriedenheit*.

Unter den *"Ressourcen"* des Lebensbereichs *Individuum* liefert der Vergleich in den folgenden Skalen signifikante Werte: Diejenigen, die eher wenig Streß übertragen, haben ein höheres *Selbstwertgefühl*, höhere Werte in *Personaler Kontrolle*, eine positivere Gestaltung der *Persönlichen Zeit*, bessere *Freizeiterholung* und eine *Weltanschauung* mit mehr erlebtem Lebenssinn.

Innerhalb des Lebensbereiches *Arbeitsleben* erleben die Personen der Gruppe "Niedrige Streßübertragung" signifikant weniger *Streß*, signifikant positivere *Kommunikation*, mehr *Kohäsion* und *Flexibilität* sowie höhere *Arbeitszufrieden-*

heit. Dabei ist der mit Abstand höchste Anteil erklärter Varianz in der Skala *Arbeitsstreß* anzutreffen: 15,2 % der Varianz dieser Skala wird durch die Zugehörigkeit zu den Gruppen "hohe versus niedrige Streßübertragung" aufgeklärt.

Ihre *Partnerschaften* beschreiben die Personen mit geringer Tendenz zur Streßübertragung gegenüber der Vergleichsgruppe mit signifikant weniger *Partnerschaftsstreß*, signifikant besseren dyadischen *Problemlösefertigkeiten*, positiverer *Kommunikation* und höherer *Zufriedenheit.*

In ihren *Familien* erfahren die, die eher wenig Streß von einer Systemebene auf eine andere übertragen, signifikant weniger *Familienstreß*, effektivere *Problemlösefertigkeiten* und *Kommunikation* sowie höhere *Zufriedenheit* mit ihren Familien. Die Familien der beiden Gruppen unterscheiden sich - ebenso wie ihre Partnerschaften - nicht signifikant in ihren Niveaus an *Kohäsion* und *Flexibilität.*

Insgesamt betrachtet zeigen sich in den vier *"Streß"*-Skalen markante Mittelwertsunterschiede zwischen den beiden *Streßübertragungs*-Gruppen, die jeweils mindestens eine Standardabweichung betragen und zwischen 8,9 % und 16,9 % der Gesamtvarianz der jeweiligen Skala aufklären. Aber auch für eine Vielzahl der *"Ressourcen"* und für alle sechs Skalen der Komponente *"Anpassung"* wurden signifikante Unterschiede zwischen den Subgruppen gefunden. In den Lebensbereichen *Arbeitsleben*, *Partnerschaft* und *Familie* unterscheiden sich die Subgruppen durchgängig in der *Kommunikation.* Die "Circumplex"-Dimensionen *Kohäsion* und *Flexibilität* differenzieren zwar im Bereich des *Arbeitslebens*, jedoch nicht auf den Systemebenen *Partnerschaft* und *Familie* zwischen den beiden Gruppen. Hinsichtlich der Unterschiede in den Skalen der Komponente *"Anpassung"* ist insbesondere der Unterschied im *Emotionalen Wohlbefinden* mit einer Varianzaufklärung von 12,7 % markant. Aber auch die *Körperliche Gesundheit* stellt sich bei denjenigen, die eher wenig Streß übertragen, insgesamt deutlich positiver dar.

Alles in allem betrachtet ragen - abgesehen von den deutlichen Unterschieden in der individuellen *"Anpassung"*, insbesondere im *Emotionalen Wohlbefinden* - die unterschiedlichen *Streß*-Niveaus in den beiden Gruppen der "niedrigen" versus "hohen Streßübertrager" heraus, dabei besonders in den Lebensbereichen *Person*, *Arbeitsleben* und *Familie.* Diese Resultate legen den Schluß nahe, daß das Ausmaß an *Streßübertragung* mit der *Höhe* des erlebten *Stresses* in allen vier Lebensbereichen deutlich verknüpft ist. Um nach dieser Kontrastierung der Gruppenmittelwerte einen weiteren Anhaltspunkt über die Zusammenhänge zwischen der lebensbereichübergreifenden *Streßübertragung* und dem Ausmaß an *Streß* in den vier Lebensbereichen zu erhalten, wurden die entsprechenden Skalenkorrelationen berechnet. Wie aus Tabelle 4.5.2 hervorgeht, zeigen sich erwartungsgemäß für alle vier Lebensbereiche deutliche korrelative Zusammenhänge zwischen der *Streßübertragung* und den vier *Streß*-Skalen.

In einem weiteren Schritt wurden - getrennt für die oben bereits beschriebenen Gruppen mit "niedrigen" versus "hohen Werten" in der Skala *Streßübertragung* -

die korrelativen Zusammenhänge zwischen den *"Streß"*-Skalen der vier Lebensbereiche bestimmt. Die entsprechenden, hier nicht dargestellten Ergebnisse können so zusammengefaßt werden, daß sich die Hypothese höherer Korrelationskoeffizienten bei der Gruppe mit hoher Tendenz zur Streßübertragung insgesamt nicht bestätigt hat.

Tab. 4.5.2: Interkorrelationen zwischen der Skala *"Streßübertragung"* und den *"Streß"*-Skalen der Lebensbereiche *Person*, *Arbeitsleben*, *Partnerschaft* und *Familie*.

	Persönl. Streß	Arbeits-Streß	Partnerschafts-Streß	Familien-streß
Streßübertragung	.46** (n = 440)	.40** (n = 372)	.32** (n = 399)	.43** (n = 242)

Anmerkungen. ** $p < .001$

4.5.2 Profile der 10 % Gesündesten (hinsichtlich Persönlichkeit, Arbeitsleben, Partnerschaft und Familie)

Im folgenden wird der in Kapitel 3.2 gestellten Fragestellung 5b nachgegangen. Es handelt sich dabei um die Frage, die Antonovsky (1979, 1987) ins Zentrum seiner salutogenetischen Perspektive gestellt hat: Was zeichnet die gesündesten Menschen aus? Dabei soll diese Skizze eines Gruppenprofils von Menschen, die durch ihre Werte in physischer sowie psychischer Gesundheit auffallen, im Hinblick auf ihre *Persönlichkeitsmerkmale*, aber auch bezüglich der wichtigsten Lebenskontexte, *Arbeitsleben*, *Partnerschaft* und *Familie*, beantwortet werden. Hierzu wurden diejenigen aus der Stichprobe herausgegriffen, die auf der Basis der Daten zur *Körperlichen Gesundheit* und zum *Emotionalen Wohlbefinden* mindestens den Prozentrang 90 erreichen. Der aus dem arithmetischen Mittelwert dieser beiden Skalen berechnete *Gesundheitsindex* enthalt somit zum einen die Daten über die mehr oder weniger große Freiheit von körperlichen Symptomen und zum anderen über das Ausmaß an emotionalem Wohlbefinden (z.B. positive Grundstimmung, Angstfreiheit). Diese aus 60 Personen bestehende Gruppe wird im folgenden mit den restlichen Personen der Stichprobe (n = 558) verglichen.

Die beiden *"Gesundheits"*-Gruppen wurden zunächst anhand von Chi^2-Tests darauf überprüft, ob sie sich in wichtigen soziodemographischen Merkmalen signifikant unterscheiden. Dabei haben sich z.B. für die diversen Bildungsgruppen sowie bezüglich der Zugehörigkeit zu West- versus Ostdeutschland auf dem 5 %-Niveau keine signifikanten Unterschiede ergeben. Hinsichtlich des Geschlechts der Befragten ergab sich ein signifikanter Unterschied, wonach sich in der Gruppe der Gesündesten signifikant mehr Männer als Frauen befinden (absolute Häufigkeiten: 41 versus 19). Tendentiell signifikant (p = .053) stellt sich die Verteilung der Gesundheitsgruppen auf die unterschiedlichen Altersklassen[4] dar. Demnach sind die Gesündesten in der Gruppe der über 60jährigen etwas weniger häufig vertreten. Dennoch darf nach diesen Daten gefolgert werden, daß es nicht hauptsächlich in einer bestimmten Altersklasse, sondern in allen, in unserer Stichprobe vertretenen Altersstufen besonders gesunde Menschen gibt. Bei den im folgenden beschriebenen Auswertungsschritten wurden die Variablen Bildung, Alter und Geschlecht kontrolliert.

In den folgenden Tabellen 4.5.3 bis 4.5.6 werden die Mittelwerte der Gruppe der 10 % Gesündesten den Mittelwerten der restlichen Stichprobe gegenübergestellt. Die Tabellen enthalten auch die Ergebnisse der mittels univariater Varianzanalysen auf die Höhe der jeweiligen Effektstärken und auf statistische Signifikanz überprüften Differenzen der Gruppenmittelwerte. Da eine sehr große Zahl von Tests am gleichen Datensatz durchgeführt wurde, wird bei der nun folgenden Beschreibung der Gruppenunterschiede das strengere Signifikanzniveau von $\alpha < .01$ zugrundegelegt. Die Variablen Geschlecht, Alter und Bildung wurden als Kovariate in die Varianzanalysen miteingeschlossen.

Die Ergebnisse zu den Skalen des Fragebogens *Gesundheit und Streß* zeigen innerhalb des Lebensbereiches *Individuum* zunächst ein geringeres Niveau an *Persönlichem Streß* in der Gruppe der Gesündesten. Dabei werden 12 % der Varianz dieser Skala durch die Zugehörigkeit zu den Gruppen aufgeklärt.

Die Werte in der *Körperlichen Gesundheit* und dem *Emotionalen Wohlbefinden* werden - obwohl die Gruppen ja gerade auf der Basis dieser Daten getrennt wurden - in die Darstellung miteingeschlossen, um einen Eindruck von der Berechtigung der Gruppenbildung und von der absoluten Höhe der Gesundheitswerte der "10 % Gesündesten" zu vermitteln. Dabei fällt vor allem der Wert von $m = 4.63$ in der Skala *Körperliche Gesundheit* bei der Gruppe der Gesündesten auf, der vor dem Hintergrund des Antwortformats (von 1 bis 5) dafür spricht, daß diese Personen eine sehr geringe Zahl bzw. Auftretenshäufigkeit von körperlichen Symptomen zu berichten haben.

Die Personen der Gruppe der Gesündesten schätzen ihr *Selbstwertgefühl* deutlich höher ein als die Vergleichsgruppe. Darüber hinaus fallen die besonders gesunden Menschen durch ein höheres Maß an *Personaler Kontrolle*, *Lebenszufriedenheit*, eine befriedigendere Gestaltung ihrer *Persönlichen Zeit* und eine bessere *Freizeiterholung* auf. Die höheren Werte der Gesündesten in der Skala *Weltanschauung* sprechen dafür, daß sie mehr Sinn im Leben wahrnehmen. Außerdem übertragen sie weniger Streß von einem Lebensbereich auf einen anderen (Skala *Streßübertragung*).

---

[4] Einteilung der Altersklassen: (1) 18 - 30; (2) 31 - 45; (3) 46 - 60; (4) 61 - 70 Jahre.

Tab. 4.5.3: Gruppenmittelwerte der 10 % Gesündesten versus der restlichen Stichprobe in den *Gesundheit und Streß*-Skalen, Effektstärken eta^2, Signifikanz der F-Werte p).

Nr.	SKALA	*m1* (n = 60)	*m2* (n=558)	eta^2	*p*
	Lebensbereich: PERSON				
01	Persönlicher Streß	1.75	2.17	.12	**
02	Körperliche Gesundheit	4.62	3.74	.19	**
03	Emotionales Wohlbefinden	4.04	3.19	.30	**
04	Persönl. Problemlösefertigkeiten	3.47	3.18	.04	
05	Ausdrücken von Gefühlen	2.78	2.74	.01	
06	Bevorzugter Grad an Nähe	3.78	3.64	.02	
07	Bevorzugter Grad an Flexibilität	2.42	2.37	.01	
08	Selbstwertgefühl	4.45	3.84	.12	**
09	Personale Kontrolle	4.06	3.47	.14	**
10	Lebenszufriedenheit	4.23	3.65	.15	**
11	Persönliche Zeit	4.07	3.62	.08	*
12	Freizeiterholung	3.96	3.65	.06	*
13	Weltanschauung	4.01	3.81	.07	*
14	Religiöser Glaube	1.93	2.40	.00	
15	Unterstützung durch andere	3.07	2.82	.02	
16	Körperliche Aktivität	2.03	1.98	.00	
17	Streßübertragung	1.89	2.34	.10	**
	Lebensbereich: ARBEITSLEBEN				
18	Arbeitsstreß	1.97	2.38	.08	**
19	Problemlösefertigkeiten/ Arbeit	3.73	3.44	.03	
20	Kommunikation/ Arbeit	3.87	3.39	.05	
21	Kohäsion/ Arbeit	4.16	3.78	.04	
22	Flexibilität/ Arbeit	3.72	3.34	.03	
23	Arbeitszufriedenheit	3.86	3.45	.05	*

Nr.	SKALA	*m1* *n*=60	*m2* *n*=558	eta^2	*p*
	Lebensbereich: PARTNERSCHAFT				
24	Streß/ Partnerschaft	1.79	2.16	.08	**
25	Problemlösefertigk./ Partnerschaft	4.02	3.81	.04	
26	Kommunikation/ Partnerschaft	4.22	3.80	.07	*
27	Kohäsion/ Partnerschaft	4.18	4.02	.03	
28	Flexibilität/ Partnerschaft	3.16	3.10	.01	
29	Zufriedenheit/ Partnerschaft	4.15	3.80	.07	*
	Lebensbereich: FAMILIE				
30	Streß/ Familie	1.88	2.24	.06	*
31	Problemlösefertigkeiten/ Familie	3.99	3.64	.06	*
32	Kommunikation/ Familie	4.29	3.85	.07	*
33	Kohäsion/ Familie	4.11	3.82	.05	
34	Flexibilität/ Familie	3.89	3.56	.06	*
35	Zufriedenheit/ Familie	4.06	3.63	.06	*

(Fortsetzung von Tab. 4.5.3)
Anmerkungen. ** $p < .001$; * $p < .01$

Innerhalb des Lebensbereiches *Arbeitsleben* erfährt die Gruppe der Gesündesten weniger *Arbeitsstreß*. Ihre *Arbeitszufriedenheit* ist signifikant höher. Auf der Systemebene der *Partnerschaft* erleben die Gesündesten der vorliegenden Stichprobe weniger *Streß*, eine positivere *Kommunikation* und insgesamt eine höhere *Zufriedenheit*. Hingegen unterscheiden sie sich nicht signifikant in den *Problemlösefertigkeiten*, der *Kohäsion* und der *Flexibilität* ihrer Partnerschaften. Im Lebensbereich *Familie* erfahren die gesündesten Probanden weniger *Streß*, günstigere *Problemlösefertigkeiten*, positivere *Kommunikation*, mehr *Flexibilität* und insgesamt mehr *Zufriedenheit*.

Eine Erweiterung der Betrachtung der Systemebene *Partnerschaft* erfolgt nun über eine Gegenüberstellung der Mittelwerte der Extrem- versus Restgruppe in den *Paarklimaskalen* (siehe Tab. 4.5.4).

Tab. 4.5.4: Gruppenmittelwerte der 10 % Gesündesten versus der restlichen Stichprobe in den *Paarklimaskalen*, Effektstärken eta^2, Signifikanz der F-Werte *p*.

"PAARKLIMA"- SKALA	*m1* (*n*=48)	*m2* (*n*=438)	eta^2	*p*
Zusammenhalt	3.33	3.20	.05	
Offenheit	3.28	3.01	.07	*
Konfliktneigung	1.63	1.91	.09	**
Selbständigkeit	2.54	2.61	.00	
Leistungsorientierung	2.31	2.34	.00	
Kulturelle Orientierung	2.25	2.38	.00	
Aktive Freizeitgestaltung	2.84	2.64	.02	
Organisation	2.88	2.90	.00	
Kontrolle	2.32	2.34	.00	

Anmerkungen. ** $p < .001$; * $p < .01$

Die Partnerschaften der gesündesten Probanden zeichnen sich durch signifikant höhere *Offenheit* und durch signifikant niedrigere *Konfliktneigung* aus. Durch die Gruppenzugehörigkeit zu den Gesündesten versus der Restgruppe wird 7 bzw. 9 % der Varianz in diesen Skalen aufgeklärt.

Der Frage nach der Persönlichkeitsstruktur der 10 % Gesündesten wird im folgenden über einen Vergleich der Gruppenwerte in den Skalen des *16-Persönlichkeits-Faktoren-Tests-R* und des *NEO-FFI* weiter nachgegangen (siehe Tab. 4.5.5 und 4.5.6).

Die 10 % Gesündesten unserer Stichprobe fallen innerhalb der *16 PF-R*-Dimensionen durch signifikant höhere Werte in *Emotionaler Stabilität*, *Dominanz* und *Sozialer Kompetenz* sowie durch signifikant niedrigere Werte in *Besorgtheit* und *Anspannung* auf. Dabei ist der durch die Gruppenzugehörigkeit aufgeklärte Varianzanteil im Fall der Skalen *Besorgtheit* und *Anspannung* mit 16 bzw. 14 % der jeweiligen Gesamtvarianz relativ hoch. Unter den Skalen des *NEO-FFI* sind nur für die Dimension *Neurotizismus* signifikante Unterschiede festzustellen. Der Anteil aufgeklärter Varianz beträgt 18 %.

Tab. 4.5.5: Gruppenmittelwerte der 10 % Gesündesten (n = 69) versus der restlichen Stichprobe (n = 552) in den *16 PF-R*-Skalen, Effektstärken eta^2, Signifikanz der F-Werte p.

16 PF-R-Skala	*m1*	*m2*	eta^2	*P*
Wärme (Skala A)	23.23	24.37	.01	
Logisches Schlußfolgern (B)	9.90	8.38	.01	
Emotionale Stabilität (C)	28.52	24.95	.09	**
Dominanz (E)	26.17	23.32	.06	*
Lebhaftigkeit (F)	21.47	19.98	.03	
Regelbewußtsein (G)	23.18	24.03	.00	
Soziale Kompetenz (H)	26.32	23.28	.05	*
Empfindsamkeit (I)	20.77	23.35	.02	
Wachsamkeit (L)	23.78	25.70	.04	
Abgehobenheit ()	17.17	17.87	.01	
Privatheit (N)	23.32	24.34	.01	
Besorgtheit (O)	19.73	24.88	.16	**
Offenh. für Veränd. (Q1)	22.52	21.26	.01	
Selbstgenügsamkeit (Q2)	20.25	21.25	.02	
Perfektionismus (Q3)	23.73	24.37	.00	
Anspannung (Q4)	18.38	23.27	.14	**

Anmerkungen. ** $p < .001$; * $p < .01$

Tab. 4.5.6: Gruppenmittelwerte der 10 % Gesündesten versus der restlichen Stichprobe in den *NEO-FFI*-Skalen, Effektstärken eta^2, Signifikanz der F-Werte p.

NEO-FFI-Skala	*m1* (n=60)	*m2* (n=552)	eta^2	*p*
Neurotizismus	23.98	32.28	.18	**
Extraversion	42.32	40.32	.03	
Verträglichkeit	44.72	43.82	.03	
Offenheit	39.60	39.29	.01	
Gewissenhaftigkeit	47.32	46.22	.01	

Eine graphische Darstellung des anhand der Daten des *16 PF-R* sich ergebenden Persönlichkeitsprofils der Gruppe der 10 % Gesündesten bietet Abbildung 4.5.1.

Abbildung 4.5.1: 16 PF-R Persönlichkeitsprofil der Gesündesten versus der Restgruppe.

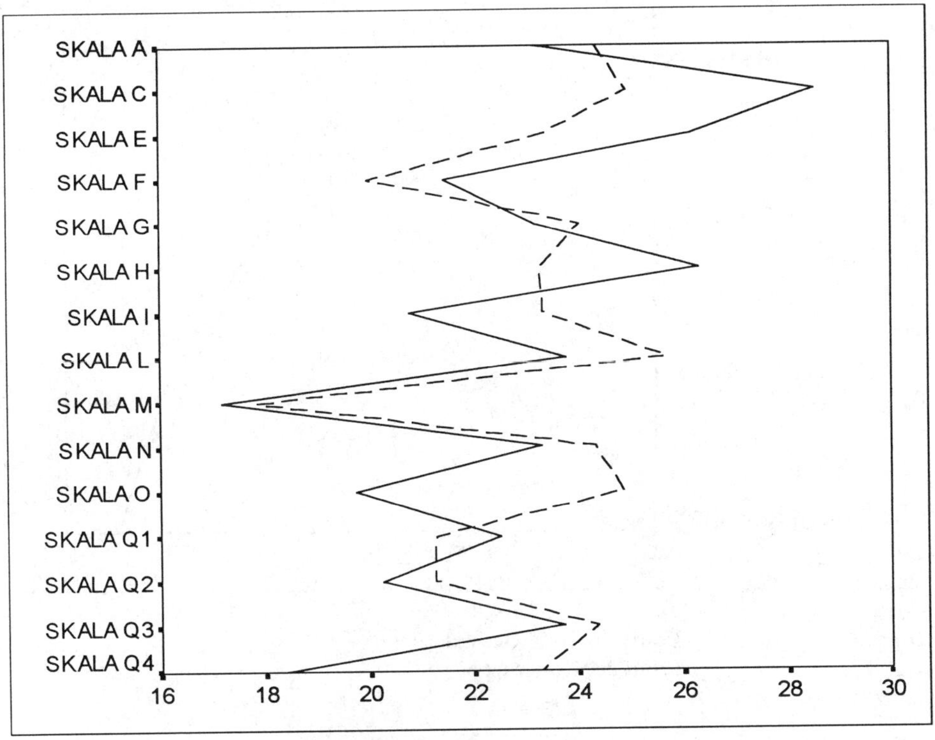

Legende: ________ : Profil der 10 % Gesündesten
_ _ _ _ _ _: Profil der Restgruppe

In Abbildung 4.5.2 ist das *NEO-FFI*-Persönlichkeitsprofil der Gesündesten im Vergleich zu demjenigen der Restgruppe veranschaulicht.

Abbildung 4.5.2: NEO-FFI-Persönlichkeitsprofil der Gesündesten versus der Restgruppe.

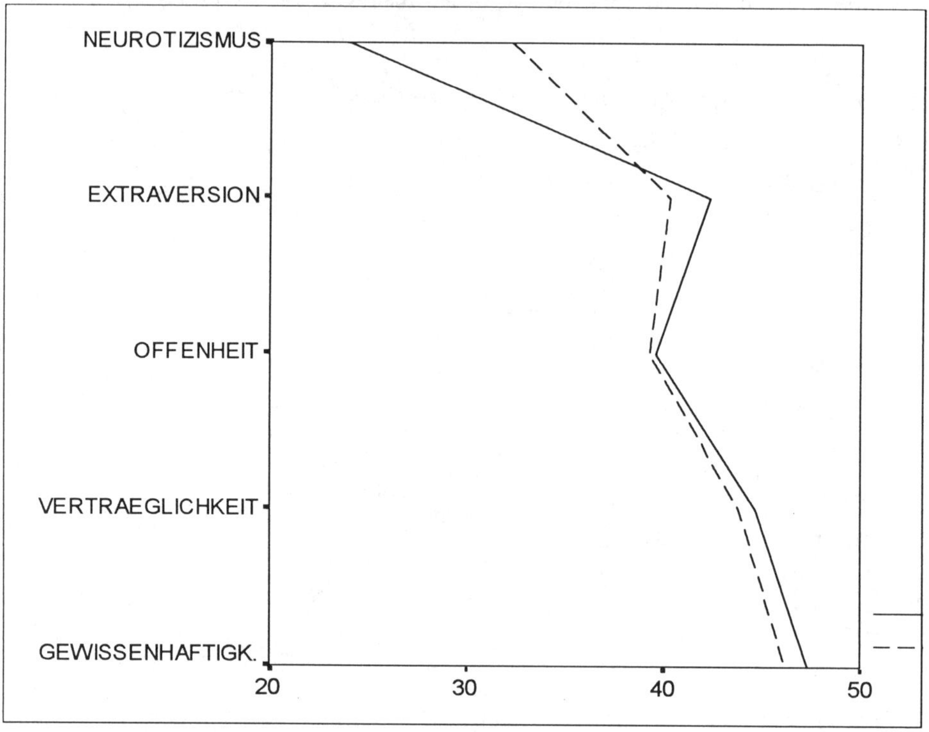

Legende: ________ : Profil der 10 % Gesündesten
_ _ _ _ _ _ : Profil der Restgruppe

4.5.3 Profile von Subgruppen mit unterschiedlichen Kombinationen von persönlichen "Streß"- und "Ressourcen"-Niveaus

Bereits in mehreren vorangegangenen Kapiteln der Ergebnisdarstellung (insbesondere in den Kapiteln 4.4.1, 4.4.2 und 4.5.2) stand die Frage nach der gesundheitlichen Bedeutung der Stressoren und Ressourcen aus den unterschiedlichen Lebensbereichen im Vordergrund der Betrachtung. Diese Frage soll im folgenden mit einem weiteren methodischen Zugang untersucht werden, der auch die vor dem Hintergrund des *MASH*-Modells insbesondere interessierenden *Interaktionen* von Stressoren und Ressourcen berücksichtigt. Das methodische Vorgehen besteht in Vergleichen von Subgruppen mit unterschiedlichen Kombinationen von persönlichen *Streß*- und *Ressourcen*-Niveaus. Das Niveau an "Streß" wurde über die Daten der Skala *Persönlicher Streß* bestimmt. Hinsichtlich der "Ressourcen" wurde eine neue übergeordnete Dimension, genannt *Persönliche Ressourcen*, gebildet, die sich aus den folgenden vier Primärskalen zusammensetzt: *Personale Kontrolle*, *Selbstwertgefühl*, *Freizeiterholung* und *Weltanschauung*. Diese vier Skalen haben sich nach ersten Analysen von allen "Ressourcen"-Skalen des Lebensbereichs *Individuum* als am stärksten mit physischer und psychischer Gesundheit zusammenhängend herausgestellt (vgl. Kap. 4.4). Die Werte der Versuchspersonen in den Dimensionen *Persönlicher Streß* und *Persönliche Ressourcen* wurden trichotomisiert. Für die folgenden Vergleiche von Subgruppen wurden die Versuchspersonen mit dem jeweils oberen bzw. unteren Drittel der Werte herausgegriffen, während die Personen des um den Mittelwert liegenden Drittels nicht berücksichtigt wurden.

Kombiniert man die gebildeten Ausprägungsstufen im *Persönlichen Streß* und in den *Persönlichen Ressourcen*, erhält man folgende vier Subgruppen: "Hoher *Persönlicher Streß* und geringe *Persönliche Ressourcen*" (Gruppe 1; $n = 98$); "Geringer *Persönlicher Streß* und hohe *Persönliche Ressourcen*" (Gruppe 2; $n = 98$); "Geringer *Persönlicher Streß* und geringe *Persönliche Ressourcen*" (Gruppe 3; $n = 38$); und "Hoher *Persönlicher Streß* und hohe *Persönliche Ressourcen*" (Gruppe 4; $n = 39$). Die ungleiche Häufigkeitsverteilung der Probanden über die vier Subgruppen war vor dem Hintergrund der deutlichen negativen Korrelationen der einzelnen vier Skalen der *Persönlichen Ressourcen* mit dem *Persönlichen Streß* ($r = -.19$ bis $r = -.39$; siehe Kap. 4.2.1) zu erwarten. Umso interessanter sind deshalb die Subgruppen, bei denen nach Trichotomisierung der Skalen - trotz der für die Gesamtstichprobe feststellbaren negativen Korrelation zwischen *"Streß"* und *"Ressourcen"* - ein Muster anzutreffen ist, bei dem "geringer Streß" mit "geringen Ressourcen" bzw. "hoher Streß" mit "hohen Ressourcen" einhergeht (Gruppen 3 und 4). Aus salutogenetischer Perspektive erscheint die Gruppe 4 mit ihrem Muster aus "hohem Streß" und gleichzeitig "hohen Ressourcen" von besonderem Interesse, da man bei dieser Subgruppe - im Rahmen eines Vergleiches mit den anderen Gruppen - der Hypothese einer Pufferwirkung von Ressourcen im Fall von Streß nachgehen kann. Sie ist, insbesondere falls sie sich als psychisch und physisch sehr gesund erweisen sollte, zum Studium der Streßresistenz gut geeignet.

Im folgenden wird zunächst betrachtet, ob die Ausprägung der jeweiligen Skala (eher) vom Niveau an *Persönlichem Streß* oder (eher) vom Niveau an *Persönlichen Ressourcen* abhängt oder von beiden Dimensionen. Dabei ist in letzterem Falle zu unterscheiden, ob diese Dimensionen beide mehr oder weniger unabhängig voneinender zu (Haupt-) Effekten führen, oder ob die Interaktion der Dimensionen dazu führt, daß sich eine Subgruppe von allen anderen signifikant unterscheidet.

Ganz allgemein ist das jeweils betrachtete Konstrukt - operationalisiert durch die entsprechende Skala - dann als vom Niveau an *Persönlichem Streß* abhängig anzusehen, wenn signifikante Mittelwertsunterschiede zwischen den Gruppen *1* und *3* ("Hoher Streß - geringe Ressourcen" und "Geringer Streß - geringe Ressourcen") sowie zwischen den Gruppen *2* und *4* ("Geringer Streß - hohe Ressourcen" und "Hoher Streß - hohe Ressourcen") festzustellen sind. Demgegenüber sind die einzelnen Skalen als abhängig von den *Persönlichen Ressourcen* zu betrachten, wenn signifikante Mittelwertsunterschiede zwischen den Gruppen *2* und *3* ("Geringer Streß - hohe Ressourcen" und "Geringer Streß - geringe Ressourcen") sowie zwischen den Gruppen *1* und *4* ("Hoher Streß - geringe Ressourcen" und "Hoher Streß - hohe Ressourcen") bestehen. Treten diese vier Gruppenunterschiede (1/3; 2/4; 2/3; 1/4) in Kombination auf, ist die Ausprägung in dem Konstrukt der betreffenden Skala sowohl von den *Persönlichen Ressourcen* als auch vom *Persönlichen Streß* abhängig. Hebt sich eine Gruppe in ihrem Skalenmittelwert signifikant von den anderen - untereinander etwa gleich hoch ausgeprägten - drei Gruppenwerten ab, ist eine Interaktion zwischen Streß und Ressourcen festzustellen.

Zunächst werden die Mittelwerte der Subgruppen in allen *Gesundheit und Streß*-Skalen kurz skizziert, anschließend in den einzelnen Skalen der Fragebögen *16 PF-R*, *NEO-FFI* und *Paarklimaskalen*.

Tabelle 4.5.7 zeigt die arithmetischen Mittelwerte, die für die vier Subgruppen in den einzelnen *Gesundheit und Streß*-Skalen errechnet wurden, sowie die Ergebnisse univariater ONEWAY-Varianzanalysen. Bei den in der rechten Spalte der Tabelle aufgeführten Gruppennummern differieren die Subgruppen auf dem Signifikanzniveau von $\alpha < .05$ im entsprechenden Vergleich mit der jeweils anderen Subgruppe hinsichtlich der links aufgeführten Skala.

Die Werte in den Skalen der persönlichen "Anpassung" (*Körperliche Gesundheit, Emotionales Wohlbefinden* und *Lebenszufriedenheit)* werden zusätzlich anhand der Abbildungen 4.5.1 bis 4.5.3 beschrieben. Die Ergebnisse in diesen drei Skalen sind für die Frage nach der gesundheitlichen Bedeutung (a) des Streßniveaus, (b) des Ressourcenniveaus und (c) der Interaktion von Streß und Ressourcen von besonderem Interesse.

Tab. 4.5.7: Mittelwertsvergleiche in den *"Gesundheit und Streß"*-Skalen von Subgruppen mit unterschiedlichen Niveaus an *Persönlichem Streß* und *Persönlichen Ressourcen.*

SKALA	*m1* (*n*=98)	*m2* (*n*=98)	*m3* (*n*=38)	*m4* (*n*=39)	Signif. Gruppendifferenzen
LEBENSBEREICH: INDIVIDUUM					
Persönlicher Streß	2.71	1.63	1.73	2.55	1/2 1/3 1/4 2/4 3/4
Körperliche Gesundheit	3.30	4.16	3.89	3.85	1/2 1/3 1/4 2/4
Emotion. Wohlbefinden	2.65	3.78	3.12	3.52	1/2 1/3 1/4 2/3 2/4 3/4
Persönl. Problemlösefert.	3.11	3.30	2.84	3.63	1/4 2/4 2/3 3/4
Ausdrücken von Gefühlen	2.73	2.74	2.66	2.89	
Bevorz. Grad an Nähe	3.47	3.72	3.63	4.05	1/2 1/4 3/4
Bevorz. Grad an Flexibil.	2.54	2.10	2.47	2.17	1/2 1/4 2/3
Selbstwertgefühl	3.28	4.47	3.32	4.45	1/2 1/4 2/3 3/4
Personale Kontrolle	2.94	4.02	3.12	4.08	1/2 1/4 2/3 3/4
Lebenszufriedenheit	3.04	4.28	3.24	4.17	1/2 1/4 2/3 3/4
Persönliche Zeit	3.07	4.18	3.10	4.13	1/2 1/4 2/3 3/4
Freizeiterholung	3.02	4.31	3.26	4.11	1/2 1/4 2/3 3/4
Weltanschauung	3.19	4.22	3.26	4.51	1/2 1/4 2/4 2/3 3/4
Religiöser Glaube	2.34	2.28	1.90	2.51	
Soziale Unterstützung	2.60	3.02	2.75	3.17	1/2 1/4 3/4
Körperliche Aktivität	1.81	2.03	1.89	2.12	
Streßübertragung	2.76	1.87	2.12	2.33	1/2 1/3 1/4 2/4

(Fortsetzung der Tabelle siehe nächste Seite)

Anmerkungen: Gruppe 1: Hoher *Persönlicher Streß* und geringe *Persönliche Ressourcen*
Gruppe 2: Geringer *Persönlicher Streß* und hohe *Persönliche Ressourcen*
Gruppe 3: Geringer *Persönlicher Streß* und geringe *Persönliche Ressourcen*
Gruppe 4: Hoher *Persönlicher Streß* und hohe *Persönliche Ressourcen*
$p < .05$

(Fortsetzung von Tabelle 4.5.7)

LEBENSBEREICH: ARBEITSLEBEN	*M1* (*n*=77)	*M2* (*n*=58)	*M3* (*n*=26)	*M4* (*n*=33)	Sign. Gruppen-differenzen
Arbeitsstreß	2.71	1.88	1.95	2.61	1/2 1/3 2/4 3/4
Problemlösef./ Arbeit	3.22	3.66	3.19	3.92	1/2 1/4 2/3 3/4
Kommunikation/ Arbeit	3.16	3.69	3.70	3.45	1/2 1/3
Kohäsion/ Arbeit	3.39	4.04	4.10	3.87	1/2 1/3 1/4
Flexibilität/ Arbeit	3.04	3.48	3.43	3.57	1/2 1/4
Arbeitszufriedenheit	3.20	3.62	3.59	3.61	1/2 1/4
LEBENSBEREICH: PARTNERSCHAFT	*m1* (*n*=79)	*m2* (*n*=82)	*m3* (*n*=30)	*m4* (*n*=31)	Signif. Gruppendifferenzen
Streß/ Partnerschaft	2.67	1.73	2.21	1.81	1/2 1/3 1/4 2/3
Problemlösefert./Partn.	3.40	4.17	3.85	3.82	1/2 1/3
Kommunikation/ Partn.	3.12	4.31	3.72	4.18	1/2 1/3 1/4 2/3
Kohäsion/ Partnerschaft	3.62	4.28	3.92	4.43	1/2 1/4
Flexibilität/ Partnerschaft	2.84	3.24	2.77	3.36	1/2 1/4 2/3 3/4
Partnerschaftszufriedenheit	3.29	4.23	3.71	4.20	1/2 1/4 2/3
LEBENSBEREICH: FAMILIE	*M1* (*n*=55)	*M2* (*n*=36)	*M3* (*n*=22)	*M4* (*n*=19)	Signif. Gruppendifferenzen
Streß/ Familie	2.70	1.78	1.90	2.37	1/2 1/3 2/4 3/4
Problemlösef./ Familie	3.31	4.12	3.76	3.72	1/2
Kommunikation/ Familie	3.43	4.28	3.87	4.43	1/2 1/4
Kohäsion/ Familie	3.40	4.19	3.79	4.25	1/2 1/4
Flexibilität/ Familie	3.20	3.78	3.49	3.94	1/2 1/4
Zufriedenheit/ Familie	3.05	4.04	3.61	4.11	1/2 1/3 1/4

Der Vergleich der Gruppenmittelwerte im *Persönlichen Streß* zeigt, daß die Werte der beiden Gruppen, die nach der Trichotomisierung der Skalen als Gruppen mit "niedrigem Streß" klassifiziert wurden, auch tatsächlich signifikant geringere Werte haben als die zwei Gruppen mit "hohem Streß".

Die höchsten Werte in der *Körperlichen Gesundheit* finden sich in der Gruppe 2 mit ihrem niedrigen persönlichen Streß und ihren hohen persönlichen Ressourcen. Gruppe 3 zeigt quasi gleich hohe Gesundheitswerte wie Gruppe 4. Gruppe 1 berichtet deutlich mehr Symptome (siehe auch Abb. 4.5.1).

Der Vergleich der Gruppenmittelwerte im *Emotionalen Wohlbefinden* ergibt für jeden einzelnen Gruppenvergleich einen signifikanten Unterschied: Gruppe 2 erreicht signifikant höhere Werte des Wohlbefindens als Gruppe 4, diese wiederum höhere Werte als Gruppe 3, die aber Gruppe 1 signifikant übertrifft (siehe auch Abb. 4.5.2).

Bei den Gruppenwerten in den *Persönlichen Problemlösefertigkeiten* fällt auf, daß Gruppe 2 zwar signifikant höhere Werte zeigt als Gruppe 3, daß Gruppe 2 selbst aber wiederum von Gruppe 4 übertroffen wird. Hinsichtlich des *Ausdrückens von Gefühlen* zeigen sich keine signifikanten Differenzen zwischen den vier Gruppen, ebenso wie für den *Religiösen Glauben* und die *Körperliche Aktivität.*

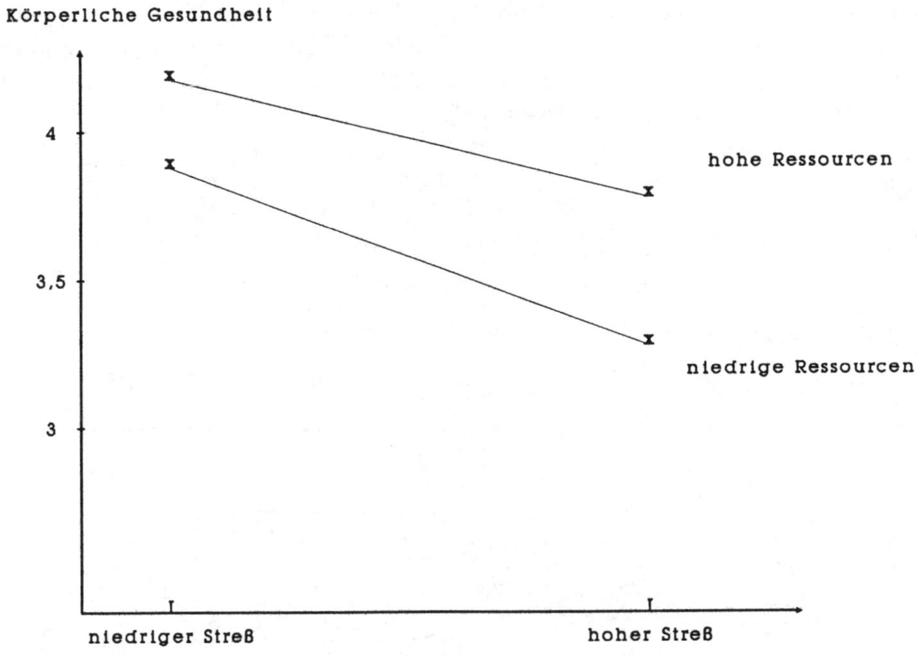

Abbildung 4.5.1. Gruppenmittelwerte für Körperliche Gesundheit in Abhängigkeit von Streß- und Ressourcenniveaus.

Der *Bevorzugte Grad an Nähe* ist bei Gruppe 4 am stärksten ausgeprägt. Daß die Ausprägung in dieser Skala nicht allein eine Funktion des persönlichen "Streß"-Niveaus sein kann, wird dadurch belegt, daß Gruppe 1 deutlich geringere Werte hat als Gruppe 4. Der Unterschied zwischen den Gruppen 1 und 4 könnte leicht die Vermutung nahelegen, daß der *Bevorzugte Grad an Nähe* vom Niveau der *Persönlichen Ressourcen* abhängt. Da allerdings Gruppe 2 keinen signifikant höheren Skalenwert aufweist als Gruppe 3, muß gefolgert werden, daß ähnlich wie im Fall der *Persönlichen Problemlösefertigkeiten* die Kombination aus *Streß*- und *Ressourcen*-Niveau entscheidend für die Werteausprägung im *Bevorzugten Grad an Nähe* ist. Für die Skala *Soziale Unterstützung* ist dieselbe Wertekonfiguration festzustellen.

Der *Bevorzugte Grad an Flexibilität* ist bei den Gruppen mit "niedrigen Ressourcen" (Gruppen 1 und 3) höher ausgeprägt als bei den Gruppen mit "hohen Ressourcen" (2 und 4).

Der Vergleich der Gruppenmittelwerte in den vier Skalen, aus denen sich die übergeordnete Dimension *Persönliche Ressourcen* zusammensetzt (*Selbstwertgefühl*, *Personale Kontrolle*, *Freizeiterholung* und *Weltanschauung)* zeigt ein Muster, bei dem die Werte in den Gruppen mit "hohen Ressourcen" sowohl signifikant als auch relativ markant über den Werten in den beiden Gruppen mit "niedrigen Ressourcen" liegen. Bei der Skala *Weltanschauung* weist darüber hinaus - Gruppe 4 nicht nur einen höheren Mittelwert auf als die Gruppen 1 und 3, sondern bemerkenswerterweise auch als Gruppe 2.

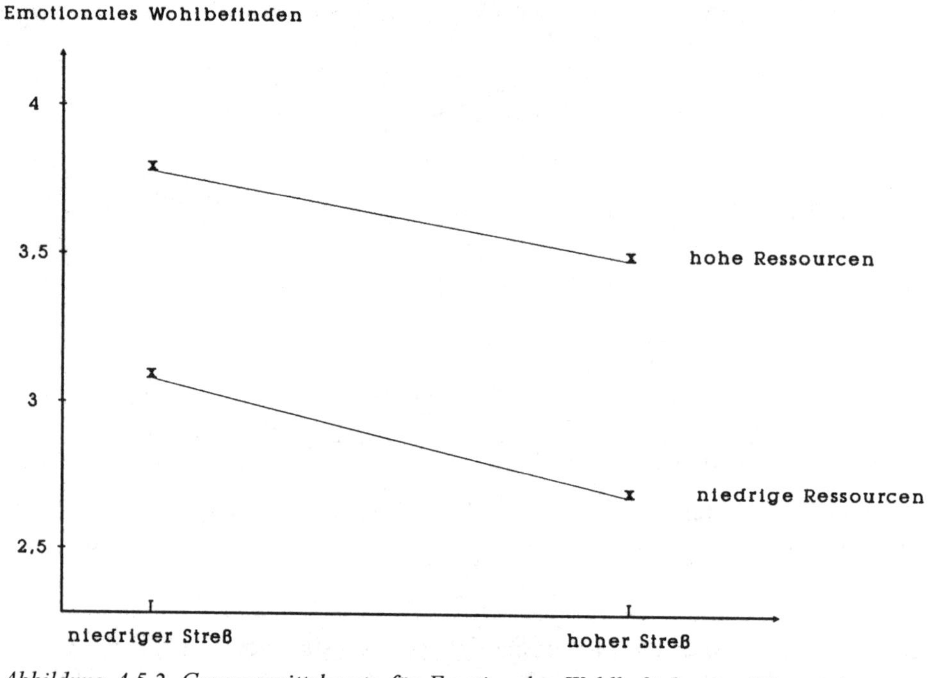

Abbildung 4.5.2. Gruppenmittelwerte für Emotionales Wohlbefinden in Abhängigkeit von Streß- und Ressourcenniveaus.

Die Ergebnisse für die *Persönliche Zeit* und die *Lebenszufriedenheit* sind sowohl von der Konfiguration als auch vom Betrag mit den Werten der Skala *Freizeiterholung* vergleichbar. Die Ergebnisse bezüglich der *Lebenszufriedenheit* sind in Abbildung 4.5.3 veranschaulicht.

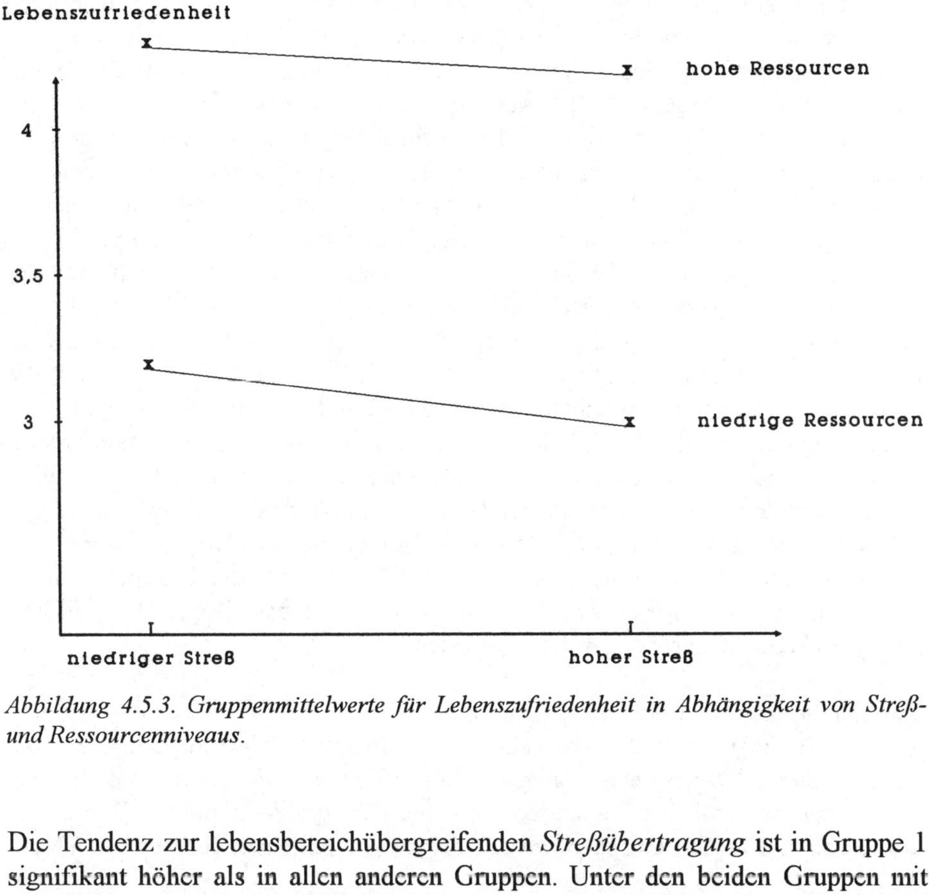

Abbildung 4.5.3. Gruppenmittelwerte für Lebenszufriedenheit in Abhängigkeit von Streß- und Ressourcenniveaus.

Die Tendenz zur lebensbereichübergreifenden *Streßübertragung* ist in Gruppe 1 signifikant höher als in allen anderen Gruppen. Unter den beiden Gruppen mit "hohen Ressourcen" (2 und 4) ist sie in der Gruppe mit "hohem Streß" (4) höher ausgeprägt.

Für die Skalen des Lebensbereichs *Arbeitsleben* kann zunächst für die Skala *Arbeitsstreß* festgestellt werden, daß die beiden Gruppen mit "hohem *Persönlichen Streß*" signifikant höhere Werte zeigen als die beiden Gruppen mit "niedrigem *Persönlichen Streß*".

In der Skala *Problemlösefertigkeiten bei der Arbeit* liegen die Mittelwerte der beiden Gruppen mit "hohen *Persönlichen Ressourcen*" (Gruppen 2 und 4) signifikant über denjenigen der Gruppen 1 und 3. Die *Kommunikation bei der Arbeit* ist in Gruppe 1 weniger günstig als in den Gruppen 2 und 3. Die *Kohäsion bei der Arbeit* ist in Gruppe 1 signifikant geringer ausgeprägt als in den drei anderen Gruppen. Sowohl die *Flexibilität bei der Arbeit* als auch die *Zufriedenheit bei der Arbeit* ist in Gruppe 1 signifikant geringer als in den beiden Gruppen mit "hohen persönlichen Ressourcen" (2 und 4).

Der *Streß in der Partnerschaft* liegt in Gruppe 1 signifikant über demjenigen in den drei Vergleichsgruppen. Darüber hinaus erfährt Gruppe 3 signifikant mehr Partnerschaftsstreß als Gruppe 2. Hinsichtlich der *Problemlösefertigkeiten des Paares* erreicht die Gruppe 1 einen signifikant geringeren Wert als die beiden Gruppen mit "niedrigem Streß". Auch in der *Kommunikation in der Partnerschaft* liegen die Werte der Gruppe 1 signifikant ungünstiger als in den drei anderen Gruppen. Darüber hinaus unterscheiden sich die beiden Gruppen mit "niedrigem Streß" (2 und 3) in Abhängigkeit ihres unterschiedlichen "Ressourcen"-Niveaus signifikant voneinander. Die *Kohäsion in der Partnerschaft* ist in den Gruppen 2 und 4 signifikant höher ausgeprägt als in Gruppe 1. Hinsichtlich der *Flexibilität in der Partnerschaft* zeigt sich ein Muster, bei dem die beiden Gruppen mit "hohen persönlichen Ressourcen" höhere Werte erreichen als die beiden Vergleichsgruppen. Die *Partnerschaftszufriedenheit* liegt ebenfalls in den Gruppen mit "hohen persönlichen Ressourcen" (2 und 4) vergleichsweise höher.

Im Hinblick auf die Skalen des Lebensbereichs *Familie* ergibt sich für die *Streß*-Skala dasselbe Muster wie im Lebensbereich Arbeitsleben. Der Gruppenvergleich in den *Problemlösefertigkeiten der Familie* ergibt für Gruppe 2 signifikant günstigere Werte als für Gruppe 1. In den Skalen *Kommunikation*, *Kohäsion* und *Flexibilität in der Familie* übertreffen jeweils die Gruppen 2 und 4 die Gruppe 1. Die *Zufriedenheit mit der Familie* ist bei Gruppe 1 signifikant geringer als bei den drei anderen Subgruppen.

Bei den Mittelwerten der vier Subgruppen in den *16 PF-R*-Dimensionen (siehe Tab. 4.5.8) zeigt sich unter anderem ein signifikanter Unterschied in der *Emotionalen Stabilität*, bei der - analog zur Skala *Soziale Kompetenz* - die Gruppen mit "hohen persönlichen Ressourcen" (2 und 4) signifikant höhere Werte aufweisen als die beiden Gruppen mit "niedrigen persönlichen Ressourcen" (1 und 3).

Die *Dominanz* ist in Gruppe 4 am höchsten ausgeprägt. Zwischen den beiden Gruppen mit "niedrigem persönlichem Streß" übertrifft die Gruppe 2 die Gruppe 3.

Die *Wachsamkeit* ist in Gruppe 1 signifikant höher ausgeprägt als in den drei anderen Subgruppen.

In der *Abgehobenheit* erreicht wiederum die Gruppe 1 signifikant höhere Werte als die Gruppen 2 und 4. Gruppe 3 erweist sich als "abgehobener" als Gruppe 2.

Hinsichtlich der *Besorgtheit* zeigen die Gruppen 2 und 4 signifikant geringere Ausprägungen als die Gruppen 1 und 3. Das unterschiedliche "Streß"-Niveau der Subgruppen führt hier zu keinen Mittelwertsunterschieden.
Die *Offenheit für Veränderung* liegt bei Gruppe 3 signifikant unter den Werten der beiden Gruppen mit "hohem persönlichem Streß" (1 und 4).

Die *Anspannung* ist bei den Personen der Gruppe 1 signifikant höher als bei den beiden Gruppen mit "hohen persönlichen Ressourcen" (2 und 4).

Tab. 4.5.8: Mittelwerte in den Skalen des *16 PF-R* von Subgruppen mit unterschiedlichen Niveaus an *Persönlichem Streß* und *Persönlichen Ressourcen.*

16 PF-R-Skala	Gr. 1 (*n*=98)	Gr. 2 (*n*=98)	Gr. 3 (*n*=38)	Gr. 4 (*n*=39)	Sign. Gruppen-differenzen
Wärme (A)	24.86	23.40	23.32	24.54	
Logisches Schlußf. (B)	7.61	8.68	8.45	8.72	
Emotionale Stabilität (C)	21.45	28.31	23.37	28.08	1/2 1/4 2/3 3/4
Dominanz (E)	23.29	24.40	21.11	26.26	1/4 2/3 3/4
Lebhaftigkeit (F)	19.83	20.29	19.87	22.26	
Regelbewußtsein (G)	22.98	24.74	24.74	23.97	
Soziale Kompetenz (H)	21.80	26.01	21.29	25.82	1/2 1/4 2/3 3/4
Empfindsamkeit (I)	23.81	21.93	23.45	21.82	
Wachsamkeit (L)	27.93	24.85	24.45	25.36	1/2 1/3 1/4
Abgehobenheit (M)	20.06	16.36	18.79	17.36	1/2 1/4 2/3
Privatheit (N)	24.36	24.97	23.63	24.72	
Besorgtheit (O)	27.16	21.69	26.18	22.13	1/2 1/4 2/3 3/4
Offenh. für Veränd. (Q1)	21.91	20.62	18.81	22.82	1/3 3/4
Selbstgenügsamkeit (Q2)	22.01	21.12	21.03	19.41	
Perfektionismus (Q3)	23.86	25.10	22.79	24.72	
Anspannung (Q4)	25.60	20.51	22.87	21.79	1/2 1/4

Anmerkungen: Gruppe 1: Hoher *Persönlicher Streß* und geringe *Persönliche Ressourcen*
Gruppe 2: Geringer *Persönlicher Streß* und hohe *Persönliche Ressourcen*
Gruppe 3: Geringer *Persönlicher Streß* und geringe *Persönliche Ressourcen*
Gruppe 4: Hoher *Persönlicher Streß* und hohe *Persönliche Ressourcen*
$p < .05$

Vergleicht man die vier Subgruppen hinsichtlich ihrer Mittelwerte in den *NEO-FFI*-Skalen, ergeben sich die in Tabelle 4.5.9 aufgeführten Ergebnisse. Die Ausprägungen an *Neurotizismus* stellen sich in den beiden Gruppen mit "niedrigen persönlichen Ressourcen" (Gruppen 1 und 3) als signifikant höher dar. Der Gruppenvergleich in der Skala *Extraversion* kommt zu dem Ergebnis, daß sich die Gruppe 4 von den drei anderen Gruppen durch signifikant höhere Werte unterscheidet. Die *Offenheit* ist in Gruppe 1 signifikant geringer als in den drei Vergleichsgruppen. In der *Verträglichkeit* übertrifft die Gruppe 4 die Gruppe 3. Hohe Ausprägungen an *Gewissenhaftigkeit* sind für die zwei Subgruppen mit "hohen persönlichen Ressourcen" (2 und 4) kennzeichnend.

Tab. 4.5.9: Mittelwerte in den *NEO-FFI*-Skalen von Subgruppen mit unterschiedlichen Niveaus an *Persönlichem Streß* und *Persönlichen Ressourcen*.

NEO-FFI-Skala	Gr.1 (*n*=98)	Gr.2 (*n*=98)	Gr.3 (*n*=38)	Gr.4 (*n*=39)	Signifikante Gruppendifferenzen
Neurotizismus	38.15	26.45	34.66	29.23	1/2 1/4 2/3 3/4
Extraversion	38.41	40.87	39.37	46.51	1/4 2/4 3/4
Offenheit	40.57	45.14	45.61	45.00	1/2 1/3 1/4
Verträglichkeit	38.89	38.74	37.47	42.08	3/4
Gewissenhaftigkeit	43.80	48.21	44.11	51.03	1/2 1/4 2/3 3/4

Anmerkungen: Gruppe 1: Hoher *Persönlicher Streß* und geringe *Persönliche Ressourcen*
Gruppe 2: Geringer *Persönlicher Streß* und hohe *Persönliche Ressourcen*
Gruppe 3: Geringer *Persönlicher Streß* und geringe *Persönliche Ressourcen*
Gruppe 4: Hoher *Persönlicher Streß* und hohe *Persönliche Ressourcen*
$p < .05$

Eine erweiterte Betrachtung der partnerschaftspsychologischen Gegebenheiten kann nun über die Gruppenvergleiche in den *"Paarklimaskalen"* erfolgen (siehe Tab. 4.7.4). Der *Zusammenhalt* sowie die *Offenheit* in der Partnerschaft sind in den beiden Subgruppen mit "hohen persönlichen Ressourcen" (Gruppen 2 und 4) signifikant höher als in den beiden Vergleichsgruppen. Die *Konfliktneigung* ist in den beiden Gruppen mit "hohen persönlichen Ressourcen" vergleichsweise gering ausgeprägt, insbesondere signifikant geringer als in Gruppe 1. Die Mittelwerte in den Skalen *Aktive Freizeitgestaltung* und *Organisation* sind jeweils in den Subgruppen mit "hohen persönlichen Ressourcen" (2 und 4) signifikant höher ausgeprägt als in Gruppe 1.

Tab. 4.5.10: Mittelwerte in den *"Paarklimaskalen"* von Subgruppen mit unterschiedlichen Niveaus an *Persönlichem Streß* und *Persönlichen Ressourcen*.

PAARKLIMASKALA	Gr. 1 (*n*=80)	Gr. 2 (*n*=82)	Gr. 3 (*n*=30)	Gr. 4 (*n*=31)	Signifikante Gruppen-differenzen
Zusammenhalt	2.89	3.46	3.00	3.54	1/2 1/4 2/3 3/4
Offenheit	2.73	3.21	2.84	3.41	1/2 1/4 2/3 3/4
Konfliktneigung	2.33	1.60	2.03	1.72	1/2 1/4 2/3
Selbständigkeit	2.48	2.64	2.57	2.58	
Leistungsorientierung	2.42	2.23	2.27	2.33	
Kulturelle Orientierung	2.28	2.40	2.23	2.54	
Aktive Freizeitgestaltung	2.37	2.82	2.63	2.99	1/2 1/4
Organisation	2.66	3.15	2.89	2.99	1/2 1/4
Kontrolle	2.41	2.35	2.37	2.18	

Anmerkungen: Gruppe 1: Hoher *Persönlicher Streß* und geringe *Persönliche Ressourcen*
Gruppe 2: Geringer *Persönlicher Streß* und hohe *Persönliche Ressourcen*
Gruppe 3: Geringer *Persönlicher Streß* und geringe *Persönliche Ressourcen*
Gruppe 4: Hoher *Persönlicher Streß* und hohe *Persönliche Ressourcen*
$p < .05$

In diesem Abschnitt erfolgte eine für jede Skala getrennte Gegenüberstellung der Mittelwerte der vier Subgruppen. Eine zusammenfassende *Charakterisierung der Subgruppen* erfolgt in Abschnitt 5.5.3 im Rahmen der Diskussion.

III. SCHLUSSBETRACHTUNG

5. Diskussion

Im folgenden Diskussionsteil werden die Ergebnisse aus den Kapiteln 4.1 bis 4.5 unter Aufrechterhaltung der Struktur in den Abschnitten 5.1 bis 5.5 diskutiert. Entsprechend werden zunächst die psychometrischen Qualitäten der Meßinstrumente erörtert, anschließend die inhaltliche Struktur des Fragebogens *Gesundheit und Streß* (in Form von Korrelations- und Faktorenanalysen der Skalen), dann die geschlechtsspezifischen und West-Ost-Vergleiche, darauf folgend die Korrelate und die Prädiktion von körperlicher Gesundheit, emotionalem Wohlbefinden und Lebenszufriedenheit und schließlich die diversen Gruppenprofile (der Streßübertragungs-, Gesundheits-, und Streß-Ressourcen-Gruppen).

5.1 Diskussion der psychometrischen Qualitäten des Fragebogens *Gesundheit und Streß*

Der zunächst im Vordergrund stehenden Frage nach den psychometrischen Qualitäten des Fragebogens *Gesundheit und Streß* wurde unter anderem über eine Überprüfung der *Skalenreliabilitäten* in Form der internen Konsistenzen *(Cronbach' s Alpha)* nachgegangen. Es ergaben sich fast durchwegs gute bzw. sehr gute Werte für die einzelnen Skalen. Die *Trennschärfen* der Items sind in der Regel ausreichend hoch und die *Schwierigkeitsindices* günstig, so daß fast alle Items der eingesetzten Fragebogenversion für die weiteren Auswertungen beibehalten wurden. Die *arithmetischen Mittelwerte* und die *Standardabweichungen* der Skalen liegen im erwarteten Bereich, tendentiell im Mittelfeld der möglichen Werteausprägungen, bei den *Streß*-Skalen eher im unteren, bei den *Ressourcen*- und *Zufriedenheits*-Skalen eher im oberen Mittelfeld der Skalierung. Dies paßt zu dem Ergebnis, daß die *Häufigkeitsverteilungen* teilweise nicht genau normalverteilt sind, sondern bei einigen *Ressourcen*- und *Zufriedenheits*-Skalen Zwischenlösungen zwischen Normal- und rechtsschiefen Verteilungen darstellen. Diese Befunde entsprechen den Erwartungen über die psychologischen Gegebenheiten in einer mehr oder weniger gesunden Normalbevölkerung. Die Tendenz, die Höhe der persönlichen und zwischenmenschlichen Ressourcen relativ hoch einzuschätzen, wird im allgemeinen als Kennzeichen von Gesundheit angesehen (vgl. Backmund, 1993; Schwarzer, 1990). Insgesamt darf man die weiteren Analysen nach diesen psychometrischen Qualitäten als gerechtfertigt betrachten.

Während die internen Konsistenzen der *16 PF-R*-Dimensionen durchwegs als zufriedenstellend einzustufen sind, bleiben bei den *Paarklimaskalen* zwei Dimensionen hinter den Erwartungen zurück: die Skalen *Leistungsorientierung* und *Kontrolle*, für die sich bei Schneewind (1993) deutlich günstigere Reliabilitätskoeffizienten gezeigt hatten. Hinsichtlich der *arithmetischen Mittelwerte* in den *Paarklimaskalen* läßt sich folgendes feststellen: Vergleicht man die Werte dieser repräsentativen Stichprobe mit den entsprechenden Werten der 176 jungen Paare in der Längsschnittstudie von Schneewind (1993), zeigen sich vom Standpunkt der Augenscheinvalidität klare Unterschiede, insbesondere bei einem Vergleich mit den Mittelwerten, die die Paare zum Zeitpunkt der Eheschließung in dieser zitierten Studie aufweisen. Verglichen mit diesen Daten liegen die hier präsentierten Werte z.B. in der *Offenheit*, in der *Kulturellen Orientierung* und der *Aktiven Freizeitgestaltung* unter den Vergleichswerten, diejenigen in der *Konfliktneigung* und der *Kontrolle* hingegen darüber. Betrachtet man die späteren Meßzeitpunkte in der Längsschnittstudie von Schneewind (1993), verringert sich allerdings dieser Unterschied zwischen den unterschiedlichen Datensätzen. Somit lassen sich diese Ergebnisse zum Vergleich der *Paarklima*-Daten aus den unterschiedlichen Stichproben im Sinne des von Schneewind (1993) berichteten "Ehedauereffekts" interpretieren. Der weitaus größte Prozentsatz der Personen unserer Stichprobe befindet sich ja nicht mehr in der "Honeymoon-Euphorie" der ersten Jahre einer Partnerschaft (vgl. Schneewind, 1993, S. 155f.).

Die *Standardabweichungen* in den *Paarklimaskalen* liegen ausreichend hoch. Sie liegen im Mittel in der gleichen Größenordnung wie die entsprechenden Werte bei Schneewind (1993) bzw. Backmund (1993). Eine abschließende Einschätzung der Werte in den Dimensionen des *Paarklimas* läßt auf typische Ausprägungen einer Stichprobe der Normalbevölkerung schließen, die bei Differenzierung in unterschiedliche Abschnitte des partnerschaftlichen Lebenszyklus differentielle Ergebnisse liefern dürfte.

5.2 Diskussion der inhaltlichen Struktur des Fragebogens *Gesundheit und Streß*

Die im folgenden diskutierten *Korrelationsanalysen* sind zwar auch vom psychometrischen Standpunkt aus von Interesse, hauptsächlich jedoch bereits inhaltlich. Zunächst werden jeweils die Skaleninterkorrelationen und Faktorenanalysen der Skalen *innerhalb* der einzelnen Lebensbereiche diskutiert, im Anschluß daran die *systemübergreifenden* Zusammenhänge derjenigen Skalen, für die entsprechende Konstrukte in allen vier Lebensbereichen vorhanden sind.

5.2.1 Diskussion der Skalenzusammenhänge innerhalb der Lebensbereiche

Die Zusammenhänge *innerhalb* der Lebensbereiche wurden in Kapitel 4.2.1 in Form von Interkorrelationen und Faktorenanalysen der Skalen getrennt für die vier Lebensbereiche betrachtet. Dabei ließ sich zunächst für die Zusammenhänge der vielen Skalen des Lebensbereiches *Individuum* feststellen, daß die Skalen *Selbstwertgefühl*, *Personale Kontrolle* und *Weltanschauung* untereinander relativ hoch positiv korrelieren und relativ hoch negativ mit der Skala *Persönlicher Streß*. Aber auch die hoch miteinander korrelierten Skalen *Persönliche Zeit* und *Freizeiterholung* hingen eindeutig negativ mit dem Ausmaß an *Persönlichem Streß* zusammen. Demgegenüber waren insbesondere für die Skalen *Ausdrücken von Gefühlen*, *Bevorzugter Grad an Flexibilität*, *Religiöser Glaube* und *Körperliche Aktivität* alles in allem relativ niedrige Korrelationen oder nahezu Nullkorrelationen zu den übrigen Ressourcen, aber auch zum *Persönlichen Streß* festzustellen. Dies läßt vermuten, daß das Selbstwertgefühl, die personale Kontrolle, der weltanschauliche Faktor der Wahrnehmung von Lebenssinn sowie die Freizeitgestaltung und -erholung im Rahmen des Streßbewältigungsprozesses wichtiger sind als z.B. die Fähigkeit zum Ausdrücken von Gefühlen, ein starker religiöser Glaube oder ein ausreichendes Maß an körperlicher Bewegung. Weitere methodische Zugänge liefern weiter unten Bestätigungen für diese Interpretation.

Die durchgeführte Hauptkomponentenanalyse der Skalen des Lebensbereiches *Individuum* hatte vier Faktoren ergeben: Der erste Faktor wurde als Faktor der *"Gesundheit und psychische Stabilität"* aufgefaßt, da er die wichtigen individuumsbezogenen Skalen der "Streß"- und "Anpassungs"-Komponente des MASH-Modells sowie die "Ressourcen" *Selbstwertgefühl* und *Personale Kontrolle* umfaßt. Der zweite Faktor, *"Zwischenmenschlicher Kontakt"*, beschreibt offensichtlich insbesondere die Aspekte der Selbstöffnung und des Nähebedürfnisses (hoch ladende Skalen: *Ausdrücken von Gefühlen* und *Bevorzugter Grad an Nähe*). Der Faktor *"Lebenseinstellung"* betrifft die Dimension einer persönlichen Präferenz von wenig Struktur und Vorgaben einerseits (positive Ladung der Skala *Bevorzugter Grad an Flexibilität*) zu einer Präferenz für geistige Orientierung an Lebenssinn und Religion (hohe negative Ladungen der Skalen *Weltanschauung* und *Religiöser Glaube*). Dabei hängt der Pol der Orientierung, Strukturierung und des erlebten Lebenssinnes positiv mit dem *Selbstwertgefühl* und mit der Verfügbarkeit von *Unterstützung durch andere* zusammen. Der vierte Faktor der *"Freizeitgestaltung"* schließlich wird durch die Skalen *Persönliche Zeit* und *Freizeiterholung* gebildet, wobei darüber hinaus die *Streßübertragung* eine negative Ladung aufweist. Für gute Erholung in der Freizeit sind - auch auf der Ebene der Skaleninterkorrelationen - deutliche negative Zusammenhänge zur Tendenz zum "Spillover" von Streß zu erkennen. Einer befriedigenden Gestaltung der persönlichen freien Zeit mit ausreichender Erholung kommt somit insofern eine "multisystemische" Bedeutung zu, als sie negativen Übertragungsprozessen von Streß entgegengerichtet ist.

Zu den Interkorrelationen und Faktorenanalysen der Skalen innerhalb der Lebensbereiche *Arbeitsleben*, *Partnerschaft* und *Familie* konnte festgestellt werden, daß die Skaleninterkorrelationen innerhalb jedes Lebensbereiches alles in allem hoch ausfielen. Demzufolge lieferten die Faktorenanalysen nur jeweils einen Faktor, auf den die einzelnen Skalen vergleichsweise hoch laden. Somit ist die Grobstruktur der Dimensionen der Streßbewältigung und Anpassung in den drei Lebensbereichen relativ eindimensional zu sehen. Allerdings erreicht die Höhe der Zusammenhänge zwischen den Skalen nicht ein als kritisch einzustufendes Niveau, bei dem eine Differenzierung von unterschiedlichen Aspekten nicht mehr möglich wäre. Trotz einer Zuordnung zu jeweils einer übergeordneten *Dimension der (Dys-) Funktionalität* des jeweiligen Systems gibt es nach den vorliegenden Daten durchaus verschiedene Facetten der Streßbewältigung und Anpassung in den einzelnen Lebensbereichen. Die deutlichen Zusammenhänge aller *"Ressourcen"*-Skalen, insbesondere der *Kommunikation*, *Kohäsion* und *Flexibilität*, mit den *"Streß"*- und *"Zufriedenheits"*-Skalen sind als Hinweis für deren Bedeutung für die Streßbewältigung und Anpassung zu sehen. Allerdings ist auf der Ebene dieser Daten natürlich noch keine Interpretation über die direkte versus indirekte, vermittelnde Form oder die Wirkrichtung dieser Zusammenhänge möglich.

Insgesamt bestätigen die Ergebnisse zur inhaltlichen Struktur der Skalen in Form der Korrelationen und faktoriellen Zuordnungen innerhalb der Lebensbereiche die Grundannahme des *MASH*-Modells, wonach die *"Streß"*-Skalen negativ mit den *"Ressourcen"*- und den *"Anpassungs"*-Skalen zusammenhängen. Somit kann *Fragestellung 2* bejaht werden.

5.2.2 Diskussion der Skalenzusammenhänge zwischen den Lebensbereichen

Die in Kapitel 4.2.2 beschriebenen Skaleninterkorrelationen betrafen die lebensbereichübergreifenden psychologischen Zusammenhänge zwischen den Konstrukten, die für alle vier Systemebenen operationalisiert worden waren. Für eine Diskussion dieser Skaleninterkorrelationen interessieren zum einen besonders hohe Koeffizienten, zum anderen aber auch Werte in der Größenordnung von Null. Die höchsten Werte fanden sich in der Regel zwischen den Skalen der Systemebenen *Partnerschaft* und *Familie*, was die erwartete enge psychologische Verflechtung dieser beiden Bereiche bestätigt. Korrelationen in der Größenordnung von Null, die für die Unabhängigkeit der Lebensbereiche im entsprechenden Konstrukt sprechen, zeigten sich z.B. im Falle der *Persönlichen Problemlösefertigkeiten,* die keine Zusammenhänge zur Qualität des Problemlösens in der *Part-*

nerschaft und in der *Familie* zeigten. Eine plausible Erklärung dafür, daß die *Persönlichen Problemlösefertigkeiten* zwar statistisch signifikante Korrelationen mit der entsprechenden Skala des *Arbeitslebens*, nicht hingegen mit den Skalen der Lebensbereiche *Partnerschaft* und *Familie* aufweisen, ist m.E. in den inhaltlichen Ausrichtungen der einzelnen Skalen zu sehen: Die Skala des Lebensbereichs *Individuum* thematisiert hauptsächlich die Aktivität versus Passivität im Stil der Problemlösung. Die Skala zum *Arbeitsleben* geht ebenfalls auf die Aktivität, darüber hinaus jedoch auch deutlich auf den Aspekt der Kreativität im Problemlöseverhalten ein. Auf den Systemebenen *Partnerschaft* und *Familie* werden hingegen ganz unterschiedliche Strategien für den Umgang mit Streßsituationen (in der Partnerschaft bzw. Familie) angeboten. Gemeinsam haben diese unterschiedlichen Verhaltensmuster nur den Aspekt der (Dys-) Funktionalität. Da die Items dieser beiden Skalen (*Problemlösefertigkeiten* in *Partnerschaft* und *Familie*) bereits klar eine subjektive Bewertung der Qualität der Problemlösung erkennen lassen, ist ein Zusammenhang dieser Skalen zu Indikatoren der Gesundheit zu erwarten. In der Tat zeigen sich jeweils statistisch signifikante Korrelationen zu den Skalen *Körperliche Gesundheit*, *Emotionales Wohlbefinden* und *Lebenszufriedenheit* (siehe Kap. 4.4.1). Demgegenüber ist z.B. kein Zusammenhang zwischen den *Problemlösefertigkeiten bei der Arbeit* und der *Körperlichen Gesundheit* festzustellen. Die Korrelation der *Persönlichen Problemlösefertigkeiten* mit der *Körperlichen Gesundheit* ist lediglich schwach positiv ($r = .11$; $p < .01$). Aufgrund der unterschiedlichen inhaltlichen Akzentuierungen der vier Skalen sind diese unterschiedlich ausgeprägten Zusammenhänge zu den Dimensionen der Gesundheit nicht einfach im Sinne von unterschiedlicher Wichtigkeit der Lebensbereiche für die persönliche "Anpassung" zu sehen. Es ist eher festzustellen, daß die auf die Funktionalität versus Dysfunktionalität der Problemlösung ausgerichteten Skalen zu den Lebensbereichen Partnerschaft und Familie tendentiell deutlicher z.B. mit der physischen Gesundheit zusammenhängen als beispielsweise die Skala *Problemlösefertigkeiten bei der Arbeit*, die den Akzent auf die Aktivität versus Passivität der Bewältigungsform legt. Vor diesem Hintergrund ist noch ein weiterer Befund interessant: Betrachtet man die Beziehung zwischen den *Persönlichen Problemlösefertigkeiten* und dem *Persönlichen Streß*, ergibt sich - bei einer Aufteilung der *Streß*-Skala in die einzelnen sechs Subskalen - ein Zusammenhang zur *Streß*-Subskala *"Zeit"* in Höhe von $r = .20$ ($p < .001$). Da ja nach den grundlegenden Annahmen des MASH-Modells ein negativer Zusammenhang zwischen *Streß* und den *Persönlichen Problemlösefertigkeiten* erwartet wird, ist selbst ein eher schwach ausgeprägter positiver Zusammenhang zunächst überraschend. Eine Erklärung dafür bietet sich m.E. an, wenn man die Betonung des aktiven Aspekts in der Skala *Persönliche Problemlösungsfertigkeiten* bedenkt, der Verbindungen zu weiteren Indikatoren eines aktiven Lebensstils erwarten läßt. Ein typisches Element eines aktiven Lebensstils in unserer heutigen Zeit ist sicherlich das Gefühl, zu wenig Zeit zu haben und sich dadurch "gestreßt" zu fühlen. Und genau dies wird in der *Streß*-Subskala *Zeit* erfaßt. Trifft diese Erklärung über den Aspekt der Aktivität im Lebensstil von Personen zu, sind auch die Zusammenhänge zum Index der *Körperlichen Aktivität* von Interesse. Die positive Korrelation zwischen den *Persönlichen Problemlösefertigkeiten* und der *Körperlichen Aktivität* paßt in das Gesamtbild dieser Deutung. Ebenfalls in dieses Muster paßt der Befund korrelativer Zusammenhänge dieser aktiven Strategien der *Persönlichen Problemlösefertigkeiten* mit der *Kulturellen Orientierung*, der *Leistungsorientierung* und der *Aktiven Freizeitgestaltung* des Paares. Diese Dimensionen der *Paarklimaskalen* sind ja durchwegs auch als Ausdruck eines aktiven Lebensstiles anzusehen.

Der hohe Korrelationskoeffizient zwischen den *Zufriedenheits*-Skalen der Systemebenen *Partnerschaft* und *Familie* war entsprechend der engen psychologischen Verflechtungen dieser beiden Lebensbereiche zu erwarten. Die deutlichen Zusammenhänge, die die *Lebenszufriedenheit* mit der Zufriedenheit in den Lebensbereichen *Arbeit, Partnerschaft* und *Familie* aufweist, bestätigt die grundlegende Annahme des *MASH*-Modells, daß diese drei Bereiche für das Leben der Menschen unseres Kulturkreises ausnahmslos wichtig sind.

Insgesamt wurden bei den lebensbereichübergreifenden Korrelationen der Skalen für die Mehrzahl der Konstrukte signifikante und deutliche Zusammenhänge zwischen den vier Ebenen gefunden. Als allgemeine Erklärungen für diese deutlichen Zusammenhänge werden nun zwei Erklärungsansätze genannt, die sich nicht gegenseitig ausschließen müssen, sondern die sich durchaus gegenseitig ergänzen können. Der eine Erklärungsansatz macht Persönlichkeits- bzw. Drittvariablen für die ermittelten Zusammenhänge verantwortlich, der andere geht von positiven bzw. negativen Wechselwirkungsprozessen (z.B. "Spillover" von Streß) zwischen den Lebensbereichen aus. Da diese Erklärungsansätze im Rahmen der Diskussion in Abschnitt 5.5.2 ausführlich beschrieben werden, sollen sie an dieser Stelle nicht weiter ausgeführt werden.

5.3 Diskussion der Vergleiche zwischen ost- und westdeutschen Frauen und Männern

In Abschnitt 5.3.1 wird zunächst der in Kapitel 4.3.1 beschriebene *Geschlechtervergleich* hinsichtlich der Werte in den einzelnen Skalen des Fragebogens *Gesundheit und Streß* diskutiert, anschließend in Abschnitt 5.3.2 der Vergleich zwischen *Ost*- und *Westdeutschen* aus allgemeiner sowie geschlechtsspezifisch differenzierter Perspektive.

5.3.1 Diskussion der Vergleiche zwischen Frauen und Männern

Die Vergleiche der Mittelwerte von Männern und Frauen ergaben für einige Skalen des Lebensbereichs *Individuum* auf dem Niveau von $\alpha < .01$ signifikante Unterschiede, nicht hingegen für die Skalen der Lebensbereiche *Arbeitsleben*, *Partnerschaft* und *Familie*. Männer haben nach den vorliegenden Daten signifikant günstigere Werte in der *Körperlichen Gesundheit* und im *Emotionalen Wohlbefinden*. Außerdem haben Männer nach ihren eigenen Angaben eine signifikant geringer ausgeprägte Tendenz zur *Streßübertragung* von einem Lebensbereich auf einen anderen. Unter den vielen *"Ressourcen"* des Lebensbereiches *Individuum* erreichten drei die Signifikanzgrenze: Frauen haben nach den auf varianzanalytischem Wege gefundenen Ergebnissen signifikant höhere Werte im *Ausdrücken von Gefühlen*, im *Bevorzugten Grad an Nähe* und im *Religiösen Glauben*.

Die Unterschiede in der *Körperlichen Gesundheit* und im *Emotionalen Wohlbefinden* bestätigen eine Vielzahl von Befunden zu geschlechtsspezifischen Betrachtungen von Variablen der Gesundheit (vgl. zusammenfassend Sieverding, 1994). Hinsichtlich der psychischen Gesundheit stellt Sieverding fest, daß Studien relativ einheitlich bei Frauen mehr psychische Störungen feststellen, eine stärkere Frequentierung psychotherapeutischer und psychiatrischer Institutionen, und daß sie häufiger Psychopharmaka verschrieben bekommen. Geschlechtsspezifische Häufungen von psychischen Störungen weisen insgesamt in die Richtung, daß Frauen häufiger an neurotischen Störungen leiden, insbesondere Depressionen und Phobien, sowie an psychosomatischen Symptomen, während bei Männern häufiger Persönlichkeitsstörungen, Alkoholismus und Drogenmißbrauch diagnostiziert werden. Geschlechtstypische Persönlichkeitsunterschiede, die man in der Regel auch an "gesunden" Stichproben findet, weisen in die gleiche Richtung: Frauen beschreiben sich durchschnittlich als ängstlicher und depressiver als Männer, und "sie haben durchschnittlich höhere Werte in den Maßen für Gehemmtheit, Erregbarkeit und psychosomatische Beschwerden" (Sieverding, 1994, S. 13). Für die hier gefundenen Unterschiede im *Emotionalen Wohlbefinden* sind diese oftmals gefundenen Geschlechtsunterschiede insofern relevant, als die in unserem Forschungsprojekt eingesetzte Skala in erster Linie ein Maß für eine Dimension der Anspannung, Angst und depressiven Gefühlen auf der einen Seite und Gelöstheit und Wohlbefinden auf der anderen Seite darstellt. Deshalb waren hier bei einer repräsentativen, alle Altersstufen und Bildungsgruppen integrierenden Stichprobe Geschlechtsunterschiede zu erwarten, die in die Richtung von geringerem *Emotionalen Wohlbefinden* bei den Frauen gehen.

Die geringeren Werte der Frauen in der *Körperlichen Gesundheit* waren ebenfalls zu erwarten, da die Liste der Symptome dieser Skala, die hinsichtlich der Häufigkeit des Auftretens der einzelnen Symptome eingeschätzt werden sollte, in erster Linie psychosomatische Symptome umfaßt, und Frauen in diesem

Bereich nach einer Vielzahl von Untersuchungen mehr Probleme haben bzw. berichten (vgl. Helfferich, 1993; Sieverding, 1994). Für diese unterschiedlichen Werte der Geschlechter in psychosomatischer und psychischer Gesundheit bieten sich m.E. die folgenden Erklärungen an: Zum einen ist die mehrfach berichtete höhere Symptomaufmerksamkeit der Frauen ein zu berücksichtigender Faktor (vgl. Helfferich, 1993; Sieverding, 1994). Auch sind Frauen eher bereit, psychosomatische Symptome ganzheitlich als Verweis auf psychische Probleme zu interpretieren (vgl. Helfferich, 1993). Nach Helfferich setzen Frauen eher das subjektive Erleben des gesunden Körpers als primären Wert und nicht nur als sekundären, abgeleiteten Wert im Sinne einer Voraussetzung für Leistungsfähigkeit. Im Gegensatz dazu ließe sich für Männer eher eine instrumentelle Einstellung zum eigenen Körper feststellen, bei der die Körperbeherrschung zum Zwecke der Leistungserfüllung im Vordergrund steht. Trifft dies zu, darf man von Auswirkungen dieser unterschiedlichen Tendenzen auf die Wahrnehmungen und Bewertungen der Quantität bzw. Qualität von körperlichen Symptomen ausgehen. Ein anderer, mit den geschlechtsspezifischen Wahrnehmungen und Bewertungen von Symptomen zusammenhängender Faktor, betrifft die mit den Geschlechtsrollen verbundenen Selbstdarstellungstendenzen hinsichtlich der Gesundheit: Während das Herunterspielen von körperlichen Beschwerden tendentiell ein Bestandteil des männlichen Geschlechtsrollenstereotyps ist, wird den Frauen eher eine Beachtung von Symptomen zugeschrieben und somit zugestanden (vgl. Helfferich, 1993). Als Folge sind auch bei Fragebogenuntersuchungen entsprechende Antworttendenzen zu erwarten.

Aber auch ein ganz anderer Erklärungsansatz für die geringeren Werte der Frauen in Gesundheit und Wohlbefinden ist an dieser Stelle zu diskutieren: Frauen sind in unseren westlichen Gesellschaften vor dem Hintergrund der sich wandelnden Rolle der Frau oftmals großen Belastungen ausgesetzt, die gerne mit den Begriffen der "Doppelbelastung" durch die "Doppelrolle" beschrieben werden. Trotz der größeren Beteiligung der Frauen in der Berufswelt erhalten sie im häuslichen Bereich in der Regel zu wenig Entlastung durch ihre Ehemänner (vgl. Schneewind, Gotzler, Schlehlein, Sierwald & Weiß, 1996; Sieverding, 1994). Hinzu kommt, daß Frauen durchschnittlich mehr soziale Unterstützung geben als sie erhalten, und zwar sowohl in der Partnerschaft, in der Familie als auch in der Berufswelt (vgl. Sieverding, 1994). Dieser Geschlechtsunterschied hinsichtlich der sozialen Unterstützung kann sich für die Gesundheit der Frauen in zweifacher Hinsicht ungünstig auswirken: Zum einen sind das Geben von Unterstützung und Gefühle der Verpflichtung, dies zu tun, mit Streß verbunden, der wiederum bewältigt werden muß. Zum anderen kann den Frauen durch einen Mangel an Unterstützung - z.B. von Seiten der Ehemänner - eine wichtige Ressource fehlen.

Im folgenden werden die unterschiedlichen Werte in den persönlichen "Ressourcen" diskutiert: Dabei stellt sich unter anderem die Frage, wie die höheren Werte der Frauen im *Ausdrücken von Gefühlen* zu bewerten sind. Hierzu ist zunächst festzustellen, daß dieser Geschlechtsunterschied in Einklang mit den in der Literatur berichteten Ergebnissen steht, die auf ähnlichen Skalen basieren. Für Frauen werden in der Regel höhere Werte in den *"expressiven Kompetenzen"* gefunden, für Männer in den *"instrumentellen Kompetenzen"*. Dabei erweisen sich die instrumentellen Kompetenzen als günstig für die Gesundheit, die expressiven hingegen als unbedeutend (vgl. zusammenfassend Sieverding, 1994). Die in dieser Arbeit gefundenen Ergebnisse, z.B. die berichteten Korrelationskoeffizienten der Skala *Ausdrücken von Gefühlen* mit den Skalen *Körperliche Gesundheit* ($r = .00$) und *Emotionales Wohlbefinden* ($r = .07$) bestätigen, daß die expressive Kompetenz des Ausdrückens von Gefühlen im Mittel als wenig bedeutsam für die psychische und physische Gesundheit anzusehen ist.

Ein weiterer signifikanter Geschlechtsunterschied betraf die Skala *Bevorzugter Grad an Nähe*. Die höhere Nähepräferenz der Frauen entspricht dem in der Literatur häufig berichteten Muster, bei dem die Frau innerhalb von Nähe-Distanz-Konflikten den Wunsch nach Nähe stärker lebt als ihr Partner (vgl. Scarf, 1987; Schulz von Thun, 1991). Diese Dimension hängt zwar mit den Skalen der Gesundheit signifikant zusammen, aber verglichen mit anderen persönlichen "Ressourcen", wie z.B. *Selbstwertgefühl* oder *Personale Kontrolle*, ist die Bedeutung dieser Skala für erfolgreiche Streßbewältigung und Gesundheit allerdings als geringer einzustufen (vgl. Kap. 4.5; 4.6; 4.7).

Für eine Bewertung der außerdem festgestellten höheren Werte der Frauen im *Religiösen Glauben* ist zunächst von Bedeutung, daß die betreffende Skala in der Gesamtstichprobe leicht (aber nicht signifikant) negativ mit der *Körperlichen Gesundheit* korreliert, und daß keine Zusammenhänge zum *Emotionalen Wohlbefinden* bestehen (vgl. Kap. 4.5). Bei einer Deutung dieser Zusammenhänge ist allerdings nach den in Kapitel 2.1.4.3 berichteten Befunden der Längsschnittstudie von Anson, Antonovsky und Sagy (1990) zu bedenken, daß ein religiöser Glaube nicht als irrelevant oder sogar dysfunktional für körperliche und psychische Gesundheit anzusehen ist, sondern daß sich als Folge von körperlichen oder psychischen Symptomen der religiöse Glaube - zumindest tendentiell signifikant - erhöht, was auf statistischer Ebene zu einer negativen Korrelation zwischen physischer Gesundheit und religiösem Glauben führt. Insgesamt ist nach unseren Daten der *Religiöse Glaube* durchschnittlich nicht als wichtige Ressource und als allgemein gesundheitsrelevant zu betrachten.

Im Hinblick auf die Skalen, die sich insgesamt als die wichtigsten persönlichen Ressourcen erwiesen haben (vgl. Kap. 4.5; 4.6; 4.7), sind die Mittelwerte im Falle der Skalen *Persönliche Zeit*, *Freizeiterholung* und *Weltanschauung* bei Frauen und Männern sehr ähnlich. Allerdings haben die Frauen in den wichtigen "Ressourcen"-Skalen *Selbstwertgefühl* und *Personale Kontrolle* tendentiell weniger günstige Werte als die Männer: Bei Varianzanalysen ohne die Kovariate Alter und Bildung sind die Geschlechtsunterschiede in diesen beiden Skalen auf dem Niveau von $\alpha < .05$ signifikant.

Möchte man die Werte der Männer und Frauen in den *persönlichen "Ressourcen"* insgesamt bewerten, sind die höheren Werte der Frauen in den Skalen *Ausdrücken von Gefühlen* und *Religiöser Glaube* so zu beurteilen, daß Frauen dadurch nicht wichtige Ressourcen, die sie benötigen könnten, um z.B. "Doppelbelastungen" der "Doppelrolle" möglichst gut zu bewältigen, in stärkerem Maße als Männer zur Verfügung haben. Am ehesten kann sich die höhere Nähepräferenz der Frauen im Kontakt mit anderen Menschen (Skala *Bevorzugter Grad an Nähe*) als günstig für sie auswirken, da diese Skala mit den Skalen der persönlichen "Anpassung" signifikant positiv korreliert (vgl. Kap. 4.2.3).

Als Erklärung für die höheren *Streßübertragungs*-Werte der Frauen kommt die Höhe des Streßniveaus kaum in Frage, da keine signifikanten Geschlechtsunterschiede in den arithmetischen Mittelwerten der vier *Streß*-Skalen bestehen. Deshalb liegt es eher nahe, an die des öfteren postulierte stärkere Tendenz der Frauen zu einer ganzheitlichen, weniger separierten Erlebensweise zu denken (vgl. Helfferich, 1993; Sieverding, 1994). Trifft es zu, daß Frauen stärker vernetzt denken und fühlen, kann diese - oftmals sicherlich funktionale Qualität - auch mit einer größeren Tendenz zur *Streßübertragung* einhergehen.

Alles in allem sollte trotz der hier vorgestellten und diskutierten Geschlechtsunterschiede bedacht werden, daß die Wertedifferenzen zwischen Männern und Frauen zwar in einigen Fällen signifikant sind, aber dennoch nicht überzubewerten sind. Vor allem sollte auch im Auge behalten werden, daß sich die Geschlechter nach den hier vorliegenden Daten in den meisten der untersuchten Dimensionen nicht signifikant unterscheiden. So waren beispielsweise in allen - im *Gesundheit und Streß*-Fragebogen enthaltenen - Konstrukten der Lebensbereiche *Arbeitsleben*, *Partnerschaft* und *Familie* keine Differenzen festzustellen.

5.3.2 Diskussion der Vergleiche zwischen Ost- und Westdeutschen aus allgemeiner und geschlechtsspezifischer Perspektive

Die in den Kapiteln 4.3.2 und 4.3.3 beschriebenen Ergebnisse der allgemeinen sowie geschlechtsspezifischen Mittelwertsvergleiche zwischen Ost- und Westdeutschen werden im folgenden kurz diskutiert. Univariate Varianzanalysen hatten signifikante Mittelwertsunterschiede in den folgenden Bereichen bzw. Skalen ergeben: Die untersuchten 473 Westdeutschen hatten sich von den 143 Ostdeutschen unserer Stichprobe signifikant in der *Lebenszufriedenheit*, in der *Körperlichen Aktivität* und im *Religiösen Glauben* unterschieden. In allen übrigen Skalen des Lebensbereiches *"Individuum"* hatten sich keine signifikanten Unterschiede zwischen den beiden Bevölkerungsgruppen ergeben. Während sich in den Lebensbereichen *"Arbeitsleben"* und *"Partnerschaft"* keine signifikanten Gruppenunterschiede zeigten, waren innerhalb des Lebensbereiches *"Familie"* Unterschiede festzustellen: Die untersuchten Ostdeutschen berichteten signifikant weniger *Familienstreß* sowie signifikant bessere *Problemlösefertigkeiten* sowie *Kommunikation in der Familie*.

Zu den im folgenden vorgenommenen Interpretationen der Ost-West-Vergleiche zunächst eine Vorbemerkung: Es sollte grundsätzlich im Auge behalten werden, daß die Untersuchungen von Ostdeutschen oder Ost-West-Vergleiche in den letzten Jahren mit einer Situation konfrontiert sind, bei der Unterschiede prinzipiell durch die folgenden diversen Einflußfaktoren bedingt sein können: Erstens können ermittelte Differenzen zwischen Ost- und Westdeutschen auf die unterschiedlichen gesellschaftlichen (politischen, materiellen, wirtschaftlichen, u.s.w.) Gegebenheiten vor der Wiedervereinigung zurückzuführen sein. Zweitens kann das unterschiedliche Erleben des "kritischen Lebensereignisses" der Wiedervereinigung durch West- versus Ostdeutsche zu Differenzen geführt haben. Drittens sind die unterschiedlichen gesellschaftlichen Situationen in den vergangenen Jahren seit der Wiedervereinigung zu berücksichtigende Einflußfaktoren. Zwar sind diese drei Faktoren in Untersuchungen der letzten Jahre kaum empirisch separierbar, aber sie sollten bei den Interpretationen von Ergebnissen zumindest mitbedacht werden.

Der vergleichsweise gering ausgeprägte *Religiöse Glaube* der Ostdeutschen ist durch den Einfluß der weltanschaulichen Ausrichtung des DDR-Staates leicht nachvollziehbar.

Die höheren Werte der Westdeutschen in der *Körperlichen Aktivität* sind wohl vor dem Hintergrund zu erklären, daß sich in den westlichen Industriegesellschaften in den letzten Jahrzehnten immer mehr die Überzeugung durchgesetzt hat, daß ausreichende körperliche Betätigung ein wichtiger Bestandteil einer gesunden Lebensweise ist. Infolgedessen treiben viele Westdeutsche aus gesundheitlichen Gründen Sport oder gehen zumindest regelmäßig spazieren.

Die etwas geringere durchschnittliche *Lebenszufriedenheit* der Ostdeutschen darf vermutlich in Zusammenhang mit den real schwierigeren Bedingungen in den neuen Bundesländern gesehen werden, die sich z.B. in Form von hoher Arbeitslosigkeit und einem geringeren Lebensstandard darstellen. Da Einschätzungen der Zufriedenheit ganz besonders vom persönlichen Anspruchsniveau abhängen, mag der seit der Wiedervereinigung stark betonte subjektive Vergleich der Ostdeutschen mit den Westdeutschen - z.B. in finanzieller Hinsicht - für Unterschiede in den Werten dieser Skala verantwortlich sein.

Die signifikanten Mittelwertsunterschiede in mehreren Skalen des Lebensbereichs *Familie* passen zu den in der Literatur berichteten Befunden und theoretischen Abhandlungen: Die große Bedeutung und die positive Bewertung der *Familie* in Ostdeutschland wird z.B. von Szydlik und Kohli (1994) sowie von Mau (1994) beschrieben. So stellen Szydlik und Kohli engere Familienbeziehungen bei den Menschen in den neuen Bundesländern fest und erklären dies über "die geringere räumliche und soziale Mobilität in der DDR ..., die Wichtigkeit der Tauschnetzwerke ..., die Nischengesellschaft mit dem Rückzug der DDR-

Bürger ins Private ..., die Familie als Notgemeinschaft gegen das System" (S. 75). Insbesondere den letztgenannten Aspekt beschreibt auch Mau (1994) in seiner Erklärung für die positive Bewertung der Familienbeziehungen bei den Ostdeutschen: Demnach "war die Familie auch der private Schutzraum gegen die Zudringlichkeiten staatlicher Stellen, die sich die Kontrolle über alle Aspekte des gesellschaftlichen Lebens aneignen wollten. Die Schließung der privaten Sphäre und die Aufwertung von Familienexistenz ist Teil von Subjektivierungsprozessen, mit denen man sich dem offiziellen Zugriff entzog" (S. 199). Bei denjenigen DDR-Bürgern, die ihrem Staat positiv gesonnen waren, mag sich der Faktor der deutlichen Förderung von Familien durch die DDR-Sozialpolitik auf die Orientierung der Werte in Richtung Familie ausgewirkt haben (vgl. Mau, 1994). Auch nach Walper (1995) sprechen insgesamt eine Vielzahl von Forschungsbefunden für eine höhere Familienorientierung im Osten im Vergleich zum Westen Deutschlands: Zwar war es in der ehemaligen DDR - bedingt durch die längeren Arbeitszeiten und den hohen Prozentsatz von in Schichtarbeit tätigen Eltern (21 Prozent der Väter und 16 Prozent der Mütter) - für Familien schwierig, genug Zeit für gemeinsam erlebte Freizeit der Familienmitglieder zu finden. Dennoch beschreiben ostdeutsche Jugendliche ihr Familienleben und die mit der Familie zusammenhängenden Gefühle von Sicherheit und Zuneigung insgesamt sehr positiv. Hinsichtlich der Gefühle, Schutz und Unterstützung von den Eltern zu bekommen, scheinen ostdeutsche Jugendliche ihre westdeutschen Altersgenossen zu übertreffen (Behnken et al., 1991).[5]

Die Tatsache, daß sich keine signifikanten Unterschiede in den gesundheitsbezogenen Skalen *Körperliche Gesundheit* und *Emotionales Wohlbefinden* ergeben haben, paßt z.B. zu dem Ergebnis der Untersuchung von Becker, Hänsgen und Krieger (1994), wonach gleich hohe Ausprägungen an psychischer Gesundheit bei West- und Ostdeutschen festzustellen sind. Die Autoren kommentieren dieses Resultat folgendermaßen: "Für die Streßforschung erscheint das Ergebnis bemerkenswert, daß unter bestimmten Bedingungen Menschen auch mit Häufungen kritischer Lebensereignisse fertig werden können, ohne daß es zu dem von Experten erwarteten deutlichen Anstieg psychischer und psychosomatischer Erkrankungen bzw. Symptome kommt" (S. 32).

Bei den in Abschnitt 4.3.3 dargestellten geschlechtsspezifischen Ost-West-Vergleichen hatten sich in den Varianzanalysen mit den beiden Faktoren Geschlecht und West-Ost nur in einer Skala, nämlich *Religiöser Glaube*, beide Haupteffekte als signifikant herausgestellt. Von besonderem Interesse waren bei diesen zweifaktoriellen Varianzanalysen Interaktionseffekte zwischen den Fakto-

---

[5]Hinsichtlich weiterer Ost-West-Unterschiede in familienbezogenen Variablen (z.B. Entwicklungen der Scheidungsraten; Unterschiede in der Art der Kinderbetreuung) sei auf die Darstellungen von Bien (1996) und Walper (1995) verwiesen.

ren Geschlecht und West-Ost. Ein derartiger signifikanter Interaktionseffekt hatte sich nur im Falle einer der 35 Skalen des *Gesundheit und Streß*-Fragebogens ergeben, nämlich in der Skala *Bevorzugter Grad an Nähe*. Der Faktor West-Ost hatte keine signifikanten Unterschiede in dieser Skala ergeben, aber der Haupteffekt Geschlecht sowie der Interaktionseffekt waren statistisch signifikant. Während bei Westdeutschen die Mittelwerte zwischen Männern und Frauen kaum differierten, lagen die Skalenwerte der ostdeutschen Frauen deutlich über denen der ostdeutschen Männer. Von den vier Subgruppen hatten die ostdeutschen Frauen die höchsten Werte in dieser Skala der Nähepräferenz. Die Werte der ostdeutschen Männer waren am niedrigsten. Bedenkt man, daß es sich bei dieser Skala um eine Dimension handelt, die in der Literatur bei ähnlichen Operationalisierungen dieses Konstrukts des Kontaktbedürfnisses bzw. der Nähepräferenz meist signifikante Geschlechtsunterschiede liefert, so liegt folgende Deutung der gefundenen Ergebnisse nahe: Bei ostdeutschen Erwachsenen läßt sich eine stärkere Polarisierung hinsichtlich der Präferenz der zwischenmenschlichen Nähe feststellen, wie sie für traditionelle Geschlechtsrollen typisch ist (vgl. Sieverding, 1994). Dies paßt zu der Beobachtung, daß der Wertewandel, der sich in der Bundesrepublik Ende der 60er und Anfang der 70er Jahre vollzogen hat, in der DDR - zumindest nicht im gleichen Maße - stattgefunden hat, und daß für die neuen Bundesländer nach wie vor eine etwas stärkere Normorientierung berichtet wird (vgl. Becker, Hänsgen & Krieger, 1994; Mau, 1994; Walper, 1995).

Insgesamt sollten nach den hier berichteten und diskutierten Unterschieden auch die vielen Gemeinsamkeiten im Auge behalten werden. Bei einer Gegenüberstellung der Häufigkeiten von 6 signifikanten gegenüber 29 nicht signifikanten Gruppenvergleichen in den 35 Skalen des *Gesundheit und Streß*-Fragebogens sind alles in allem mehr Gemeinsamkeiten als Unterschiede festzustellen. Es sollte darüber hinaus auch bedacht werden, daß trotz der statistisch signifikanten Differenzen die absoluten Wertebeträge meist nicht allzu sehr voneinander abweichen. Beispielsweise wird trotz der beschriebenen Werteunterschiede in Dimensionen des familiären Bereiches sowohl im Osten als auch im Westen Deutschlands die Familie nach wie vor als die zentrale Einheit sozialen Lebens mit ganz ähnlichen Bedeutungen angesehen (vgl. Schneewind, 1995c; Walper, 1995). Und mit Mau (1994) ist festzustellen: "Eine Vielzahl von Entwicklungen ..., die dem fortschreitenden Säkularisierungsprozeß zugeschrieben werden, waren in der Bundesrepublik und in der DDR gleichermaßen aufzufinden" (S. 200). Mau stellt trotz der - z.B. von Walper beschriebenen - Unterschiede, beispielsweise in der Entwicklung der Scheidungsraten, große Ähnlichkeiten und Parallelen in den Indikatoren einer 'Pluralisierung' familialer Lebensformen fest.

5.4 Diskussion der Korrelate und Prädiktion von Lebenszufriedenheit, emotionalem Wohlbefinden und körperlicher Gesundheit

Im folgenden werden die Ergebnisse aus Kapitel 4.4 diskutiert, die zu der Fragestellung nach der gesundheitsbezogenen Bedeutung aller in diese Studie miteinbezogenen Dimensionen präsentiert worden waren. Dabei werden zunächst die korrelativen Zusammenhänge aller Skalen mit den drei Skalen *Körperliche Gesundheit*, *Emotionales Wohlbefinden* und *Lebenszufriedenheit* interpretiert, anschließend die Ergebnisse der multiplen Regressionsanalysen aus Kapitel 4.4.2.

Die korrelativen Daten aus Kapitel 4.4.1 sollten einen ersten Anhaltspunkt hinsichtlich der Bedeutung, die die einzelnen, in diese Studie eingeschlossenen Dimensionen für die physische sowie die psychische Gesundheit haben, liefern. Die Korrelationen der *"Gesundheit und Streß"*-Skalen des Lebensbereichs *"Individuum"* ließen für einige Dimensionen deutliche gesundheitsbezogene Bezüge erkennen, was insbesondere auf den *Persönlichen Streß*, die *Personale Kontrolle*, das *Selbstwertgefühl*, die *Freizeiterholung*, die *Persönliche Zeit* und die *Weltanschauung (Lebenssinn)* zutrifft. Anhand der weiterhin durchgeführten Analysen, wie multiple Regressionsanalysen und Vergleiche von Gruppenprofilen, wird diskutiert werden, ob diesen Dimensionen auch nach den Ergebnissen anderer methodischer Zugänge eine besondere Bedeutung für die Gesundheit zukommt (siehe Kap. 5.5). Die niedrigen Korrelationen (nahezu Nullkorrelationen) des *Ausdrückens von Gefühlen* und des *Bevorzugten Grads an Flexibilität* mit der *Körperlichen Gesundheit* und dem *Emotionalen Wohlbefinden* lassen sich so interpretieren, daß die Werteausprägung in den beiden betreffenden Dimensionen im statistischen Mittel kaum gesundheitliche Bedeutung hat. Für die als eine persönliche Ressource konzeptualisierte Dimension *Religiöser Glaube* ist auf der Ebene der korrelativen Daten überhaupt keine positive Bedeutung für die Gesundheit zu erkennen. Eine Erklärung für die leicht negative Korrelation des *Religiösen Glaubens* mit der *Körperlichen Gesundheit* kann in Einflüssen der Variable Alter gesehen werden. Denn mit zunehmendem Alter nimmt die körperliche Gesundheit ab und - zumindest bei den gegebenen Kohorten - die Religiosität zu. Diese in der Forschungsliteratur oftmals berichteten Zusammenhänge (siehe Kap. 2.1.4.3) werden durch die Daten dieser Studie bestätigt: Die Variable *Alter* korreliert mit der *Körperlichen Gesundheit* signifikant negativ und mit dem *Religiösen Glauben* signifikant positiv.

Die Tatsache, daß die meisten Skalen der Lebensbereiche *Arbeitsleben*, *Partnerschaft* und *Familie* auf dem Signifikanzniveau von $\alpha < .001$ signifikante Korrelationskoeffizienten mit den Skalen der persönlichen "Anpassung" aufweisen, kann als Beleg für die - im MASH-Modell postulierte - Relevanz dieser Lebensbereiche für physische sowie psychische Gesundheit gesehen werden. Insgesamt sprechen die Daten für einen deutlichen gesundheitlichen Bezug der *Streß*- sowie *Kommunikations*-Skalen auf diesen drei Systemebenen. Lebensbereichspezifische Unterschiede zeigen sich bei den übrigen Dimensionen: Während z.B. im Lebensbereich *Arbeitsleben* die *Kohäsion* und die *Flexibilität* mäßig hoch positiv mit den Maßen der "Anpassung" korrelieren, trifft dies für die entsprechenden Dimensionen der Lebensbereiche *Partnerschaft* und *Familie* zumindest bezüglich der *Körperlichen Gesundheit* nicht zu. Die möglicherweise zwiespältige Rolle von sehr hohen Ausprägungen an Kohäsion und an Flexibilität in Partnerschaft und Familie wird weiter unten in Zusammenhang mit den Gruppenprofilen noch diskutiert werden (siehe Kap. 5.5).

Unter den *16 PF-R* und *NEO-FFI*-Dimensionen ergab sich insofern ein differentiell zu betrachtendes Muster, als einige der Skalen hohe, andere wiederum angenähert Nullkorrelationen zu den Maßen der persönlichen "Anpassung" zeigten. So waren insbesondere für die Skalen *Emotionale Stabilität* und *Neurotizismus* hohe korrelative Zusammenhänge zur *Körperlichen Gesundheit*, dem *Emotionalen Wohlbefinden* und der *Lebenszufriedenheit* festzustellen. Aber auch die *Soziale Kompetenz*, die *Besorgtheit*, die *Anspannung* und die *Extraversion* gingen als relativ deutlich gesundheitsrelevant hervor, in abgeschwächter Form auch das *Logische Schlußfolgern*, die *Dominanz*, die *Lebhaftigkeit*, die *Empfindsamkeit* (in negativem Sinne), die *Wachsamkeit* (in negativem Sinne), die *Abgehobenheit* (in negativem Sinne) und die *Verträglichkeit*, sowie die *Gewissenhaftigkeit. 16 PF-R*-Skalen, die sich als im Mittel nicht gesundheitsrelevant herausgestellt haben, sind die Faktoren *Wärme*, *Regelbewußtsein*, *Offenheit für Veränderung* und *Perfektionismus*. Unter den *NEO-FFI*-Skalen hat die Dimension der *Offenheit* keine gesundheitliche Bedeutung erkennen lassen.

Von den Skalen des *Paarklimas* zeigten insgesamt die Dimensionen des Sekundärfaktors *"Sozio-emotionale Orientierung"*, d.h. die Skalen *Zusammenhalt, Offenheit* und *Konfliktneigung* die deutlichsten Zusammenhänge zur Gesundheit und Zufriedenheit. Darüber hinaus haben nach den hier vorgestellten Ergebnissen aber auch eine *Aktive Freizeitgestaltung*, das Niveau an *Organisation* und das Ausmaß an *Kontrolle* (in negativem Sinne) gesundheitsbezogene Relevanz, hinsichtlich der *Lebenszufriedenheit* außerdem die *Selbständigkeit* und die *Kulturelle Orientierung*.

Insgesamt übertreffen die Korrelationskoeffizienten aller berücksichtigter Skalen - sowohl aus dem Fragebogen *Gesundheit und Streß* als auch diejenigen des *NEO-FFI*, des *16 PF-R* und der *Paarklimaskalen* - mit den Maßen der *psychischen* Gesundheit *(Emotionales Wohlbefinden, Lebenszufriedenheit)* die jeweilige Höhe der Korrelationen mit der *Körperlichen Gesundheit*. Eine Erklärung für diesen Befund kann man darin sehen, daß Zusammenhänge zwischen psychologischen Dimensionen eher hoch ausfallen als solche zwischen verschiedenen Ebenen des "biopsychosozialen" Ansatzes. Teilweise sind auch auf der

Ebene der Operationalisierungen der einzelnen Dimensionen deutliche inhaltliche Überlappungen zu erkennen, wie beispielsweise im Falle der Skalen *Personale Kontrolle*, *Selbstwertgefühl* und *Lebenszufriedenheit*. Bedenkt man den qualitativen Unterschied zwischen der psychischen und der physischen Ebene, können die ermittelten Korrelationskoeffizienten zwischen einigen der psychologischen Dimensionen (z.B. *Persönlicher Streß*, *Personale Kontrolle*, *Streß in der Familie*, *Emotionale Stabilität* und *Neurotizismus*) und der *Körperlichen Gesundheit* als beachtlich betrachtet werden.

Die in Kapitel 4.4.2 beschriebenen Ergebnisse der multiplen Regressionsanalysen lassen insgesamt darauf schließen, daß die Ressourcen insgesamt die Unterschiede in *psychischer* Anpassung (d.h. in *Lebenszufriedenheit* und *Emotionalem Wohlbefinden*) besser erklären können, "Streß" ist hingegen für die Variation in *Körperlicher Gesundheit* wichtiger. Dieses Ergebnis zeigt große Ähnlichkeiten zu dem Resultat der Untersuchung von Kohn, Hay und Legere (1994): Während bei ihren multiplen Regressionsanalysen hinsichtlich körperlicher Gesundheit "Mikrostressoren" als einziger Prädiktor hervorging, spielte für die Vorhersage von psychologischen Variablen auch "Coping" eine Rolle.

Was die extrem hohen, durch die Skalen *Selbstwertgefühl* bzw. *Weltanschauung* in den Regressionen von *Lebenszufriedenheit* aufgeklärten Varianzanteile betrifft, ist wie weiter oben im Falle der Korrelationskoeffizienten zu bedenken, daß eine gewisse Höhe gemeinsamer bzw. erklärter Varianz aufgrund inhaltlicher Überlappungen dieser psychologischen Maße zu erwarten war. Alle drei Skalen haben eine emotional gefärbte Bewertung der eigenen Person bzw. des eigenen Lebens zum Inhalt. Im Gegensatz dazu ist die *Körperliche Gesundheit* auf einer anderen Ebene innerhalb des "biopsychosozialen Ansatzes" lokalisiert als die meisten als Prädiktoren mit einbezogenen Dimensionen, die überwiegend psychologische Maße darstellen.

Was die "multisystemischen" multiplen Regressionen von *Lebenszufriedenheit* betrifft, konnten neben persönlichen Dimensionen auch partnerschafts- bzw. familienbezogene Skalen signifikante Vorhersagebeiträge leisten, darüber hinaus die "multisystemische" Skala *Streßübertragung*. In ähnlicher Weise spielten bei den multiplen Regressionen von *Emotionalem Wohlbefinden* auch arbeits- bzw. familienbezogene Skalen und die *Streßübertragung* eine Rolle.

Auch für die Vorhersage von *Körperlicher Gesundheit* waren neben den Skalen *Persönlicher Streß* (mit negativem Beta-Gewicht), *Personale Kontrolle* und *Unterstützung durch andere* (mit negativem Beta-Gewicht) auch eine auf das Arbeitsleben und eine auf das Familienleben bezogene Skala wichtig. Es mag auf den ersten Blick erstaunlich wirken, daß die Ressource *Unterstützung durch andere* mit negativem Beta-Gewicht einen signifikanten Beitrag bei der Vorhersage von *Körperlicher Gesundheit* leistet. Als Erklärung für diesen Befund bietet sich m.E. an, daß viele Menschen wohl gerade im Fall von körperlichen

Beschwerden die Erfahrung machen, daß sie sich mehr als erwartet auf die Unterstützung anderer Menschen, z.B. Freunde oder Fachleute, verlassen können.

Insgesamt können sowohl die durchgeführten Korrelations- als auch die multiplen Regressionsanalysen die Grundannahme des MASH-Modells bestätigen, daß für das komplexe Thema Streßbewältigung und Gesundheit Stressoren und Ressourcen aus den *vier* wichtigen Lebenskontexten des Menschen, die im Rahmen dieses Modells berücksichtigt wurden, von Bedeutung sind. Sowohl Streß als auch unterschiedlichste Ressourcen zeigen deutliche Bezüge zur *psychischen*, aber auch zur *physischen* Gesundheit. Dabei hängen psychologische Dimensionen der Komponente "Ressourcen" deutlicher mit der *psychischen* Gesundheit (*Emotionales Wohlbefinden, Lebenszufriedenheit*) zusammen als mit der *physischen* Gesundheit. Letztere zeigt wiederum deutliche Zusammenhänge zu Dimensionen der Komponente *"Streß"*, was sich z.B. bei den durchgeführten multiplen Regressionen daran erkennen ließ, daß die Skala *Persönlicher Streß* jeweils bereits im ersten Schritt als Prädiktor ausgewählt wurde. Daß die *"Ressourcen"* eine größere Bedeutung für das Ausmaß an *psychischer* Gesundheit haben und die des *"Streß"*-Niveaus eine vergleichsweise größere Relevanz für die *physische* Gesundheit hat, wird in Kapitel 5.5 weiter bestätigt.

5.5 Diskussion der Gruppenprofile

Im folgenden werden die in Kapitel 4.5 beschriebenen diversen Gruppenprofile diskutiert, dabei zunächst in Abschnitt 5.5.1 die Gegenüberstellung von Subgruppen mit unterschiedlich ausgeprägtem Ausmaß an *Streßübertragung*. Abschnitt 5.5.2 thematisiert dann die *Profile der 10 % Gesündesten*, um anhand dieser Ergebnisse die Frage nach den Charakteristika auffallend gesunder Menschen - einschließlich der Kennzeichen ihrer Lebenskontexte - zu beantworten bzw. zu diskutieren. Abschließend werden in Kapitel 5.5.3 die Profile von Subgruppen mit unterschiedlichen Kombinationen von *hohen* versus *niedrigen "Streß"- und "Ressourcen"-Niveaus* erörtert.

5.5.1 Diskussion der Profile der lebensbereichübergreifenden Streßübertragung

Im folgenden werden die Befunde zur lebensbereichübergreifenden Streßübertragung diskutiert, die Kapitel 4.5.1 mit Hilfe von Mittelwertevergleichen der beiden Gruppen mit "niedriger" versus "hoher Streßübertragung" beschrieb. Nach diesen Ergebnissen hängt die Tendenz zur *Streßübertragung* signifikant mit dem Streßvolumen in den Lebensbereichen *Individuum*, *Arbeitsleben*, *Partnerschaft* und *Familie* zusammen. Dieser psychologische Zusammenhang zeigte sich auch auf der Ebene der Korrelationen der Skala *Streßübertragung* mit den vier einzelnen lebensbereichspezifischen *"Streß"*-Skalen.

Unter den vielen *"Ressourcen"* des Lebensbereichs *Individuum* waren bei denjenigen signifikante Gruppenunterschiede festzustellen, die sich in dieser Studie insgesamt als die wichtigsten herausgestellt haben: Personen, die weniger Streß von einem Lebensbereich auf einen anderen übertragen, haben ein höheres *Selbstwertgefühl*, höhere Werte in *Personaler Kontrolle*, eine bessere Gestaltung der *Persönlichen Zeit*, höhere Werte in *Freizeiterholung* und in der *Weltanschauung (Lebenssinn)*.

Bei den "Ressourcen" des Lebensbereichs *Arbeitsleben* zeigten sich signifikante Gruppenunterschiede in der *Kommunikation*, der *Kohäsion* und der *Flexibilität*. Bei den Ressourcen der Lebensbereiche *Partnerschaft* und *Familie* unterschieden sich jeweils die Gruppenmittelwerte in den beiden Dimensionen der *Problemlösefertigkeiten* und der *Kommunikation*. Somit konnte die *Kommunikation* als einzige der für alle Lebensbereiche konzeptualisierten "Ressourcen" in diesen drei Lebenskontexten durchgängig zwischen den Gruppen differenzieren. Bedenkt man, daß diese Dimension nach den Daten aus Kapitel 4.4.1 die einzige der "Ressourcen" dieser drei Lebenskontexte war, die durchgängig signifikante Korrelationen mit den Skalen der psychischen und physischen Gesundheit aufweist, spricht dies zum einen für eine große Bedeutung der Qualität der Kommunikation für Streßbewältigung und Gesundheit (vgl. Bodenmann, 1996b; Thurmaier, 1997). Zum anderen spricht aber auch die Ähnlichkeit der Befunde zur physischen und psychischen Gesundheit einerseits (siehe Kap. 4.4 bzw. 5.4) und zur lebensbereichübergreifenden Streßübertragung andererseits - wie sie sich nicht nur im Falle der "Ressourcen" der Lebenskontexte Arbeitsleben, Partnerschaft und Familie gezeigt hat - dafür, daß die Indikatoren bzw. die psychologischen Zusammenhänge der Gesundheit ähnlich sind wie diejenigen der Tendenz zur Streßübertragung. Diese Deutung wird auch dadurch untermauert, daß sich in allen Skalen der Komponente "Anpassung" signifikante Unterschiede zwischen den Gruppen mit hoher versus niedriger Streßübertragung ergaben, so daß beispielsweise die *Körperliche Gesundheit* und das *Emotionale Wohlbefinden* in der Gruppe mit hoher Streßübertragung weniger erfreulich sind.

Insgesamt fällt bei den Ergebnissen zur lebensbereichübergreifenden Streßübertragung zum einen die Vielzahl der signifikanten Unterschiede auf, darüber hinaus aber auch, daß gerade diejenigen Skalen zwischen den beiden gebildeten Gruppen diskriminieren, die sich in dieser Studie alles in allem als besonders relevant für erfolgreiche Streßbewältigung und Gesundheit herausgestellt haben (siehe Kap. 4.2.1, 4.4.1, 4.4.2, 4.5.2, 4.5.3). Diese Resultate können dahingehend interpretiert werden, daß es sich bei der lebensbereichübergreifenden *Streßübertragung* um ein für Streßbewältigung und Gesundheit wesentliches Konstrukt handelt, das in der hier operationalisierten Form eines Selbstberichtinstrumentes wichtige Zusammenhänge zeigt. Vergleichsweise hohe Werte an Streßübertragung haben sich als Kennzeichen von denjenigen herausgestellt, die mit eher viel Streß in verschiedenen Lebensbereichen konfrontiert sind, gleichzeitig über eher geringe Ressourcen verfügen und psychisch sowie physisch vergleichsweise weniger gesund sind.

Interessanterweise ergaben innerhalb der Lebensbereiche *Partnerschaft* und *Familie* die beiden Dimensionen *Kohäsion* und *Flexibilität* jeweils keine signifikanten Unterschiede zwischen den Gruppen, obwohl es sich dabei um Konstrukte handelt, die für den Streßbewältigungsprozeß z.B. nach den Befunden von Lavee und Olson (1991) als sehr wichtig angesehen werden. Möglicherweise zeigen diese beiden Dimensionen - obwohl auf der Ebene von Selbstberichten im allgemeinen von einem linearen Zusammenhang zur Funktionalität ausgegangen wird (vgl. Olson, 1991b) - ein kurvilineares Muster im Hinblick auf die Tendenz zur Streßübertragung. Eventuell wird hier auch auf Fragebogenebene eine Schattenseite von besonders engen (bis zu eventuell "verstrickten") und von besonders flexiblen (bis zu "chaotischen") Paar- und Familiensystemen sichtbar. Denn es ist leicht vorstellbar, daß bei einem Teil der Paar- und Familiensysteme, deren Kohäsions- sowie Flexibilitätswerte sich am oberen Ende der entsprechenden Skalenwerte befinden, gerade durch ihre sehr ausgeprägte Nähe bzw. durch besonders wenig Strukturiertheit Prozesse der Übertragung von negativen Gefühlen begünstigt werden. Trifft dies nur auf einen Teil dieser Paar- und Familiensysteme mit sehr hohen Kohäsions- bzw. Flexibilitätswerten zu, während für einen anderen Teil dieser Systemtypen generell positive emotionale Prozesse mit geringer Streßübertragungstendenz festzustellen sind, würde dies im statistischen Mittel dazu führen, daß sich keine signifikanten Differenzen zwischen den Streßübertragungsgruppen ergeben. Die vorgefundenen Ergebnisse von fehlenden signifikanten Gruppenunterschieden in den betreffenden Skalen könnten auf diese Weise erklärt werden, obwohl diese Dimensionen durchaus wichtige psychologische Zusammenhänge zur Streßübertragung und Streßbewältigung aufweisen können. Diese Interpretationen, die neue Hypothesen mit einschließen, bedürfen allerdings in jedem Fall einer Überprüfung.

5.5.2 Diskussion der Profile der Gesündesten

In Kapitel 4.5.2 waren die *10 % Gesündesten* (hinsichtlich *Körperlicher Gesundheit* und *Emotionalem Wohlbefinden*) herausgegriffen worden und Profile ihrer Persönlichkeit, ihrer Arbeitswelt, ihrer Partnerschaften und ihrer Familien skizziert worden.

Zusammenfassend kann festgestellt werden, daß sich die 10 % Gesündesten der Stichprobe von der Restgruppe in den psychologischen Gegebenheiten aller vier wichtigen Lebensbereiche unterscheiden. Das *Persönlichkeitsprofil* der Gesündesten läßt sich kennzeichnen durch ein vergleichsweise höheres *Selbstwertgefühl*, höhere *Personale Kontrolle*, *Lebenszufriedenheit*, bessere Gestaltung der *Persönlichen Zeit*, höhere *Freizeiterholung*, größere *Emotionale Stabilität*, *Dominanz*, *Soziale Kompetenz* sowie geringere *Besorgtheit* und *Anspannung*. Zudem können die Gesündesten mehr Sinn im Leben erkennen (Skala *Weltanschauung*).

Drei der *16 PF-R*-Dimensionen mit signifikanten Gruppenunterschieden sind dem *16 PF-R*-Sekundärfaktor *"Ängstlichkeit"* zuzuordnen, der sich aus den Primärdimensionen *C* (in negativer Ausprägung), *L*, *O* und *Q4* zusammensetzt (vgl. Schneewind & Graf, 1998). Da dieser Sekundärfaktor deutliche Korrelationen zur *NEO-FFI*-Skala *Neurotizismus* aufweist (vgl. Schneewind & Graf, 1998), war davon auszugehen, daß sich die beiden Gesundheitsgruppen auch in den *Neurotizismus*-Werten unterscheiden. Dies ist nach den vorliegenden Daten durchaus der Fall.

Im Lebensbereich *Arbeitsleben* erleben die Gesündesten weniger *Streß* und mehr *Zufriedenheit*. Ihre *Partnerschaften* zeichnen sich ebenfalls durch weniger *Streß* und höhere *Zufriedenheit*, darüber hinaus durch günstigere *Kommunikation* aus. Die partnerschaftliche *Konfliktneigung* ist geringer und die *Offenheit* höher. In ähnlicher Weise stellt sich für sie der Lebensbereich *Familie* so dar, daß sie weniger *Streß* erleben, hingegen bessere *Problemlösefertigkeiten* und *Kommunikation*, sowie höhere *Flexibilität* und *Zufriedenheit*.

Zusätzlich zu der Vielzahl von Unterschieden in den psychologischen Zusammenhängen *innerhalb* der vier Systemebenen läßt sich feststellen, daß sich offensichtlich auch die Zusammenhänge *zwischen* den Lebensbereichen insofern unterschiedlich darstellen, als das Ausmaß an *Streßübertragung* von einem Lebensbereich auf einen anderen bei den Gesündesten signifikant niedriger ist.

Es hatte sich somit insgesamt gezeigt, daß die *Gesündesten* in allen wichtigen Lebensbereichen (Person, Arbeitsleben, Partnerschaft, Familie) signifikant weniger Negatives - in Form von *"Streß"* - und signifikant mehr Positives - in Form von *"Ressourcen"* und positiver *"Anpassung"* - erleben.

Für eine Interpretation der gefundenen Profile der Gesündesten in den vier betrachteten Lebensbereichen sind m.E. die folgenden Erklärungen relevant: Erstens haben wichtige psychologische Prozesse immer die Tendenz, von einem Lebensbereich auf einen anderen überzugreifen. Dies gilt nicht nur für negative Prozesse, wie "Spillover" von Streß oder Unzufriedenheiten, die Störungen von einem System in ein anderes System derselben Person hineintragen, sondern auch für positive Variablen. Für derartige Wechselwirkungen zwischen den Lebensbereichen gibt es eine Vielzahl von Belegen in der Forschung, auf die in Kapitel 2.5 eingegangen wurde. Diese Beispiele für Wechselwirkungen zwischen den Systemen dürften mit den impliziten Theorien der meisten Menschen durchaus kongruent sein. So ist z.B. leicht nachvollziehbar, daß beruflicher Erfolg, der durch eine positive, unterstützende Partnerschaft gefördert wird, auf die Partnerschaft positiv rückwirken kann. Ein beruflicher Aufstieg, der mit einer Gehaltserhöhung verbunden ist, kann der Partnerschaft bzw. Familie Stressoren wegnehmen und gleichzeitig neue Perspektiven, z.B. in der Gestaltung des häuslichen Bereiches oder in der Ermöglichung von Freizeitaktivitäten, eröffnen. Verringerungen von Paarstreß bzw. Erhöhungen der positiven Erfahrungen in der Partnerschaft haben wiederum positive Einflüsse auf die familiäre Interaktion und die Eltern-Kind-Beziehungen. Positive Erfahrungen in Ehe und Familie haben ihrerseits wieder positive Auswirkungen auf Persönlichkeitsvariablen wie Selbstwertgefühl, personale Kontrolle oder Selbstwirksamkeitserwartungen (vgl. Schneewind, 1982; 1999). Auch das Erleben von Freizeiterholung und Lebenssinn dürften dadurch gefördert werden.

Derartige systemübergreifende Wechselwirkungsprozesse sind zwar sowohl leicht nachvollziehbar als auch durch Forschungsbefunde belegbar, jedoch stellt sich die Frage nach den Grenzen dieser "positiven Spiralen". Ist z.B. eine Partnerschaft in negativen Interaktionsmustern "gefangen", wird der im obigen Beispiel beschriebene berufliche Erfolg des Mannes bei der Ehefrau eher zu negativen Deutungen führen, wie z.B. jetzt habe sich ihr Mann offensichtlich völlig seinem Beruf verschrieben und werde sie sicherlich in Zukunft noch mehr vernachlässigen (vgl. Schulz von Thun, 1991). Insgesamt stellt sich zum einen die Frage, bei wem und unter welchen Bedingungen positive systemübergreifende Wechselwirkungen zustandekommen und zum anderen, wie stark diese Effekte im allgemeinen und im speziellen sind. Diese Frage weist bereits in die Richtung eines zweiten, hier m.E. wichtigen Erklärungsansatzes:

Bestimmte Persönlichkeits- und Drittvariablen haben auf das Erleben von Streß in den unterschiedlichen Lebensbereichen gleichgerichtete positive oder negative Einflüsse, ebenso wie auf die Ressourcen und Anpassungsniveaus in den verschiedenen Lebensbereichen. Dies ist z.B. für die Konstrukte *Optimismus* (Scheier & Carver, 1987) sowie für die *Selbstwirksamkeitserwartungen* (Bandura, 1977) der Fall, die jeweils inhaltiche Bezüge zu den hier vorgestellten Operationalisierungen von *Selbstwertgefühl* und *Personaler Kontrolle* erkennen lassen. Deswegen sind für die jeweiligen Ausprägungen in diesen beiden Skalen Auswirkungen auf Streßbewältigungs- und Gesundheitsprozesse in allen wichtigen Kontexten zu erwarten, was nach den vorliegenden Befunden auch der Fall ist. Es ist hinsichtlich der Frage nach "der Henne und dem Ei" m.E. sogar davon auszugehen, daß die Dimensionen der Persönlichkeit in der prozessualen Abfolge nicht unbedingt - wie das MASH-Modell postuliert - an zweiter Stelle stehen, sondern eher am Anfang der Abfolge zu positionieren wären, da sie in grundlegender Weise die Wahrnehmung von Stressoren mitbestimmen. Für eine Überprüfung dieser Hypothese ist allerdings ein anderes Forschungsdesign notwendig.

Hinter diesem Abschnitt stand das Bemühen, zu einer *ganzheitlichen* Konzeption von "Gesundheit" in Form von sowohl *Körperlicher Gesundheit* als auch *Emotionalem Wohlbefinden* wichtige multisystemische Zusammenhänge aufzuzeigen. Für diese Form von "Gesundheit" haben sich insgesamt alle vier Lebensbereiche als relevant herausgestellt. Somit haben psychologische Gegebenheiten aus den unterschiedlichen Lebenskontexten einen Einfluß auf die persönliche "Gesundheit", bzw. die Ausprägung an "Gesundheit" beeinflußt die Erfahrungen in den diversen Lebensbereichen. Auf jeden Fall kann man abschließend die Ergebnisse auch so interpretieren, daß sich Gesundheit mit ihren psychologischen Zusammenhängen auf allen vier Systemebenen manifestiert. Dies stellt eine Bestätigung der Forderung von multisystemischen Forschungsansätzen bei der Betrachtung von Streßbewältigung und Gesundheit dar (vgl. Olson & Stewart, 1991b; siehe auch Kap. 5.5.1). Die Ergebnisse können außerdem als empirischer Beleg für die Relevanz der Persönlichkeit für streß- und gesundheitsbezogene Prozesse angesehen werden. Auch auf theoretischer Ebene ist der diesbezügliche bedeutsame Einfluß der Persönlichkeit völlig offensichtlich: Die Persönlichkeit bestimmt bereits die Wahl eines Partners entscheidend mit, in der Regel aber auch die Berufswahl. Ferner ist bereits die Wahrnehmung, z.B. von individuellem Streß, durch die Persönlichkeit grundlegend mitbestimmt. Da dasselbe auch für das Denken, Erleben und Verhalten in den Bereichen Arbeitsleben, Partnerschaft und Familie gesagt werden kann, sind die hier betrachteten gesundheitsrelevanten Variablen *im Kontext der Persönlichkeit* und *in Abhängigkeit* von dieser zu sehen. Dabei sind unter anderem auch selbstkonstruktive Prozesse und sich-selbst-erfüllende Prophezeihungen relevant (vgl. Schulz von Thun, 1991).

5.5.3 Diskussion der Vergleiche von Subgruppen mit unterschiedlichen Kombinationen von persönlichen Streß- und Ressourcen-niveaus

In Kapitel 4.5.3 stand in ähnlicher Weise wie in Kapitel 4.4 die Frage nach der gesundheitlichen Bedeutung der Stressoren und Ressourcen aus den unterschiedlichen Lebensbereichen im Vordergrund. Dieser Frage wurde bei dem in Abschnitt 4.5.3 dargestellten Gruppenvergleich mit einem methodischen Zugang nachgegangen, der auch die vor dem Hintergrund des *MASH*-Modells insbesondere interessierenden Interaktionen von Stressoren und Ressourcen berücksichtigt. Das methodische Vorgehen bestand in Vergleichen der folgenden Subgruppen mit unterschiedlichen Kombinationen von *Persönlichen Streß-* und *Ressourcen*-Niveaus mittels Varianzanalysen:
"Hoher *Persönlicher Streß* und geringe *Persönliche Ressourcen*" (Gruppe 1); "Geringer *Persönlicher Streß* und hohe *Persönliche Ressourcen*" (Gruppe 2); "Geringer *Persönlicher Streß* und geringe *Persönliche Ressourcen*" (Gruppe 3); und "Hoher *Persönlicher Streß* und hohe *Persönliche Ressourcen*" (Gruppe 4).

Besonders interessant erscheinen die Subgruppen, bei denen - trotz der für die Gesamtstichprobe feststellbaren negativen Korrelation zwischen *"Streß"* und *"Ressourcen"* - ein Muster anzutreffen ist, bei dem "geringer Streß" mit "geringen Ressourcen" bzw. "hoher Streß" mit "hohen Ressourcen" einhergeht (Gruppen 3 und 4). Eine derartige Konfiguration der Werte scheint auch Antworttendenzen, wie z.B. Klagetendenzen oder Tendenzen zu positiven, sozial erwünschten Darstellungen, entgegengerichtet zu sein. Aus salutogenetischer Perspektive erscheint die Gruppe 4 mit ihrem Muster aus "hohem Streß" und gleichzeitig "hohen Ressourcen" von besonderem Interesse, da man bei dieser Subgruppe - im Rahmen eines Vergleiches mit den anderen Gruppen - die Hypothese einer Pufferwirkung von Ressourcen überprüfen kann. Außerdem ist diese Gruppe, falls sie sich als psychisch und physisch sehr gesund erweist, zum Studium der Streßresistenz sehr geeignet.

Im folgenden steht die Frage im Vordergrund, ob die Ausprägung der jeweiligen Skala (eher) vom Niveau an *Persönlichem Streß* oder (eher) vom Niveau an *Persönlichen Ressourcen* abhängt oder von diesen beiden Dimensionen. In letzterem Falle ist wiederum zu unterscheiden, ob unabhängig voneinander zwei Haupteffekte der beiden Dimensionen vorliegen oder aber Interaktionseffekte.

Die Resultate der Skalen der persönlichen "Anpassung" (*Körperliche Gesundheit*, *Emotionales Wohlbefinden* und *Lebenszufriedenheit)* sind für die Frage nach der *gesundheitlichen* Bedeutung von (a) Streß, (b) Ressourcen und (c) der Interaktion von Streß und Ressourcen besonders aufschlußreich: Die varianzanalytische Untersuchung der Gruppenmittelwerte auf signifikante Unterschiede ergab im Hinblick auf die *Lebenszufriedenheit* ein Muster, das das Niveau an *persönlichen Ressourcen* als die entscheidende Größe zeigt. Der Vergleich der Gruppenmittelwerte im *Emotionalen Wohlbefinden* ergab, daß für die Höhe des Wohlbefindens zwar in erster Linie wichtig ist, wie das Selbstwertgefühl, die personale Kontrolle, die Freizeiterholung und die Wahrnehmung von Lebenssinn beschaffen sind. An zweiter, aber keineswegs unbedeutender Stelle ist wichtig, daß das Niveau an Streß nicht hoch ausgeprägt ist.

Die höchsten Werte in der *Körperlichen Gesundheit* finden sich in der Gruppe 2. Die Gesundheitswerte der Gruppen 3 und 4 unterscheiden sich kaum voneinander. Im Vergleich zu allen anderen drei Gruppen berichtet die Gruppe 1 deutlich mehr körperliche Symptome. Folglich zeigt sich hier die Bedeutung des Streßniveaus noch deutlicher als im Falle des emotionalen Wohlbefindens.

Der Gruppenvergleich hinsichtlich der *Persönlichen Problemlösefertigkeiten* hatte ergeben, daß diejenigen, die über hohe persönliche Ressourcen verfügen, aber auch viel Streß erleben (Gruppe 4), am stärksten aktiv an die Lösung ihrer Probleme herangehen. Insgesamt legt der Wertevergleich in den Problemlösefertigkeiten nahe, daß deren Ausprägung nicht nur vom Niveau der Ressourcen oder des Stresses abhängt, sondern von bestimmten Kombinationen dieser Komponenten.

Der *Bevorzugte Grad an Nähe* war bei Gruppe 4 am stärksten ausgeprägt. Daß die *Nähe*-Ausprägung nicht allein eine Funktion des persönlichen "Streß"-Niveaus sein kann, sondern auch mit dem "Ressourcen"-Niveau zusammenhängt, wird dadurch belegt, daß Gruppe 1 deutlich geringere Werte hat als Gruppe 4.

Somit sind die Befunde mit denjenigen zur Skala *Persönliche Problemlösefertigkeiten* vergleichbar.

Interessanterweise ist der *Bevorzugte Grad an Flexibilität* bei den Gruppen mit niedrigen Ressourcen (Gruppen 1 und 3) höher ausgeprägt als bei den Gruppen mit hohen Ressourcen. Dieses Resultat steht im Widerspruch zu der Annahme von Olson und Stewart (1990b), daß hohe Ausprägungen auf dieser Dimension eine Ressource darstellen, die sowohl mit den anderen Ressourcen als auch mit dem Gelingen der Streßbewältigung positiv zusammenhängt. Das Ergebnis bestätigt allerdings die Befunde aus Kapitel 4.2.1, die teilweise Nullkorrelationen, zu einem großen Teil aber auch negative Korrelationen dieser Skala mit den anderen persönlichen "Ressourcen" sowie der individuellen "Anpassung" zeigten. Somit wird insgesamt für hohe Ausprägungen in dieser Skala nicht nur eine Funktion als Ressource in Frage gestellt, sondern man darf sogar davon ausgehen, daß gerade niedrige Ausprägungen in dieser Skala eine Ressource darstellen.

Die Ergebnisse zu den vier Skalen, aus denen sich die übergeordnete Dimension *Persönliche Ressourcen* zusammensetzt (*Selbstwertgefühl*, *Personale Kontrolle*, *Freizeiterholung* und *Weltanschauung*), zeigen durchgängig ein Muster, bei der die Gruppenmittelwerte in den Gruppen mit hohen Ressourcen nicht nur signifikant, sondern auch relativ markant über den Werten in den beiden Vergleichsgruppen liegen. Dies kann als Bestätigung einer gelungenen Auswahl dieser vier Skalen als gut differenzierende Dimensionen angesehen werden.

Die wahrgenommene *Soziale Unterstützung* im Falle von Problemen war bei denjenigen höher, die über hohe persönliche Ressourcen verfügen. Als Erklärung hierfür bietet sich an, daß Menschen mit hohen persönlichen Ressourcen, wie Selbstwertgefühl - und damit zusammenhängend hoher Lebenszufriedenheit - durch optimistischere Ausstrahlung und positivere Verhaltensweisen eher erfreuliche Erfahrungen im Sozialkontakt machen. Diese Prozesse werden natürlich wiederum dadurch verstärkt, daß die positiveren Erfahrungen im Sozialkontakt ihrerseits wieder die Ressourcen steigern, so daß sich positive Spiralen ergeben

Die Tendenz zur *Streßübertragung* hängt mit dem Niveau an *Persönlichem Streß* zusammen. Dieses Ergebnis bestätigt die Befunde aus Kapitel 4.4. Darüber hinaus ist der Werteunterschied der beiden Gruppen 1 und 4 so zu interpretieren, daß hinsichtlich des "Spillovers" von Streß ein "Puffereffekt" durch hohe persönliche *Ressourcen* festzustellen ist.

Für den Lebensbereich *Arbeitsleben* konnte zunächst im Hinblick auf den *Arbeitsstreß* festgestellt werden, daß die beiden Gruppen mit hohem *Persönlichem Streß* signifikant höhere Werte zeigen als die beiden anderen Gruppen. Ein gewisser Zusammenhang zwischen dem Niveau an *Persönlichem Streß* und an *Arbeitsstreß* war zu erwarten, da bereits auf der Ebene der Operationalisierung des *Persönlichen Stresses* auch Stressoren, die direkt oder indirekt mit der Arbeit zu tun haben, integriert waren. Deshalb sind weiterführende Interpretationen -

z.B. in Richtung von "Spillover"-Effekten - an dieser Stelle m.E. mit Vorsicht vorzunehmen. Für die *Problemlösefertigkeiten bei der Arbeit* lassen sich nach den Ergebnissen des Subgruppenvergleiches positive psychologische Zusammenhänge zu den *Persönlichen Ressourcen* feststellen, nicht hingegen zum Volumen an *Persönlichem Streß*. Hinsichtlich der *Kommunikation*, der *Flexibilität* sowie der *Zufriedenheit bei der Arbeit* fielen vor allem die weniger günstigen Werte der Gruppe 1 auf. Die *Kohäsion bei der Arbeit* war bei Gruppe 1 signifikant geringer ausgeprägt als in allen drei anderen Gruppen. Da zwischen den drei Gruppen 2, 3 und 4 keine signifikanten Mittelwertsunterschiede festzustellen waren, läßt sich folgern, daß die *Kohäsion am Arbeitsplatz* dann einen der Idealgruppe mit niedrigem Streß und hohen Ressourcen (Gruppe 2) vergleichbar hohen Wert erreicht, wenn entweder der Streß gering oder die Ressourcen hoch sind.

Eine Abhängigkeit des Ausmaßes an *Streß in der Partnerschaft* von den *Persönlichen Ressourcen* wurde daran erkennbar, daß Gruppe 4 deutlich weniger Paarstreß erlebt als Gruppe 1 und Gruppe 2 weniger als Gruppe 3. Hinsichtlich der *Problemlösefertigkeiten*, der *Kommunikation* sowie der *Zufriedenheit mit der Partnerschaft* fallen vor allem die ungünstigeren Werte der Gruppe 1 auf. Auch in der *Kommunikation in der Partnerschaft* lagen die Werte dieser Gruppe signifikant ungünstiger als in den drei anderen Gruppen. Darüber hinaus unterschieden sich hier die beiden Gruppen mit niedrigem Streß (2 und 3) in Abhängigkeit ihres unterschiedlichen "persönlichen Ressourcen"-Niveaus signifikant voneinander, was insgesamt für einen Zusammenhang der dyadischen Kommunikation zum "Streß"- aber auch zum "Ressourcen"-Niveau auf der individuellen Ebene spricht. Hohe *Kohäsion* sowie *Flexibilität in der Partnerschaft* gehen nach den vorliegenden Daten mit einem hohen Niveau an "persönlichen Ressourcen" einher.

Für das Ausmaß an *Streß in der Familie* hat sich das Niveau an *Persönlichem Streß* als entscheidende Variable gezeigt. Im Hinblick auf die familiären Ressourcen *(Problemlösefertigkeiten, Kommunikation, Kohäsion, Flexibilität)* fallen vor allem die ungünstigen Werte der Gruppe 1 auf, während viele der übrigen Gruppenvergleiche unter anderem aufgrund geringer Fallzahlen die Signifikanzgrenze nicht erreichen. Deshalb sind Deutungen, die in die Richtung gehen, eine Bedeutung des *Persönlichen Ressourcen*-Niveaus für die familiären Ressourcen festzustellen, nur eingeschränkt möglich. Hinsichtlich der *Zufriedenheit mit der Familie* sind insbesondere die geringen Werte der Gruppe 1 auffallend.

Der Vergleich der Mittelwerte der vier Subgruppen in den *16 PF-R*-Dimensionen ergab hauptsächlich in den Skalen signifikante Gruppenunterschiede, die sich auch in den weiter oben beschriebenen Berechnungen (siehe Kap. 5.4.1) als wichtig für die psychische sowie physische Gesundheit herausgestellt haben. Hinsichtlich der Ausprägung an *Emotionaler Stabilität* hat sich das Niveau an *Persönlichen Ressourcen* als die entscheidende Variable herausgestellt. Dies ist natürlich nicht verwunderlich, da die *Emotionale Stabilität* selbst ja als eine entscheidende "persönliche Ressource" angesehen werden kann. Hohe Werte an *Dominanz* gehen tendentiell auch eher mit hohen persönlichen Ressourcen einher und sind insbesondere ein Charakteristikum der Gruppe 4. Hohe *Soziale Kompetenz* geht eindeutig mit hohen *Persönlichen Ressourcen* einher. Das bedeutet, daß sich hohe persönliche Kompetenzen auch im sozialen Kontext manifestieren, bzw. andersherum wird die Erfahrung, daß man sich im sozialen Kontakt kompetent verhält, die Einschätzung persönlicher Ressourcen, wie z.B. Selbstwertgefühl und personale Kontrolle, positiv beeinflussen. Daß sich die höchsten Werte an *Wachsamkeit* in der Gruppe 1 fanden, ist insofern leicht nachvollziehbar, als man im Fall von geringen persönlichen Ressourcen und gleichzeitig hoher erlebter Belastung durch Stressoren eher ein "wachsames Auge" darauf haben muß, daß die eigenen Ressourcen, wie z.B. das Selbstwertgefühl und die personale Kontrolle, durch den Kontakt mit anderen Menschen nicht noch weiter sinken und die erlebten Belastungen nicht noch weiter erhöht werden. Darüber hinaus kann man auch hier wieder von einer Wechselwirkung der Faktoren Wachsamkeit einerseits und Streß- und Ressourcen-Niveau andererseits ausgehen, da nicht nur persönliche Bedrohung durch Stressoren bei geringen Ressourcen die Wachsamkeit erhöhen kann, sondern außerdem hohes Mißtrauen per se bereits ein Stressor ist, der sich z.B. in Form von belastenden Gedankenketten manifestiert. Zusätzlich wird diese mißtrauische Haltung Verhaltensweisen auslösen, die im Sinne sich-selbst-erfüllender Prophezeihungen Stressoren, z.B. im Rahmen des zwischenmenschlichen Kontakts, herbeiführen und die persönlichen Ressourcen angreifen. Auch in den Persönlichkeitsfaktoren der *Abgehobenheit* und der *Anspannung* weist die Gruppe 1 die niedrigsten Werte auf. Dies steht in Einklang mit den signifikant negativen Korrelationen dieser Dimensionen mit den Maßen der "Anpassung", die wiederum bei der Gruppe 1 weniger erfreulich ausgeprägt sind. Geringe *Besorgtheit* geht mit "hohen persönlichen Ressourcen" einher. Bemerkenswerterweise ist nach den Ergebnissen des Gruppenvergleiches kein Zusammenhang dieser Dimension zum "Streß"-Niveau festzustellen. Demnach stellt sich dieser Persönlichkeitsfaktor als relativ situationsunabhängig hinsichtlich der Summe der Mikrostressoren dar und ist somit quasi ein "reiner" Persönlichkeitsfaktor. Die *Offenheit für Veränderung* liegt bei der Gruppe 3 besonders niedrig. Geringe persönliche Ressourcen gehen möglicherweise mit Vorsicht gegenüber Veränderungen einher, eine Vorsicht, die im Falle dieser Gruppe nicht durch Leidensdruck in Form von viel Streß durchbrochen wird: Ihr persönliches Streßniveau liegt ja niedrig, so daß von dieser Seite her gesehen wenig Anlaß zu Veränderungen gegeben ist.

Die Daten sprechen ferner für einen deutlichen Bezug des *Neurotizismus* zur Dimension der *Persönlichen Ressourcen*. Tendentiell gehen aus dem Gruppenvergleich allerdings auch Zusammenhänge zum Ausmaß an *Persönlichem Streß* hervor, so daß im Fall von niedrigen persönlichen Ressourcen über eine Erniedrigung des Streßniveaus eine Senkung des Niveaus an Neurotizismus möglich sein kann. Der Gruppenvergleich in der Skala *Extraversion* kommt zu dem Ergebnis, daß sich Gruppe 4 von den drei anderen Gruppen durch signifikant höhere Werte unterscheidet. Dies paßt zu den hohen Werten dieser Gruppe im *Bevorzugten Grad an Nähe* und in der *Sozialen Unterstützung*. Die per *NEO-FFI* erfaßte *Offenheit* ist in der Gruppe 1 signifikant geringer als in den drei Vergleichsgruppen. Offenbar können Kreativität, Freude an Unternehmungen sowie unkonventionelle Tendenzen im Fall von hohem Streß bei gleichzeitig geringen persönlichen Ressourcen weniger gelebt werden. In der *Verträglichkeit* zeigt die Gruppe 4 vergleichsweise hohe Werte. Dies mag vor dem Hintergrund ihrer hohen *Dominanz*-Werte vielleicht zunächst verwunderlich sein. Bedenkt man aber die deutliche Korrelation der *Verträglichkeit* mit der *Extraversion* (nach unseren Daten $r = .36$), paßt dieses Ergebnis wiederum zu dem Bild der extravertierten Gruppe 4. Hohe Ausprägungen an *Gewissenhaftigkeit* gehen nach den Ergebnissen der Subgruppenvergleiche mit hohen *Persönlichen Ressourcen* einher. Hinsichtlich der Dimensionen der *Paarklimaskalen* kann zunächst für den *Zusammenhalt* sowie die *Offenheit* in der Partnerschaft festgestellt werden, daß deutliche Bezüge zur Ausprägung an *Persönlichen Ressourcen* zu erkennen sind, nicht jedoch zum Volumen an *Persönlichem Streß*. Dasselbe trifft auf die anderen Dimensionen zu, bei denen sich signifikante Differenzen zwischen den Subgruppen feststellen ließen: *Konfliktneigung* (mit umgekehrtem Vorzeichen), *Aktive Freizeitgestaltung* und *Organisation*.

Nach diesen, für die einzelnen Skalen vorgenommenen Deutungen der Ergebnisse wird im folgenden eine zusammenfassende *Charakterisierung der Subgruppen* mit Interpretationen der jeweiligen psychologischen Zusammenhänge vorgenommen.

Im Hinblick auf die *Gruppe 1* ("hoher *Persönlicher Streß* - hohe *Persönliche Ressourcen*") ist festzustellen, daß sie - abgesehen von den ungünstigen Werten in den fünf Skalen, die für die Gruppenbildung maßgeblich waren - die geringste *Körperliche Gesundheit*, das geringste Niveau an *Emotionalem Wohlbefinden* und eine vergleichsweise niedrige *Lebenszufriedenheit* aufweist.

Die markantesten Ergebnisse zum *16 PF-R-* sowie *NEO-FFI-Persönlichkeitsprofil* der Gruppe 1 sind eine geringe *Emotionale Stabilität*, geringe *Soziale Kompetenz*, eine besonders stark ausgeprägte *Wachsamkeit*, hohe *Abgehobenheit*, hohe *Besorgtheit*, hohe *Anspannung*, hohe Werte an *Neurotizismus*, geringe *Gewissenhaftigkeit* und geringe *Offenheit*. Die hohen Werte an *Wachsamkeit* dieser Gruppe wurden bereits weiter oben diskutiert: Kurz gesagt müssen Personen mit geringen persönlichen Ressourcen und einem hohen Maß an Belastung mehr darauf bedacht sein, aufzupassen, daß zum einen die Ressourcen, wie z.B. das Selbstwertgefühl, im sozialen Kontakt nicht weiter Schaden erleiden und zum anderen das Niveau an Belastung durch weitere mögliche Stressoren nicht noch erhöht wird. Allerdings ist hohe Wachsamkeit wohl selbst wiederum ein Stressor und führt im zwischenmenschlichen Kontakt leicht zu neuen Stressoren oder zu einer verringerten Zahl erfreulicher Erfahrungen. Vor dem Hintergrund derartiger psychologischer Wechselwirkungen verwundert es dann auch nicht weiter, daß die Personen dieser Gruppe in signifikant geringerem Maße glauben, im Fall von Problemen auf die *Unterstützung durch andere* zurückgreifen zu können.

Im Hinblick auf die Lebensbereiche *Arbeitsleben*, *Partnerschaft* und *Familie* sind insgesamt ein hohes Niveau an *Streß*, ein relativ niedriges Niveau in den einzelnen *Ressourcen* und vergleichsweise niedrige *Zufriedenheit* festzustellen. Die Tendenz zur *Streßübertragung* ist vergleichsweise hoch. Die *Partnerschaften* der Gruppe 1 lassen sich anhand der Ergebnisse in den *Paarklimaskalen* zusätzlich kennzeichnen durch geringen *Zusammenhalt* und geringe *Offenheit* bei hoher *Konfliktneigung*. Außerdem sind geringe *Aktive Freizeitgestaltung* und ein geringes Maß an *Organisation* festzustellen.

Alles in allem zieht sich somit das ungünstige Muster dieser Gruppe aus hohem Streß und geringen Ressourcen durch alle vier Lebensbereiche hindurch. Die geringe Zufriedenheit dieser Gruppe zeigt sich ganz besonders in den drei Kontexten *Individuum*, *Partnerschaft* und *Familie*. Die Ergebnisse in den Skalen des *16 PF-R* und des *NEO-FFI* bestätigen das mit Hilfe der *Gesundheit und Streß*-Dimensionen gewonnene Ergebnis, wonach die Personen dieser Gruppe gerade in den für Streßbewältigung und Gesundheit wichtigsten Dimensionen der Persönlichkeit vergleichsweise ungünstige Werte aufweisen. Sie befinden sich vermutlich in "negativen Spiralen", bei denen durch geringe persönliche Ressourcen, wie z.B. geringes Selbstwertgefühl und gering ausgeprägte Wahrnehmung von Lebenssinn, tägliche Mikrostressoren als größer bzw. bedrohlicher wahrgenommen werden, was wiederum dazu führt, daß diese sich auf der emotionalen, kognitiven und Verhaltensebene stärker auswirken können und im Laufe der Zeit zu einer weiteren Beeinträchtigung von Ressourcen führen können. In diese negativen Spiralen sind alle Lebensbereiche eingeschlossen, und die hohe Tendenz zur Streßübertragung dieser Gruppe erhöht noch die ungünstigen Interaktionen zwischen den Systemen.

Für das Profil der *Gruppe 3* (“niedriger persönlicher Streß - niedrige persönliche Ressourcen") läßt sich zusammenfassend feststellen, daß ihre *Persönlichen Problemlösefertigkeiten* gering ausgeprägt sind, so daß sie im Umgang mit Problemen offensichtlich des öfteren passiv-vermeidend reagieren. Abgesehen von ihren geringen Werten in den "persönlichen Ressourcen" *Selbstwertgefühl*, *Personale Kontrolle*, *Freizeiterholung* und *Weltanschauung* ist auch die Gestaltung ihrer *Persönlichen Zeit* eher unerfreulich.

Innerhalb des Lebensbereiches *Arbeitsleben* zeigt sich - analog zum persönlichen Lebensbereich - zwar auch ein geringes *Streß*-Niveau, bei gleichzeitig niedrig liegenden *Problemlösefertigkeiten*, aber für die anderen Ressourcen des Lebensbereichs Arbeitsleben, d.h. für die *Kommunikation*, die *Kohäsion* und die

Flexibilität, sowie auch für die *Arbeitszufriedenheit* sind durchwegs hohe Ausprägungen festzustellen.

Was den Lebensbereich *Partnerschaft* betrifft, liegen die Werte dieser Gruppe insgesamt sowohl bei der *Streß*-Skala, den einzelnen *Ressourcen*-Skalen, sowie auch der *Zufriedenheits*-Skala bei einem Vergleich der Subgruppen im Mittelfeld der Werte. Dasselbe trifft für die Skalen des Lebensbereichs *Familie* zu, abgesehen von den niedrigen Werten in der Skala *Familienstreß*.

Auffallende Werte innerhalb der *16 PF-R*-Skalen sind eine vergleichsweise geringe *Emotionale Stabilität*, geringe *Dominanz*, geringe *Soziale Kompetenz*, ein hoher Grad an *Besorgtheit* und eine vergleichsweise geringe *Offenheit für Veränderung*. Diese Ergebnisse können insgesamt als Bestätigung der Feststellung "geringer persönlicher Ressourcen" angesehen werden. Der geringe Wert an *Offenheit für Veränderung* könnte so interpretiert werden, daß durch niedrigen Streß wenige Impulse zu Veränderungen ausgelöst werden und darüber hinaus "geringe persönliche Ressourcen" vermutlich auch mit geringerem Mut zu Veränderungen einhergehen. In den *NEO-FFI*-Skalen zeigt der *Neurotizismus*-Wert eher eine hohe Ausprägung, was zu der geringen emotionalen Stabilität der Personen dieser Gruppe paßt.

Die für Streßbewältigung und Gesundheit wichtigsten Skalen des *Paarklimas*, d.h. die Dimensionen *Zusammenhalt*, *Offenheit* und *Konfliktneigung* (vgl. Abschnitte 4.4.1 und 4.5.2) ergeben alles in allem ein eher weniger positives Bild. Insgesamt sind jedoch die Ausprägungen in den Dimensionen des *NEO-FFI* sowie der *Paarklimaskalen* wenig markant.

In Bezug auf die Gesundheit erscheint der Befund bedeutsam, wonach das *Emotionale Wohlbefinden* einerseits zwar etwas niedriger ausgeprägt ist als in den Subgruppen mit "hohen persönlichen Ressourcen", andererseits aber höher ist als in der Gruppe 1. Auf der *körperlichen* Ebene zeichnet sich der günstige Einfluß eines geringen *Persönlichen Streß*-Niveaus dieser Gruppe noch etwas deutlicher ab: Die *Körperliche Gesundheit* ist als vergleichsweise gut einzuschätzen und deutlich erfreulicher als in Gruppe 1. Demgegenüber ist die *Lebenszufriedenheit* eher gering. Somit bestätigt das Profil der Gruppe 3 wieder die psychologischen Zusammenhänge, die sich in dieser Forschungsarbeit bereits an mehreren Stellen gezeigt haben: Für die *Lebenszufriedenheit* ist in erster Linie ein hohes Niveau in den wichtigsten "persönlichen Ressourcen" die entscheidende Determinante, während für ein hohes Niveau an *Körperlicher Gesundheit* ein geringes "Streß"-Niveau auch sehr wichtig ist (siehe auch Abschnitte 5.4.1 und 5.4.2).

Insgesamt vermittelt das psychologische Muster der Gruppe 3 den Eindruck, daß sie ein "Leben auf Sparflamme" führt, das die nicht allzu üppig vorhandenen persönlichen Ressourcen möglichst gut schont.

Bei der besonders interessierenden *Gruppe 4* ("hoher persönlicher Streß - hohe persönliche Ressourcen") ist zunächst innerhalb des Lebensbereichs *Individuum* -

abgesehen von ihren hohen Werten im *Selbstwertgefühl*, in der *Personalen Kontrolle*, der Gestaltung der *Persönlichen Zeit* und in der *Freizeiterholung* - ihr hoher Wert in der Skala *Weltanschauung* auffallend. Dieser Gruppenmittelwert liegt sogar noch signifikant über dem ebenfalls sehr hohen Wert der "Idealgruppe 2". Somit ist ein besonders ausgeprägtes Erleben von Lebenssinn als ein Charakteristikum der Gruppe 4 zu betrachten. Ebenso übertrifft sie alle anderen Subgruppen in der Ausprägung an *Persönlichen Problemlösefertigkeiten*, was für ein besonders aktives, tatkräftiges Herangehen an Probleme spricht. Die hohen Werte der Gruppe 4 in *Sozialer Unterstützung* sprechen dafür, daß die "hohen persönlichen Ressourcen" dieser Gruppe mit hohen "sozialen Ressourcen" einhergehen. Außerdem passen die positiven Beschreibungen der Unterstützung durch andere zu ihrer hohen Nähepräferenz im zwischenmenschlichen Kontakt. Die Vermutung, daß es sich bei der Gruppe 4 um extravertierte Charaktere mit relativ vielen Sozialkontakten handelt, wird durch die *Extraversions*-Daten des *NEO-FFI* bestätigt. Hinsichtlich der Ergebnisse im *16 PF-R* und im *NEO-FFI* zeigen sich außerdem hohe Werte in *Emotionaler Stabilität*, *Dominanz*, *Sozialer Kompetenz*, niedrige Werte in *Besorgtheit*, geringe Ausprägungen an *Neurotizismus* und hohe Werte in *Verträglichkeit* sowie *Gewissenhaftigkeit*.

Im Lebensbereich *Arbeitsleben* erfährt die Gruppe 4 vergleichsweise viel *Streß*, während sie hinsichtlich der *Ressourcen* alles in allem eher im Mittelfeld der Werte liegt, beispielsweise im Fall der *Kommunikation bei der Arbeit*. In den Werten der *Kohäsion* und *Flexibilität bei der Arbeit* übertrifft sie - ebenso wie in der *Arbeitszufriedenheit* - lediglich die Gruppe 1. Allerdings sind für die Gruppe 4 die höchsten Werte in den *Problemlösefertigkeiten bei der Arbeit* festzustellen. Demnach zeigt sich ihr persönlicher Stil, sehr aktiv an Probleme heranzugehen, auch im Arbeitsleben.

Die hohen Werte der Gruppe 4 im *Arbeitsstreß* haben gut zu ihren hohen Werten im *Persönlichen Streß* gepaßt. Umso interessanter ist deshalb der Befund, wonach diese Gruppe wenig *Streß in der Partnerschaft* berichtet. Somit erfährt sie etwa genauso wenig *Streß in der Partnerschaft* wie die Gruppe 2, für die auf allen Systemebenen ein niedriges *Streß*-Niveau festzustellen ist. Im Hinblick auf die partnerschaftlichen *Ressourcen* sind für die Gruppe 4 hohe und somit günstige Werte in der *Kommunikation*, der *Kohäsion* und der *Flexibilität* festzustellen. Auch die *Partnerschaftszufriedenheit* ist als sehr hoch anzusehen. Vor diesem Hintergrund ist das *Paarklima* dieser Gruppe von großem Interesse. Es zeichnet sich insbesondere durch hohen *Zusammenhalt*, große *Offenheit*, geringe *Konfliktneigung* und hohe *Aktive Freizeitgestaltung* aus.

Auf der Systemebene *Familie* erfährt die Gruppe 4 - ähnlich wie in den Lebensbereichen *Person* und *Arbeitsleben* - vergleichsweise viel *Streß*. Aber sie verfügt auch über hoch ausgeprägte familiäre Ressourcen, wofür insbesondere ihre günstigen Werte in der *Kommunikation*, *Kohäsion* und *Flexibilität* sprechen. Die *Zufriedenheit mit der Familie* ist sehr hoch ausgeprägt, was angesichts der

Werte in der Skala *Streß in der Familie* zumindest zunächst verwundern mag und weiter unten nochmals aufgegriffen wird.

Was die *Streßübertragung* von einem Lebensbereich auf einen anderen betrifft, sind die Werte dieser Gruppe besonders hoch.

Die *Körperliche Gesundheit* und das *Emotionale Wohlbefinden* sind alles in allem als eher gut einzustufen, werden aber von der Gruppe 2 signifikant übertroffen. Somit ist zu folgern, daß die Gruppe 4 trotz ihrer ausgeprägten *Lebenszufriedenheit* ihr Streßniveau reduzieren sollte, um Gesundheits- und Wohlbefindenswerte zu erlangen, wie sie die Vergleichsgruppe 2 als Maßstab liefert.

Bei einer zusammenfassenden Betrachtung des Persönlichkeitsprofils der Gruppe 4 sind m.E. *vier* übergeordnete Charakteristika auffallend: *Erstens* handelt es sich um sehr stabile, selbstbewußte, (sehr) dominante, wenig neurotische sowie wenig besorgte Menschen, die - vermutlich unter anderem aufgrund dieser Eigenschaften - trotz ihres hohen "Streß"-Niveaus sehr zufrieden und psychisch sowie physisch insgesamt relativ gesund sind (allerdings nicht optimal gesund) *Zweitens* ist für sie das Leben mit besonders viel Sinn erfüllt, und sie gestalten die Zeit, die sie zur freien Verfügung haben, so, daß sie für sie sehr befriedigend ist. *Drittens* sprechen die Ergebnisse in den Skalen *Extraversion* und *Bevorzugter Grad an Nähe* dafür, daß es sich um einen Personenkreis sehr geselliger Menschen handelt. Vor diesem Hintergrund verwundert es auch nicht, daß sie stark auf die *Unterstützung durch andere* vertrauen können, denn ein größeres und befriedigenderes soziales Netzwerk ist für das Leben extravertierter Menschen typisch. Ein *viertes* Kennzeichen betrifft den Aspekt der Aktivität, der auf verschiedenen Ebenen gesehen werden kann: Die signifikant am höchsten liegenden Werte dieser Gruppe in den *Persönlichen Problemlösefertigkeiten* und in den *Problemlösefertigkeiten bei der Arbeit* sprechen für ein besonders aktives, tatkräftiges Herangehen an Probleme bzw. für einen mutigen Umgang mit Stressoren. Diese Eigenschaft paßt wiederum zum Bild einer sehr dominanten Persönlichkeit. Das Charakteristikum ausgeprägter Aktivität zeigt sich darüber hinaus in der *Aktiven Freizeitgestaltung* in ihren Partnerschaften.

Bei *multisystemischer* Betrachtung der Personen der Gruppe 4 fällt auf, daß ihr Muster aus "hohem Streß und hohen Ressourcen" auf die Lebensbereiche *Individuum*, *Arbeitsleben* und *Familie* zutrifft, nicht hingegen auf die Systemebene *Partnerschaft*, die sich durch niedrigen Streß und hohe Ressourcen auszeichnet. Auch die Ergebnisse der *Paarklimaskalen* bestätigen, daß dieser Personenkreis in als ideal einzustufenden Partnerschaften lebt (vgl. Backmund, 1993; Schneewind, 1993). Folglich darf man davon ausgehen, daß die Partnerschaften einen wichtigen "Puffer" im Hinblick auf das hohe persönliche sowie arbeitsbezogene Streßniveau dieser Personengruppe darstellen. Im Gegensatz zu dem geringen Niveau an *Partnerschaftsstreß* steht der relativ hohe Wert in der Skala *Familienstreß*. Gleichzeitig sind die sehr hohen Ausprägungen in der *Familienzufriedenheit* sowie die vergleichsweise hohen Ausprägungen in den familiären *Ressourcen* zu bedenken. Zunächst legt dieser Befund von relativ hohem Familienstreß bei sehr hoher Zufriedenheit den Schluß nahe, daß es sich um Menschen handelt, die familiäre Konfliktpunkte nicht als etwas betrachten, was dysfunktional wäre und die Zufriedenheit beeinträchtigen würde. Es paßt wohl auch zu dem sehr aktiven Herangehen an Probleme, daß es dabei zu "Explosionen" und somit zu neuem Streß kommt. Ein derartiges Muster fügt sich auch in das Bild der vergleichsweise hohen Tendenz zur *Streßübertragung*. Dies kann man als Schattenseite einer sehr aktiven Lebensweise, die mit einem hohen Streßniveau und einem dominanten Persönlichkeitsstil verknüpft ist, ansehen. Legt man aber eine andere Bewertung dieser Phänomene zugrunde, eine Bewertung, die vermutlich derjenigen der Personen der Gruppe 4 eher entspricht, so braucht man das hohe Streßniveau und die Tendenz zur Streßübertragung nicht als etwas Negatives anzusehen, sondern vielleicht als Eustreß und Zeichen von großer Lebendigkeit. Denn im Gegensatz zur Gruppe 3 ("Leben auf Sparflamme") scheint die Gruppe 4 ein Leben auf "voller Flamme" zu führen, und sie ist mit diesem Lebensstil deutlich zufriedener als die sich schonende Gruppe 3. Allerdings ist bei einer abschließenden Einschätzung der Charakteristika dieser Gruppe auch zu bedenken, daß die Werte an *Körperlicher Gesundheit* und *Emotionalem Wohlbefinden* bei einem geringeren Maß an Streß etwas günstiger liegen würden (siehe Gruppe 2). Zum anderen läßt das relativ hohe Maß an *Familienstreß* bei geringem *Partnerschaftsstreß* aufhorchen: Denn ein derartiges Muster ist vor dem Hintergrund der engen psychologischen Verflechtung der Lebensbereiche Partnerschaft und Familie ungewöhnlich. Es ist deshalb wohl davon auszugehen, daß die Personen der Gruppe 4 mit Respekt gegenüber der für sie wichtigen "Ressource" einer guten Partnerschaft ihren hoch ausgeprägten Streß - z.B. aus dem Arbeitsleben - nicht auf die Beziehung zum Partner, sondern auf die Eltern-Kind-Beziehung übertragen. Das beispielsweise von Minuchin (1992) beschriebene Muster vom "Kind als Blitzableiter" ist in Gruppe 4 - auch vor dem Hintergrund ihrer hohen Werte an *Streßübertragung* - zu vermuten.

Die *Gruppe 2* mit ihrem Muster aus "niedrigem persönlichem Streß und hohen persönlichen Ressourcen" zeigt alles in allem starke Parallelen zu den Kennzeichen der Gruppe 4. Die Übereinstimmungen betreffen insbesondere - wie zu erwarten war - den Bereich der individuellen *Ressourcen*. So zeichnet sich die Gruppe 2 neben hohem *Selbstwertgefühl*, hoher *Personaler Kontrolle*, hoher *Freizeiterholung* sowie ausgeprägtem Erleben von Lebenssinn (Skala *Weltanschauung*) ebenfalls durch eine positive Gestaltung der *Persönlichen Zeit* und durch eher hohe *Soziale Unterstützung* aus. Die Werte in den *Persönlichen Problemlösefertigkeiten* liegen allerdings signifikant unter denjenigen der Gruppe 4. Auch hat diese Personengruppe eine signifikant geringere Tendenz zur systemübergreifenden *Streßübertragung*.

Auf den Systemebenen *Arbeitsleben*, *Partnerschaft* und *Familie* erleben sie insgesamt wenig *Streß*, hohe *Ressourcen* und hohe *Zufriedenheit*. Die Werte in den *Paarklimaskalen* bestätigen das Bild sehr positiver Partnerschaften: Sie erfahren hohen partnerschaftlichen *Zusammenhalt*, viel *Offenheit*, eine deutlich *Aktive Freizeitgestaltung* und einen hohen Grad an *Organisation*. Ihre Persönlichkeiten sind als emotional stabil, dominant, sozial kompetent und wenig besorgt zu beschreiben. Sie zeigen geringe Werte an *Neurotizismus* und hohe Werte an *Gewissenhaftigkeit*.
Hinsichtlich der persönlichen *Anpassung* sind die *Körperliche Gesundheit* und das *Emotionale Wohlbefinden* dieser Gruppe als besonders günstig zu bewerten. In der *Lebenszufriedenheit* liegen sie gleichauf mit der Gruppe 4 vorne. Die daraus abzuleitenden Schlußfolgerungen finden sich im folgenden Abschnitt.

Betrachtet man insgesamt die in diesem Kapitel diskutierten Ergebnisse im Hinblick auf die *Fragestellung 4*, welche Bedeutung den Stressoren und Ressourcen für die psychische und die physische Gesundheit zukommt, läßt sich abschließend folgendes feststellen und schlußfolgern: Für das Ausmaß an *Lebenszufriedenheit* hat sich eindeutig das Niveau an *Persönlichen Ressourcen* (d.h. *Selbstwertgefühl*, *Personale Kontrolle*, *Freizeiterholung* und *Weltanschauung*) als die entscheidende übergeordnete Variable herausgestellt. Demgegenüber ist für ein optimales Niveau an *Emotionalem Wohlbefinden* nicht nur ein hohes Niveau an persönlichen *Ressourcen* Voraussetzung, sondern auch ein geringes *Streß*-Niveau. Allerdings übertrifft die Bedeutung des *Ressourcen*-Niveaus diejenige des *Streß*-Niveaus. Hinsichtlich der *Körperlichen Gesundheit* ist festzustellen, daß - im Gegensatz zur Lebenzufriedenheit - ein niedriges *Streß*-Niveau von großer Wichtigkeit ist. Für ein wirklich hohes Niveau an körperlicher Gesundheit ist sowohl ein hohes Ressourcen- als auch ein niedriges Streßniveau nötig. Im Fall von geringen persönlichen Ressourcen sollte zumindest das Streßniveau möglichst niedrig gehalten werden. Dies scheint auch die Devise der Gruppe 3 zu sein, die eher ein "Leben auf Sparflamme" führt und somit weniger körperliche Symptome erfährt als Gruppe 1. Die Rolle der "persönlichen Ressourcen" zeigt sich insbesondere beim Vergleich der Gesundheitswerte der Gruppen 4 und 1: Im Fall von hohem Streß wirken persönliche Ressourcen als "Puffer".

Insgesamt bestätigen die für die physische und die psychische Gesundheit unterschiedlichen Ergebnisse die Befunde der Untersuchungen von Kohn, Hay und Legere (1994) sowie von Weiß, Schneewind und Olson (1995), die den starken Zusammenhang zwischen *Mikrostressoren* und *körperlicher Gesundheit* einerseits und zwischen *psychologischen* Maßen der Gesundheit und *Coping-Ressourcen* andererseits aufzeigen. Das *Emotionale Wohlbefinden* nimmt nach den diversen Ergebnissen (siehe auch Kap. 4.4 und 4.5.3) eine Zwischenstellung im Hinblick auf diese Zusammenhänge ein. Dies paßt zu dem "psychophysischen" Charakter der Skala.

6. Ausblick

Im folgenden wird auf Beschränkungen des vorgestellten Ansatzes eingegangen, und im Zusammenhang damit auf Möglichkeiten der Erweiterung des Designs und der Fragestellungen.

Eine Beschränkung des vorliegenden Forschungsansatzes ist in der ausschließlichen Verwendung von *Selbstbeobachtungsdaten* zu sehen. Durch diese methodische Einschränkung und durch inhaltliche Überlappungen zwischen den Skalen werden die Zusammenhänge zwischen den psychologischen Konstrukten vermutlich überschätzt (vgl. Lazarus, DeLongis, Folkman & Gruen, 1985). Deshalb erscheint es sinnvoll, die gefundenen Beziehungen mittels *Fremdbeobachtungsdaten* zu überprüfen. Diese Fremdbeurteilungen könnten einerseits durch Experten erfolgen, andererseits durch gut vertraute Personen, wie z.B. Partner und Arbeitskollegen. Für einen Teil der im MASH-Modell integrierten Konzepte stehen bereits reliable Beobachtungsinstrumente zur Verfügung, wie z.B. die "Clinical Rating Scale (CRS)" (Olson, 1990) für eine Einstufung von Paar- und Familiensystemen auf den Circumplex-Dimensionen (vgl. Schneewind, 1999). Eine andere Form von Fremdeinschätzungen könnten Gesundheitsbeurteilungen von ärztlicher Seite sein. Auf diese Art und Weise könnte auch dem biologisch-medizinischen Aspekt des hier vorgestellten "biopsychosozialen" Ansatzes mehr Rechnung getragen werden

Eine weitere Aufgabe zukünftiger Forschung besteht darin, *Längsschnittmethoden* einzusetzen, um somit den *Entwicklungsaspekt* bei der Betrachtung von Streß und dessen Bewältigung berücksichtigen zu können. Eine derartige Erweiterung des Forschungsansatzes um die zeitliche Dimension der Entwicklung über die Lebensspanne könnte sich an das theoretische Modell von Schneewind (1995a) anlehnen, das vertikale und horizontale Stressoren und Ressourcen integriert. Ein Einbeziehen der zeitlichen Dimension wäre darüber hinaus auch aus dem Grunde wünschenswert, weil eine Determinante der *Wirkung von Stressoren* deren *zeitliche Ausdehnung* ist (vgl. Bodenmann, 1997). Aber nicht nur hinsichtlich der Stressoren, sondern auch gerade auf der Seite des *Copings* wären *prozessuale* Betrachtungen, z.B. im Sinne von Lazarus und Folkman (1984) oder - für die partnerschaftliche Ebene - im Sinne von Bodenmann (1995a, 1997), eine gute Ergänzung zu den eher statischen Konzepten der Bewältigungsressourcen im MASH-Modell.

Längsschnittliche bzw. prozessuale Betrachtungen würden es auch ermöglichen, die *Wirkrichtungen*, die in der graphischen Darstellung des MASH-Modells ganz "eingleisig" von Streß über Ressourcen zur Anpassung dargestellt sind, zu hinterfragen und die psychologischen Beziehungen zwischen den diversen Dimensionen z.B. auf Rückkoppelungsprozesse zu überprüfen. Inwiefern stellt z.B. ein zu geringes Niveau einer bestimmten Ressource, wie Selbstwertgefühl, oder eine Veränderung der Ausprägung in der Ressource einen Stressor dar? Inwiefern wird eine mangelnde "Streßanpassung" in Form von zu geringer psychischer oder physischer Gesundheit selbst wiederum als Streß erlebt? Oder eher salutogenetisch gedacht könnte man beispielsweise fragen, ob die Steigerung der Ausprägung in einer Ressource, wie z.B. der Kohäsion in der Partnerschaft die Wahrnehmung von "Streß" in den einzelnen Lebensbereichen in einer erfreulichen Art und Weise beeinflußt. Eine weitere wichtige, auf gesundheitsförderliche Prozesse ausgerichtete Fragestellung wäre: Wie beeinflußt die positive Veränderung des Niveaus einer Ressource in einem Lebensbereich die Ausprägung einer Ressource aus einem anderen Lebensbereich? Dies wären Fragen, die eine "salutogenetische" Ergänzung der traditionellerweise auf Stressoren bezogenen Betrachtung von "Spillover"-Prozessen darstellen.

Aus differentialpsychologischer Perspektive wäre außerdem interessant, unterschiedliche Muster von Wechselwirkungen zwischen den Lebensbereichen bei verschiedenen *Persönlichkeitstypen* weiter zu untersuchen: In Ergänzung zu den hier bereits vorgestellten Streßübertragungseffekten wäre z.B. interessant, bei welchen Persönlichkeiten sich erfreuliche Veränderungen in einem Bereich positiv auf einen anderen Bereich auswirken. Eine Hypothese hierzu wäre, daß sich nicht bei allen Persönlichkeitstypen "positive Spiralen" ergeben, sondern daß bei bestimmten Personen eine Steigerung wichtiger Ressourcen eines Lebensbereiches dazu führt, daß Dimensionen eines anderen Bereiches - im Sinne eines negativen, kompensatorischen Musters - entweder weniger wichtig genommen werden oder weniger positiv eingeschätzt werden. Um derartige Effekte zu ermitteln würden sich zum einen längsschnittliche Betrachtungen der Veränderungen unterschiedlicher Ressourcen anbieten, zum anderen Analysen mit Hilfe einer neuen Selbsteinschätzungsskala für derartige positive lebensbereichübergreifende Auswirkungen, z.B. analog zur Skala *Streßübertragung*. Im Zusammenhang mit diesen oder ähnlichen Fragen erscheint noch eine Erweiterung des Ansatzes vielversprechend: eine *subjektive Gewichtung der Lebensbereiche*. Für die Intensität der systemübergreifenden Streßübertragung wurde der Einfluß dieser Variablen bereits gezeigt (vgl. Cooper & Smith, 1989). Es ist m.E. davon auszugehen, daß sich differentielle Effekte je nach subjektiver Wichtigkeit der einzelnen Lebensbereiche auch im Hinblick auf positive Prozesse nachweisen lassen.

Über den Weg der methodischen Erweiterung des Forschungsdesigns um den längsschnittlichen Aspekt könnte auch der Frage der *Kausalität* - im Sinne von zeitlicher Aufeinanderfolge der Gegebenheiten und Prozesse im Kontext von Streßbewältigung und Gesundheit - nachgegangen werden. Pfadanalysen bzw. allgemein Analysen vor dem Hintergrund von Strukturgleichungsmodellen (z.B. LISREL) könnten innerhalb des hier vorgestellten, viele Dimensionen der Streßbewältigung und Gesundheit berücksichtigenden Ansatzes sicherlich wesentliche psychologische Einflüsse aufzeigen. Dies entspräche sicherlich dem momentan bestehenden weiteren Bedarf an Forschung in diesem Gebiet.

Eine andere Beschränkung der vorliegenden Studie ist in dem Umstand zu sehen, daß die Stichprobe aus einzelnen Personen besteht. Demgegenüber wäre im Sinne systemischen Denkens ein Datensatz wünschenswert, der beide Personen einer Partnerschaft, alle (oder zumindest mehrere) Mitglieder einer Familie und jeweils mehrere Personen aus einem speziellen Arbeitssetting umfaßt. Ein derartiger, optimaler Datensatz würde eine Vielzahl weiterer Rückschlüsse auf die Charakteristika der Personen und Systeme mit ihren mehr oder weniger unterschiedlichen Wahrnehmungen wichtiger Dimensionen des Lebens erlauben (vgl. Kriz, 1991).

Im Hinblick auf Reliabilitätsmessungen in Form von Retestreliabilitäten der *Gesundheit und Streß*-Skalen sei auf das Testmanual (Schneewind & Weiß, in Druck) verwiesen. Dort sind auch Informationen zur Konstruktvalidierung der einzelnen Skalen des Instruments, z.B. in Zusammenhang mit dem *16 PF-R* und dem *NEO-FFI*, zu finden. Als Anregung für zukünftige Forschungsvorhaben wäre darüber hinaus ein Einsatz des Meßinstrumentes *"Gesundheit und Streß"* gemeinsam mit bewährten Instrumenten zur Thematik der Streßbewältigung wie z.B. Lazarus' *"Ways of Coping Checklist"* und dem *"Streßverarbeitungsfragebogen (SVF)"* (Janke, Erdmann & Kallus, 1985) zu empfehlen.

Eine weitere Anregung für zukünftige Forschungsarbeiten besteht darin, den Forschungsansatz an unterschiedlichen spezifischen Stichproben anzuwenden. Interessant wären beispielsweise klinische Stichproben, verschiedene Berufsgruppen, spezielle Formen von Partnerschaften (z.B. gleichgeschlechtliche Partnerschaften) und unterschiedliche Familienkonstellationen in unterschiedlichen Phasen des Familienlebenszyklus.

Die vorliegende Arbeit befaßte sich insgesamt mit einem Thema, welches nicht nur von der Seite der Forscher, sondern ganz besonders auch von der Seite der "Alltagsmenschen" als äußerst relevant für die Probleme der heutigen Zeit angesehen wird. Insofern bezieht sich meine Hoffnung, einen kleinen Beitrag zum Verständnis wichtiger psychologischer Zusammenhänge zwischen Variablen der Streßbewältigung und der Gesundheit geliefert zu haben, auch auf eine mögliche praktische Umsetzung von Befunden im Kontext der *Prävention* und *Therapie*. So könnte beispielsweise die Kenntnis der wichtigsten protektiven Faktoren bzw. Ressourcen in eine gezielte Förderung dieser Aspekte der diversen Lebensbereiche umgesetzt werden.

7. Zusammenfassung

Der theoretische Hintergrund dieser Forschungsarbeit wird durch das *"Multisystem Assessment of Stress and Health (MASH) Model"* (Olson, 1996; Olson & Stewart, 1990b, 1991b) dargestellt, welches die Zusammenhänge zwischen *Streß*, *Ressourcen* und *Streßanpassung* auf den vier Systemebenen *Individuum*, *Arbeitsleben*, *Partnerschaft* und *Familie* betrachtet. Vor einer Beschreibung dieses multisystemischen Modells wurden in den Kapiteln 2.1 bis 2.5 insbesondere diejenigen grundlegenden Theorien und Forschungsbefunde zur Thematik Streßbewältigung und Gesundheit skizziert, die für die Entwicklung und für die theoretische Untermauerung des *MASH*-Modells von Bedeutung sind. Unter den individuumsbezogenen Streßmodellen wurden reizbezogene, reaktionsbezogene und transaktionale Modelle beschrieben. Empirische Zusammenhänge zwischen Streß und Krankheiten wurden exemplarisch aufgezeigt, bevor die für diese Dissertation noch wichtigere Blickrichtung der Gesundheitspsychologie dargestellt wurde. Innerhalb der Gesundheitspsychologie sind für diese Arbeit insbesondere die *"salutogenetischen"* Konzeptionen - wie sie insbesondere von Antonovsky (1987) vertreten werden - von Interesse. Sie rücken Fragen nach den Bedingungen einer Aufrechterhaltung sowie Steigerung der Gesundheit und nach den Charakteristika besonders gesunder Menschen in den Blickpunkt. Vor diesem Hintergrund wurden Konzeptionen und Forschungsergebnisse zu persönlichen Bewältigungsressourcen vorgestellt. Theorien und Befunde zur Streßbewältigung im Arbeitsleben, in der Partnerschaft und in der Familie wurden getrennt für diese Lebensbereiche dargestellt. Anschließend wurden Konzeptionen und Befunde zu den Wechselwirkungen zwischen den verschiedenen Lebensbereichen thematisiert. Die bisherige Erforschung systemübergreifender Zusammenhänge beschränkte sich meist auf zwei Lebensbereiche. Demgegenüber wird innerhalb des in dieser Arbeit beschriebenen Ansatzes eine Integration der wichtigsten Lebensbereiche vorgenommen: Individueller Bereich (mit Freizeit), Arbeitsleben, Partnerschaft und Familie. Neben psychologischen Konzepten werden in diesem *"biopsychosozialen"* Modell auch biologisch-medizinische sowie soziale Variablen berücksichtigt.

Die vorliegende Untersuchung wurde an einer Stichprobe von 618 Deutschen durchgeführt, die für die Erwachsenenbevölkerung sowohl in den alten als auch in den neuen Bundesländern repräsentativ ist. Das Untersuchungsmaterial bestand zum einen aus der Operationalisierung der Konzepte des *MASH*-Modells in Form des 35 Skalen umfassenden Fragebogens *Gesundheit und Streß* (Schneewind & Weiß, 1996a). Zum anderen wurden die Meßinstrumente *16-Persönlichkeits-Faktoren-Test-R* (Schneewind & Graf, 1998), *NEO-FFI* (Borkenau & Ostendorf, 1993) und die *Paarklimaskalen* (Schneewind, 1993) gleichzeitig an derselben Stichprobe eingesetzt.

Die Ergebnisse zu den psychometrischen Qualitäten des Meßinstrumentes *Gesundheit und Streß* in Form von Itemkennwerten (Trennschärfe- und Schwierigkeitsindices), Skalenreliabilitäten, arithmetischen Mittelwerten, Standardabweichungen und Häufigkeitsverteilungen der Skalen waren insgesamt als positiv zu bewerten. Die Ergebnisse der Korrelations- und Faktorenanalysen der Skalen *innerhalb* der einzelnen Lebensbereiche zeigten insgesamt für die Lebensbereiche *Arbeitsleben*, *Partnerschaft* und *Familie* ein relativ einheitliches Bild ziemlich hoher Korrelationskoeffizienten, so daß sich bei den Faktorenanalysen der Skalen zu einem Lebensbereich nur jeweils ein Faktor ergab. Trotzdem ist insgesamt eine ausreichende Differenzierung zwischen den einzelnen Konzepten festzustellen. Die 17 Skalen des Lebensbereiches *Individuum* zeigten ein komplexeres Bild mit einer 4-faktoriellen Struktur. Insgesamt konnten die Korrelations- und Faktorenanalysen die innerhalb des *MASH*-Modells postulierten negativen Beziehungen zwischen Streß einerseits und Ressourcen sowie Anpassung andererseits bestätigen.

Weitere Korrelationsanalysen betrafen die *lebensbereichübergreifenden* Zusammenhänge zwischen den auf allen vier Systemebenen operationalisierten Dimensionen ähnlichen Inhalts. Dabei zeigten sich - wie erwartet - enge Zusammenhänge zwischen den Lebensbereichen *Partnerschaft* und *Familie*.

Mittels Varianzanalysen wurden zunächst die Mittelwerte der Frauen und der Männer kontrastiert, dann die Werte der West- versus Ostdeutschen. Varianzanalysen mit zweifaktoriellem Design widmeten sich geschlechtsspezifischen West-Ost-Vergleichen. Die beim allgemeinen Geschlechtervergleich festgestellten höheren Werte der Frauen im *Ausdrücken von Gefühlen*, im *Bevorzugten Grad an Nähe* und im *Religiösen Glauben* erscheinen nach den vorliegenden Daten für erfolgreiche Streßbewältigung eher wenig hilfreich. Die selbstberichtete *Körperliche Gesundheit* sowie das *Emotionale Wohlbefinden* sind bei den Frauen signifikant weniger günstig ausgeprägt als bei den Männern. Diese Befunde zu den Geschlechtervergleichen stehen insgesamt in Einklang mit dem in der Literatur berichteten Forschungsstand, was auch auf die Befunde zum West-Ost-Vergleich zutrifft. Neben personbezogenen Unterschieden in der Richtung von geringerem *Religiösen Glauben* und geringerer *Lebenszufriedenheit* von Ostdeutschen zeigten sich mehrere Unterschiede im familiären Bereich, wonach Ostdeutsche weniger *Familienstreß*, bessere *Problemlösefertigkeiten* und positivere *Kommunikation* berichten. Die Faktoren Geschlecht und West-Ost interagieren im Fall des *Bevorzugten Grades an Nähe*, der nur bei Ostdeutschen geschlechtsspezifische Unterschiede zeigt und somit auf eine möglicherweise traditionellere Rollenaufteilung bei Ostdeutschen hinweist.

Korrelations- und multiple Regressionsanalysen zu der Frage nach den psychologischen Zusammenhängen und Vorhersagen von *Lebenszufriedenheit*,

Emotionalem Wohlbefinden und *Körperlicher Gesundheit* zeigten die auffallend große Bedeutung der "persönlichen Ressourcen" *Selbstwertgefühl*, *Personale Kontrolle*, *Weltanschauung (Lebenssinn)* und *Freizeiterholung* für die Maße der psychischen Gesundheit, insbesondere für die *Lebenszufriedenheit*. Im Gegensatz dazu ist (niedriger) *Persönlicher Streß* als der wichtigste Prädiktor von *Körperlicher Gesundheit* anzusehen. Außerdem wurde bei diesen multiplen Regressionsanalysen die Relevanz einer multisystemischen Perspektive insofern bestätigt, als auch arbeits-, partnerschafts- und familienbezogene Dimensionen signifikante Prädiktoren der Skalen der persönlichen "Anpassung" darstellten.

Profilvergleiche von Menschen, die wenig versus viel Streß von einem Lebensbereich auf einen anderen übertragen, ergaben bei der Gruppe mit hoher selbstberichteter Tendenz zur Streßübertragung ein sich durch alle Lebensbereiche ziehendes wenig erfreuliches Muster von hohem Streß, geringen Ressourcen und vergleichsweise geringer Gesundheit bzw. Zufriedenheit.

Ein weiteres Profil wurde für die Personen skizziert, die nach den Daten der *Körperlichen Gesundheit* und des *Emotionalen Wohlbefindens* zu den *10 % Gesündesten* zählen. Die deutlichen Unterschiede zwischen den Gesündesten und der Restgruppe im *Selbstwertgefühl*, der *Personalen Kontrolle*, der *Persönlichen Zeit*, *Freizeiterholung* sowie *Weltanschauung* verweisen wiederum auf die besondere gesundheitliche Bedeutung dieser persönlichen Ressourcen. Die Gesündesten unterscheiden sich von der Restgruppe darüber hinaus in einigen weiteren Persönlichkeitsfaktoren, wie z.B. in einer höheren *Emotionalen Stabilität* und *Dominanz*, einer geringeren *Besorgtheit* sowie *Anspannung* und in einem geringeren *Neurotizismus*. Das Ergebnis, wonach sich diese Gruppe nicht nur in Persönlichkeitsfaktoren, sondern in wichtigen Dimensionen aller untersuchten Lebensbereiche (z.B. auch im *Paarklima*) signifikant von der Restgruppe unterscheidet, spricht wiederum für die Notwendigkeit einer multisystemischen Betrachtung der Thematik Streßbewältigung und Gesundheit.

Schließlich lieferten Profilvergleiche von Subgruppen mit unterschiedlichen Kombinationen von *Persönlichen Streß-* und *Ressourcen*-Niveaus Befunde zur Interaktion dieser beiden wesentlichen Grundkomponenten des *MASH*-Modells, die sich z.B. in Form von „Pufferwirkungen“ von Ressourcen im Fall von hohem Streß beschreiben lassen. Die Muster der einzelnen Subgruppen ließen darüber hinaus auf deutlich unterschiedliche Persönlichkeiten sowie Lebensstile schließen. Des weiteren wurden durch diese Profilvergleiche die Ergebnisse der multiplen Regressionen bestätigt, wonach für *Lebenszufriedenheit* das Niveau an *Ressourcen* entscheidend ist. Auch für das *Emotionale Wohlbefinden* ist das Niveau an Ressourcen sehr wichtig, aber das *Streßniveau* wirkt sich hier ebenfalls signifikant aus. Die Bedeutung des Streßniveaus zeigte sich insbesondere im Hinblick auf die *Körperliche Gesundheit*.

Literaturverzeichnis

Abele, A., Brehm, W. & Gall, T. (1991). Sportliche Aktivität und Wohlbefinden. In A. Abele & P. Becker (Hrsg.), *Wohlbefinden* (S. 279-296). Weinheim, München: Juventa.

Angell, R.O. (1936). *The family encounters the depression.* New York: Scribner.

Angermeyer, M. (1991). "Zuviel Streß!". Vorstellungen von Patienten mit funktionellen Psychosen über die Ursachen ihrer Krankheit. In U. Flick (Hrsg.), *Alltagswissen über Gesundheit und Krankheit. Subjektive Theorien und soziale Repräsentationen* (S. 116-126). Heidelberg: Asanger.

Angermeyer, M.C. & Klusmann, D. (1988). The causes of functional psychoses as seen by patients and their relatives. *Psychiatry and Neurological Science, 238*, 47-54.

Anson, O., Antonovsky, A. & Sagy, S. (1990). Religiosity and well-being among retirees: A question of causality. *Behavior, Health and Aging, 1 (2)*, 85-97.

Antonovsky, A. (1987). *Unraveling the mystery of health. How people manage stress and stay well.* San Francisco: Jossey Bass.

Antonovsky, A. (1989). Islands rather than bridgeheads: The problematic status of the biopsychosocial model. *Family Systems Medicine, 7 (3)*, 243-253.

Antonovsky, A. (1993a). Psychosomatische Gesundheit: Versuch einer Abkehr vom Pathogenese-Konzept. In A. Franke & M. Broda (Hrsg.), *Gesundheitsfoschung versus Krankheitsforschung. Forum für Verhaltenstherapie und psychosoziale Praxis* (Bd. 20). Tübingen: dgvt. (Kap. 8)

Antonovsky, A. (1993b). The structure and prosperties of the Sense of Coherence Scale. *Social Science and Medicine, 36 (6)*, 725-733.

Backmund, V. (1993). *Aspekte der Paarbeziehung: Eine Analyse des Paarklimas junger Ehen.* Dissertation. München: Universität München

Bailer, J.H. (1989). *Bewältigung familiärer Belastungen.* Dissertation. Konstanz: Hartung-Gorre.

Bamberg, E. (1991). Arbeit, Freizeit und Familie. In S. Greif, E. Bamberg & N. Semmer (Hrsg.), *Psychischer Streß am Arbeitsplatz*, Göttingen: Hogrefe.

Bamberg, E. (1992). Stressoren in der Erwerbsarbeit und in der Freizeit: Zusammenhänge mit psychischen Befindensbeeinträchtigungen. *Zeitschrift für Arbeits- und Organisationspsychologie, 36*, 84-91.

Bamberg, S. (1993). *Job oder Beruf? Soziale Schicht, Berufstätigkeit und motivationale Persönlichkeitsmerkmale bei jugendlichen Berufsanfängern.* Europäische Hochschulschriften, Reihe 6, Psychologie (Bd. 432). Frankfurt a. M.: Lang.

Bamberg, E. & Greif, S. (1982). Stress: Bedrohung der Gesundheit oder subjektiver Begriff? *Psychosozial, 5*, 8-28.

Bandura, A. (1977). Self-efficacy: toward a unifying theory of behavioral change. *Psychological Review, 84*, 191-215.

Barone, D.F. (1991). Developing a transactional psychology of work stress. *Journal of Social Behavior and Personality, 6*, 31-38.

Becker, P. (1982). *Psychologie der seelischen Gesundheit. Band 1: Theorien, Modelle, Diagnostik*, Göttingen: Hogrefe.

Becker, P., Hänsgen, K.D. & Krieger, W. (1994). Persönlichkeitsvergleich von Ost- und Westdeutschen in Indikatoren der seelischen Gesundheit und der Verhaltenskontrolle. *Report Psychologie, 19*, 28-41.

Becker, P. & Minsel, B. (1986). *Psychologie der seelischen Gesundheit. Band 2: Persönlichkeitspsychologische Grundlagen, Bedingungsanalysen und Förderungsmöglichkeiten*. Göttingen: Hogrefe.

Behnken, I., Guenther, C., Kabat vel Job, O., Keiser, S., Karig, U., Krueger, H., Lindner, B., Wensierski, H.J. v. & Zinnecker, J. (1991). *Schülerstudie '90: Jugendliche im Prozeß der Vereinigung*. Weinheim: Juventa.

Bien, W. (Hrsg.) (1996). *Familie an der Schwelle zum neuen Jahrtausend. Wandel und Entwicklung familialer Lebensformen. (DJI-Familien-Survey)*. Opladen: Leske + Budrich.

Bodenmann, G. (1995a). *Bewältigung von Stress in Partnerschaften. Der Einfluss von Belastungen auf die Qualität und Stabilität von Paarbeziehungen*. Bern: Huber.

Bodenmann, G. (1995b). A systemic-transactional conceptualization of stress and coping in couples. *Swiss Journal of Psychology, 54*, 34-49.

Bodenmann, G. (1995c). Der Einfluß von Streß und Coping auf die Qualität und Stabilität von Partnerschaften: Eine 2-Jahres-Längsschnittuntersuchung. *Zeitschrift für Familienforschung, 7*, 27-49.

Bodenmann, G. (1995d). Die Erfassung von dyadischem Coping: Der FDCT-2-Fragebogen. *Zeitschrift für Familienforschung, 7*, 119-148.

Bodenmann, G. (1995e). *Welchen Beitrag leistet die Stress- und Copingforschung zu einem besseren Verständnis der Partnerschaftsqualität und -stabilität. Eine längsschnittliche Untersuchung*, Forschungsbericht Nr. 113. Fribourg: Universität Fribourg: Schweiz.

Bodenmann, G. (1996a). *Freiburger Streßpräventionstraining für Paare*. Trainermanual, Fribourg: Universität Fribourg/Schweiz.

Bodenmann, G. (1996b). Prävention bei Paaren: ein bewältigungsorientierter Zugang. *System Familie, 9*, 74-82.

Bodenmann, G. (1997). *Streß und Partnerschaft. Gemeinsam den Alltag bewältigen*. Bern: Huber.

Bodenmann, G. & Perrez, M. (1992). Experimentell induzierter Stress in dyadischen Interaktionen. Darstellung des EISI-Experiments. *Zeitschrift für Klinische Psychologie, Psychopathologie und Psychotherapie, 40(3)*, 263-280.

Bodenmann, G. & Perrez, M. (1993). Stress- und Copingdiagnostik in Partnerschaft und Familie. *Zeitschrift für Familienforschung, 5*, 177-214.

Bodenmann-Kehl, C. & Perrez, M. (1994). *Family competence: theoretical assumptions*. Forschungsbericht. Fribourg/Schweiz: Universität Fribourg/Schweiz.

Bösel, R. (1987). *Physiologische Psychologie (2.Aufl.)*. Berlin: De Gruyter.

Bolger, N. (1990). Coping as a personality process: A prospective study. *Journal of Personality and Social Psychology, 59 (3)*, 525-537.

Bolger, N., DeLongis, A., Kessler, R.C.& Wethington, E. (1989). The contagion of stress across multiple roles. *Journal of Marriage and the Family, 51*, 175-183.

Borkenau, P. & Ostendorf, F. (1993). *NEO-Fünf-Faktoren Inventar (NEO-FFI)*. Göttingen: Hogrefe.

Boss, P. (1988). *Family stress management*. Beverly Hills: Sage.

Brockhaus (1969). *Brockhaus-Enzyklopädie*. Wiesbaden: Brockhaus.

Broda, M. (1993). Psychosomatische Gesundheit: Versuch einer Abkehr vom Pathogenese-Konzept. In A. Franke & M. Broda (Hrsg.), *Coping-Forschung und Gesundheits-*

forschung. Zur Effektivität und protektiven Wirkung von Coping-Skills (Bd. 20). Forum für Verhaltenstherapie und psychosoziale Praxis. Tübingen: dgvt. (Kap. 4)

Bronfenbrenner, U. (1981). *Die Ökologie der menschlichen Entwicklung.* Stuttgart: Klett-Cotta.

Bronfenbrenner, U. & Crouter, A.C. (1982). Work and family through time and space. In S.B. Kamerman & C.D. Hayes (Eds.), *Families that work: Children in a changing world* (pp. 39-83). Washington: National Academy Press.

Burke, R.J. & Weir, T. (1982). Husband-wife helping relationships as moderators of experienced stress: The „mental hygiene" function in marriage. In H.I. McCubbin, A.E. Cauble & J.M. Patterson (Eds.), *Family stress, coping, and social support* (pp. 221-238). Springfield: Thomas.

Burr, W.R. & Klein, S.R. (1994). *Reexamining family stress.* Thousand Oaks, CA: Sage.

Cierpka, M. (Hrsg.). (1996). *Handbuch der Familiendiagnostik.* Berlin, Heidelberg: Springer.

Cohen, S. & Wills, T.A. (1985). Stress, social support, and the buffering hypothesis. *Psychological Bulletin, 98* (2), 310-357.

Coleman, D. (1993). Leisure based social support, leisure dispositions and health. *Journal of Leisure Research, 25*, 350-361.

Coleman, D. & Iso-Ahola, S.E. (1993). Leisure and health: The role of social support and self-determination. *Journal of Leisure Research, 25*, 111-128.

Cooper, C.L. & Smith, M. (1989). Stressoren am Arbeitsplatz. Ihre Wirkung auf Entscheidungsprozesse und Gesundheit in Organisationen. *Report Psychologie*, 9-21.

Crouter, A., Perry-Jenkins, M., Huston, T. & Crawford, D. (1989). The influence of work-induced psychological states on behavior at home. *Basic and Applied Social Psychology, 10 (3),* 273-292.

Dlugosch, G.E. (1994). Gesundheitsberatung. In P. Schwenkmezger & L.R. Schmidt (Hrsg.), *Lehrbuch der Gesundheitspsychologie* (S. 222 233). Stuttgart: Enke.

Dlugosch, G.E. (1994). Modelle der Gesundheitspsychologie. In P. Schwenkmezger & L.R. Schmidt (Hrsg.), *Lehrbuch der Gesundheitspsychologie* (S. 101-118). Stuttgart: Enke.

Dunckel, H. (1985). *Mehrfachbelastungen am Arbeitsplatz und psychosoziale Gesundheit.* Frankfurt a. M.: Lang.

Dym, B. (1987). The cybernetics of physical illness. *Family Process, 26*, 35-48.

Eiff, A.W. v. (1980). *Streß. Phänomenologie, Diagnose und Therapie in den verschiedenen Lebensabschnitten.* Stuttgart: Thieme.

Erel, O. & Burman, B. (1995). Interrelatedness of marital relations and parent-child relations: A metaanalytic review. *Psychological Bulletin, 118*, 108-132.

Ettrich, K. U. (1994). Belastungserleben und Copingstrategien von Schülern in Abhängigkeit von Selbstkonzeptmerkmalen, Familienklima und Schulklima. In K. Reschke (Hrsg.), *Problemfelder der Schulpsychologie* (S. 13-23). Regensburg: Roderer.

Evans, G. & Cohen, S (1987). Environmental stress. In D. Stokols & I. Altman (Eds.), *Handbook of Environmental Psychology* (Vol. 15, pp. 571-610). New York: Wiley.

Faltermaier, T. (1991). Subjektive Theorien von Gesundheit: Stand der Forschung und Bedeutung für die Praxis. In U. Flick (Hrsg.), *Alltagswissen über Gesundheit und Krankheit. Subjektive Theorien und soziale Repräsentationen* (S. 45-58). Heidelberg: Asanger.

Fiedler, K. & Ströhm, W. (1995). Attributionsstrategien in unglücklichen Beziehungen. In M. Amelang, H.-J. Ahrens, H.W. Bierhoff (Hrsg.), *Partnerwahl und Partner-*

schaft. Formen und Grundlagen partnerschaftlicher Beziehungen (S. 93-116). Göttingen: Hogrefe.
Fine, G.A., Mortimer, J.T. & Roberts, D.F. (1990). Leisure, work and the mass media. In S.S. Feldman & G.R. Elliott (Eds.), *At the threshold. The developing adolescent* (pp. 225 -252). Cambridge: Harvard University Press.
Fischer, M. (1994). Gesundheitspsychologie: Die ökopsychologische Perspektive. In P. Schwenkmezger & L.R. Schmidt (Hrsg.), *Lehrbuch der Gesundheitspsychologie* (S. 88-100). Stuttgart: Enke.
Fleishman, J. A. (1984). Personality characteristics and coping patterns. *Journal of Health and Social Behavior, 25*, 229-244.
Flick, U. (Hrsg.). (1991). *Alltagswissen über Gesundheit und Krankheit. Subjektive Theorien und soziale Repräsentationen.* Heidelberg: Asanger.
Folkins, C.H. & Sime, W.E. (1981). Physical fitness training and mental health. *American Psychologist, 36*, 373-389.
Folkman, S. (1984). Personal control and stress and coping processes: A theoretical analysis. *Journal of Personality and Social Psychology, 46*, 839-852.
Fontana, D. (1991). *Mit dem Streß leben.* Bern: Huber.
Fosson, A. (1988). Family stress. In S. Fisher & J. Reason (Eds.), *Handbook of Life Stress, Cognition and Health* (pp. 161-190). Chichester: Wiley.
Francis, K.T. & Carter, R. (1982). Psychological characteristics of joggers. *Journal of Sports Medicine, 22*, 386-391.
Franke, A. (1993). Psychosomatische Gesundheit: Versuch einer Abkehr vom Pathogenese-Konzept. In A. Franke & M. Broda (Hrsg.), *Forum für Verhaltenstherapie und psychosoziale Praxis* (Bd. 20). Tübingen: dgvt.
Friedman, M. & Rosenman, R.H. (1974). *Type A behavior and your heart.* New York: Knopf.
Giunta, C.T. & Compas, B.E. (1993). Coping in marital dyads: Patterns and associations with psychological symptoms. *Journal of Marriage and the Family, 55*, 1011-1017.
Greif, S. (1991). Streß in der Arbeit. Einführung und Grundbegriffe. In S. Greif, E. Bamberg & N. Semmer (Hrsg.), *Psychischer Streß am Arbeitsplatz*, (S. 1-28). Göttingen: Hogrefe.
Greif, S., Bamberg, E. & Semmer, N. (Hrsg.). (1991). *Psychischer Streß am Arbeitsplatz.* Göttingen: Hogrefe.
Hahlweg, K. (1995). Störung und Auflösung von Beziehungen: Determinanten der Ehequalität und -stabilität. In M. Amelang, H.-J. Ahrens, H.W. Bierhoff (Hrsg.), *Partnerwahl und Partnerschaft. Formen und Grundlagen partnerschaftlicher Beziehungen* (S. 117-152). Göttingen: Hogrefe.
Helfferich, C. (1993). Psychosomatische Gesundheit: Versuch einer Abkehr vom Pathogenese-Konzept. In A. Franke & M. Broda (Hrsg.), *Forum für Verhaltenstherapie und psychosoziale Praxis* (Bd. 20). Tübingen: dgvt. (Kap. 3)
Heppner, P.P. & Petersen, C.H. (1982). The development and implications of a personal problem-solving inventory. *Journal of Counseling Psychology, 29 (1)*, 66-75.
Hill, R. (1949). *Families under stress.* New York: Harper & Row.
Hill, R. (1958). Generic features of families under stress. *Social Casework, 39*, 139-150.
Hirsch, B.J. & Rapkin, B.D. (1986). Multiple roles, social networks, and women´s well-being. *Journal of Personality and Social Psychology, 51*, 1237-1247.
Hölzl, M. & Reiter, L. (1992). Kohärenzerleben, Streßverarbeitung und Partnerschaft. *System Familie, 5*, 121-123.

Hoff, E.-H. (1995). Frühes Erwachsenenalter: Arbeitsbiographie und Persönlichkeitsentwicklung. In R. Oerter & L. Montada (Hrsg.), *Entwicklungspsychologie* (S. 423-438) Weinheim: Psychologie Verlags Union. (Kap. 8)

Holahan, C.J. & Moos, R.H. (1986). Personality, coping and family resources in stress resistance: A longitudinal analysis. *Journal of Personality and Social Psychology, 51*, 389-395.

Holahan, C.J. & Moos, R.H. (1990). Life stressors, resistance factors, and improved psychological functioning: An extension of the stress resistance paradigm. *Journal of Personality and Social Psychology, 58*, 909-917.

Holahan, C.J. & Moos, R.H. (1991). Life stressors, personal and social resources, and depression: A 4-year structural model. *Journal of Abnormal Psychology, 100*, 31-38.

Holmes, T.H. & Rahe, R.H. (1967). The Social Readjustment Scale. *Journal of Psychosomatic Research, 11*, 213-218.

Hornung R. & Gutscher, H. (1994). Gesundheitspsychologie: Die sozialpsychologische Perspektive. In P. Schwenkmezger & L.R. Schmidt (Hrsg.), *Lehrbuch der Gesundheitspsychologie* (S. 65-87). Stuttgart: Enke.

Hurrelmann, K. (1990). *Familienstreß, Schulstreß, Freizeitstreß: Gesundheitsförderung für Kinder und Jugendliche*. Weinheim: Beltz.

Ilfeld, F.W. (1980). Understanding marital stressors. *The Journal of Nervous and Mental Disease, 168 (6)*, 375-381.

Ivancevich, J.M. (1986). Life events and hassles as predictors of health symptoms, job performance, and absenteeism. *Journal of Occupational Behaviour, 7*, 39-51.

Jacob, R. (1995). *Krankheitsbilder und Deutungsmuster. Wissen über Krankheit und dessen Bedeutung für die Praxis*. Dissertation. Opladen: Westdeutscher Verlag.

Janke, W., Erdmann, G. & Kallus, W. (1985). *Streßverarbeitungsfragebogen (SVF). Handanweisung*.Göttingen: Hogrefe

Jex, S.M. (1991). The psychological benefits of exercise in work settings: A review, critique, and dispositional model. *Work & Stress, 5*, 133-147.

Kahn, R.L. (1970). Some propositions toward a researchable conceptualization of stress. In J.E. McGrath (Ed.), *Social and psychological factors in stress*. New York: Holt, Rinehart and Winston.

Kanner, A.D., Coyne, J.C., Schaefer, C. & Lazarus, R.S. (1981). Comparison of two modes of stress measurement: Daily hassles and uplifts versus major life events. *Journal of Behavioral Medicine, 4*, 1-39.

Karpel, M. (1977). Individuation: Von der Verschmelzung zum Dialog in der Partnerbeziehung. *Familiendynamik 2*, 50-69.

Kirkpatrick, L.A. & Davis, K.E. (1994). Attachment style, gender, and relationship stability. A longitudinal analysis. *Journal of Personality and Social Psychology, 66 (3)*, 502-512.

Klein, R. (1995). Modelle der Partnerwahl. In M. Amelang, H.-J. Ahrens, H.W. Bierhoff (Hrsg.), *Partnerwahl und Partnerschaft. Formen und Grundlagen partnerschaftlicher Beziehungen* (Bd. 4, S. 31-69). Göttingen: Hogrefe.

Kobasa, S.C. (1982). The hardy personality: Toward a social psychology of stress and health. In G.S. Sanders & J. Suls (Eds.), *Social psychology of health and illness* (pp. 3-32). Hillsdale, N.J.: Erlbaum.

Kobasa, S.C., Maddi, S.R., Kahn, S. (1982). Hardiness and health: a prospective study. *Journal of Personality and Social Psychology, 42 (1)*, 168-177.

Kohn, P., Hay, B., Legere, J. (1994). Hassles, coping styles, and negative well-being. *Personality and Individual Differences, 17 (2)*, 169-179.

Krause, N. (1995). Assessing stress-buffering effects: A cautionary note. *Psychology and Aging, 10 (4)*, 518-526.

Kriz, J. (1991). Probleme systemisch-empirischer Forschung. *System Familie, 4*, 236-242.

Krohne, H.W. (1990). Personality as a mediator between objective events and their subjective representation. *Psychological Inquiry, 1*, 26-29.

Krohne, H.W. (1990). Stress und Stressbewältigung. In R. Schwarzer (Hrsg.), *Gesundheitspsychologie* (S. 263-277). Göttingen: Hogrefe.

Krokoff, L.J. (1991). Job distress is no laughing matter in marriage, or is it? *Journal of Social and Personal Relationships, 8*, 5-25.

Laux, L. (1983). Psychologische Streßkonzeptionen. In H. Thomae (Hrsg.), *Enzyklopädie der Psychologie, Serie IV, Motivation und Emotion* (Bd. 1, S. 453-535). Göttingen: Hogrefe.

Laux, L. & Schütz, A. (1996). *Streßbewältigung und Wohlbefinden in der Familie.* Band 108 der Schriftenreihe des Bundesministeriums für Familie, Senioren, Frauen und Jugend. Stuttgart: Kohlhammer.

Lavee, Y. & Olson, D.H. (1991). Family types and response to stress. *Journal of Marriage and the Family, 53*, 786-798.

Lazarus, R.S. (1991). Psychological stress in the workplace. *Journal of Social Behavior and Personality, 6*, 1-13.

Lazarus, R.S., DeLongis, A., Folkman, S. & Gruen, R. (1985). Stress and adaptational outcomes. The problem of confounded measures. *American Psychologist, 40 (7)* 770-779.

Lazarus, R.S. & Folkman, S. (1984). *Stress, appraisal and coping.* New York: Springer.

Lazarus, R.S. & Launier, R. (1981). Streßbezogene Transaktionen zwischen Personen und Umwelt. In J.R. Nitsch (Hrsg.) *Stress. Theorien, Untersuchungen, Maßnahmen* (S. 213-259). Bern: Huber.

Leiter, M. & Durup, M. (1996). Work, home, and in-between: An longitudinal study of spillover. *Journal of Applied Behavioral Science, 32 (1)*, 29-47.

Levi, L. (1981). Psychosoziale Reize, psychophysiologische Reaktionen und Krankheit. In J. R. Nitsch (Hg.), *Stress. Theorien, Untersuchungen, Maßnahmen* (S. 188-212). Bern: Huber.

Lewis, C.A. & Maltby, J. (1995). Religiosity and personality among U.S. adults. *Personality and Individual Differences, 18 (2)*, 293-295.

Lienert, G. (1969). *Testaufbau und Testanalyse.* Weinheim: Beltz.

Lukas, E. (1993). *Spannendes Leben. Ein Logotherapie-Buch.* München: Quintessenz.

Lukas, E. (1994). *Psychotherapie in Würde. Sinnorientierte Lebenshilfe nach Viktor E. Frankl.* München: Quintessenz.

Margraf, J. (Hrsg.). (1996). *Lehrbuch der Verhaltenstherapie. Band 1: Grundlagen, Diagnostik, Verfahren, Rahmenbedingungen.* Berlin: Springer.

Mau, S. (1994). Der demographische Wandel in den neuen Bundesländern. Familiengründung nach der Wende: Aufschub oder Verzicht? *Zeitschrift für Familienforschung, 6 (3)*, 197-220.

McCubbin, H.I. & Patterson, J.M. (1982). *Family adaptation to crisis.* Springfield: Thomas.

McGonagle, K.A., Kessler, R.C. & Schilling, E.A. (1992). The frequency and determinants of marital disagreements in a community sample. *Journal of Social and Personal Relationships, 9*, 507-524.

McGrath, J.E (1970). *Social and psychological factors in stress.* New York: Holt, Rinehart & Winston.

Minuchin, S. (1992). *Familie und Familientherapie. Theorie und Praxis struktureller Familientherapie.* Lambertus: Freiburg i. Breisgau.

Mitterauer, M. & Sieder, R. (1991). *Vom Patriarchat zur Partnerschaft. Zum Strukturwandel in der Familie.* München: Beck.

Mohr, G. (1990). Arbeit und Gesundheit. In R. Schwarzer (Hrsg.), *Gesundheitspsychologie. Ein Lehrbuch* (S. 229-244). Göttingen: Hogrefe.

Montada, L. (1995). Fragen, Konzepte, Perspektiven. In R. Oerter & L. Montada (Hrsg.), *Entwicklungspsychologie* (S. 1-82). Weinheim: Psychologie Verlags Union.

Moos, R.H. (1974). *Family Environment Scale.* Palo Alto, CA: Consulting Psychologists Press.

Moos, R.H. (1992). Understanding individuals' life contexts: Implications for stress reduction and prevention. In M. Kessler, S.E. Goldston, & J. Joffe (Eds.) *The present and future of prevention research.* Newbury Park: Sage.

Moos, R.H. & Schaefer, J.A. (1993). Coping resources and processes: Current concepts and measures. In L. Goldberger & S. Breznitz (Eds.), *Handbook of Stress: Theoretical and Clinical Aspects. 2nd ed.* (pp. 234-257). New York: The Free Press.

Nave-Herz, R. & Matthias, H. (1994). Warum noch Ehe? Die Bedeutung und die Gründe der Heirat bei heutigen Eheschließenden in ausgewählten Stadt- und Landregionen Niedersachsens. *Zeitschrift für Familienforschung, 6 (1)*, 97-100.

Nitsch, J.R. (1981). Streßtheoretische Modellvorstellungen. Streßabhängige Veränderungen des Sozialverhaltens. In J.R. Nitsch (Hrsg.), *Stress. Theorien, Untersuchungen, Maßnahmen* (S. 127-160). Bern: Huber.

Olson, D.H. (1986). Circumplex model VII: Validation studies and FACES III. *Family Process, 25*, 337-351.

Olson, D.H. (1989). Circumplex model and family health. In C.N. Ramsey Jr. (Ed.) *Family systems in medicine* (pp. 75-94). New York: Guilford.

Olson, D.H. (1989). Circumplex model of family system VIII: Family assessment and intervention. *Journal of Psychotherapy and the Family, 5*, 7-49.

Olson, D.H. (1990). *Clinical Rating Scale (CRS) for the Circumplex Model of Marital and Family Systems (Revised).* St. Paul, Minnesota: University of Minnesota, Family Social Science.

Olson, D.H. (1991a). Commentary: Three-dimensional (3-D) Circumplex model and revised scoring of FACES III. *Family Process, 30*, 74-79.

Olson, D.H. (1991b). *Three-dimensional (3-D) Circumplex model: Theoretical and methodological advances.* St. Paul, Minnesota: Paper presented at NCFR Theory Construction and Research Methodology Workshop, Denver, Colorado. University of Minnesota, Family Social Science.

Olson, D.H. (1996). Family stress and coping: A multisystem perspective. In M. Cusinato (Ed.), *Research on family resources and needs across the world* (pp. 73-105). Milano: LED.

Olson, D.H. & Lavee, Y. (1989). Family systems and family stress: A family life cycle perspective. In K. Kreppner & R.M. Lerner (Eds.), *Family systems and life-span development* (pp. 165-195). Hillsdale: Earlbaum.

Olson, D.H. & McCubbin, H. (1982). Circumplex model of marital and family systems V: Application to family stress and crisis intervention. In H.J. McCubbin, A.E. Cauble & J.M. Patterson (Eds.), *Family stress, coping and social support* (pp. 48-68). Springfield: Thomas.

Olson, D.H., McCubbin, H.I., Barnes, H., Larsen, A., Muxen, M., & Wilson, M. (1989). *Families: What makes them work.* (2nd ed.) Beverly Hills: Sage.

Olson, D.H., Portner, J. & Lavee, Y. (1985). *Family Adaptability and Cohesion Evaluation Scales (FACES III).* St. Paul, Minnesota: University of Minnesota, Family Social Science.

Olson, D.H., Russell, C.S., Sprenkle, D.H. (1983). Circumplex model of marital and family systems: VI. Theoretical update. *Family Process, 22*, 69-83.

Olson, D.H., Sprenkle, D.H., & Russell, C.S. (1979). Circumplex model of marital and family systems: I. Cohesion and adaptability dimensions, family types, and clinical applications. *Family Process, 18*, 3-28.

Olson, D.H. & Stewart. K.L. (1990a). *Health and Stress Profile Questionnaire.* Minneapolis, Minnesota: Profiles of Health Systems.

Olson, D.H. & Stewart, K.L. (1990b). *Multisystem Assessment of Health and Stress (MASH) Model and the Health and Stress Profile (HSP).* St. Paul, Minnesota: Unveröffentlichtes Manuskript. Family Social Science, University of Minnesota.

Olson, D.H. & Stewart, K.L. (1991a). *Coping & Stress Profile.* Minneapolis, Minnesota: Profile of Health Systems.

Olson, D.H. & Stewart, K.L. (1991b). Family systems and health behaviors. In H.E. Schroeder (Ed.), *New directions in health psychology assessment* (pp. 27-64). New York: Hemisphere.

Patterson, J.M. (1988). Families experiencing stress. *Family Systems Medicine, 6(2)*, 202-237.

Pearlin, L.I., Menaghan, E.G., Lieberman, M.A., Mullan, J.T. (1981). The stress process. *Journal of Health and Social Behavior, 22*, 337-356.

Pearlin, L.I & Schooler, C. (1978) The structure of coping. *Journal of Health and Social Behavior, 19*, 2-21.

Pearlin, L.I. & Turner, H.A. (1987). The family as a context of the stress process. In S.V. Kasl & C.L. Cooper (Eds.), *Stress and health: issues in research methodology* (pp. 142-165). Chichester: Wiley.

Perrez, M. & Gebert, S. (1994). Veränderung gesundheitsbezogenen Risikoverhaltens: Primäre und sekundäre Prävention. In P. Schwenkmezger & L.R. Schmidt (Hrsg.), *Lehrbuch der Gesundheitspsychologie* (S. 169-187). Stuttgart: Enke.

Pruchno, R., Burant, C., & Peters, N.D. (1994). Family mental health: Marital and parent-child consensus as predictors. *Journal of Marriage and the Family, 56*, 747-758.

Ragheb, M.G. (1993). Leisure and perceived wellness: A field investigation. *Leisure Sciences, 15*, 13-24.

Repetti, R.L. (1989). Effects of daily workload on subsequent behavior during marital interaction: The roles of social withdrawal and spouse support. *Journal of Personality and Social Psychology*, 57 (4), 651-659.

Reye, I. (1993). Psychosomatische Gesundheit: Versuch einer Abkehr vom Pathogenese-Konzept. In A. Franke & M. Broda (Hrsg.), *Risikofaktor „Gesundheit". Forum für Verhaltenstherapie und psychosoziale Praxis* (Bd. 20). Tübingen: DGVT. (Kap. 5)

Riordan, C.A., Johnson, G.D., & Thomas, J.S. (1991). Personality and stress at sea. *Journal of Social Behavior and Personality, 6 (7)*, 391-407.

Rosenstiel, L.v. (1987). *Grundlagen der Organisationspsychologie (2. Auflage).* Stuttgart: Poeschel.

Rotter, J.B. (1966). Generalized expectancies for internal versus external control of reinforcement. *Psychological Monographs, 80* (1, No. 609).

Russell, C.S. (1979). Circumplex model of marital and family systems: III. Empirical evaluation with families. *Family Process, 18*, 29-45.

Ryland, E. & Greenfeld, S. (1991). Work stress and well-being: An investigation of Antonovsky's sense of coherence model. *Journal of Social Behavior and Personality, 6 (7)*, 39-54.

Scarf, M. (1987). *Autonomie und Nähe. Grundkonflikte in der Partnerschaft.* München: Heyne.

Schaefer, J.A. & Moos, R.H. (1992). Life crises and personal growth. In B.N. Carpenter (Ed.), *Personal coping - theory, research and application* (pp. 149-170). Westport, CT: Praeger.

Schallberger, U. (1995). Die Persönlichkeitsabhängigkeit von Beschreibungen der eigenen Arbeitssituation. *Zeitschrift für experimentelle Psychologie, 52*, 111-131.

Scheier, M.F. & Carver, C.S. (1987). Dispositional optimism and physical well-being: The influence of generalized outcome expectancies on health. *Journal of Personality, 55*, 169-210.

Schlippe, A.v. & Schweitzer, J. (1988). Familienforschung per Fragebogen. Eine epistemologische Kritik am Circumplex-Modell und an den „Family Adaptability and Cohesion Evaluation Scales" (FACES II). *System Familie, 1*, 124-136.

Schmidt, M. (1994). Beratung und Therapie im Kontext der Familie. In K.A. Schneewind (Hrsg.), *Enzyklopädie der Psychologie. Band I. Pädagogische Psychologie. Psychologie der Erziehung und Sozialisation.* (S. 619-648). Göttingen: Hogrefe.

Schmidt-Rinke, M. (1982). *Familienklassifikation in der familiären Sozialisationsforschung.* Unveröffentlichte Dissertation: München: Universität München.

Schneewind, K.A. (1982). Familiäre Aspekte der Selbstverantwortlichkeit. In R. Mielke (Hrsg.), *Internale/externale Kontrollüberzeugung* (S. 199-221). Bern: Huber.

Schneewind, K.A. (1988). Die Familienklimaskalen. In M. Cierpka (Hrsg.), *Familiendiagnostik* (S. 320-342). Heidelberg: Springer.

Schneewind, K.A. (1989). Familienberatung und -therapie. *Handbuch der Familien- und Jugendforschung.* In R. Nave-Herz & M. Marefka (Hrsg.), *Band I: Familienforschung.* Neuwied: Luchterhand.

Schneewind, K.A. (1991). *Zeit für Kinder! Kinder in Familie und Gesellschaft (Reihe Pädagogik).* Weinheim: Beltz.

Schneewind, K.A. (1992). Familien zwischen Rhetorik und Realität: Eine familienpsychologische Perspektive. In K.A. Schneewind & L.v. Rosenstiel (Hrsg.), *Wandel der Familie* (S. 9-35). Göttingen: Hogrefe.

Schneewind, K.A. (1993). Paarklima - die „Persönlichkeit" von Partnerschaften. In H. Mandl, M. Dreher & H.-J. Kornadt (Hrsg.), *Entwicklung und Denken im kulturellen Kontext* (S. 145-161). Göttingen: Hogrefe.

Schneewind, K.A. (1994). Persönlichkeitsentwicklung im Kontext von Erziehung und Sozialisation. In K.A. Schneewind (Hrsg.), *Enzyklopädie der Psychologie. Pädagogische Psychologie. Psychologie der Erziehung und Sozialisation.* (S. 197-225). Göttingen: Hogrefe.

Schneewind, K.A. (1995a). Familienentwicklung. In R. Oerter & L. Montada (Hrsg.) *Entwicklungspsychologie, 3., vollständig überarbeitete Auflage* (S. 128-166). München: Psychologie Verlags Union.

Schneewind, K.A. (1995b). Impact of family processes on health beliefs. In A. Bandura (Ed.), *Self-efficacy in changing societies.* New York: Cambridge University Press.

Schneewind, K.A. (1995c). The German family: Changing patterns of marriage and family life. *Family Perspective, 29*, 243-247.

Schneewind, K.A. (1996a). *Persönlichkeitstheorien I: Alltagspsychologie und mechanistische Ansätze*. Darmstadt: Primus.
Schneewind, K.A. (1996b). *Persönlichkeitstheorien II: Organismische und dialektische Ansätze*. Darmstadt: Primus.
Schneewind, K.A. (1997). Das Profil der Familienpsychologie in Deutschland: Bestandsaufnahme der letzten 10 Jahre. *Psychologie, Erziehung, Unterricht, 44*, 243-255.
Schneewind, K.A. (1999). *Familienpsychologie (2. Auflage)*. Stuttgart: Kohlhammer.
Schneewind, K.A., Beckmann, M. & Hecht-Jackl, A. (1985). *Familiendiagnostisches Test-System* (Forschungsberichte aus dem Institutsbereich Persönlichkeitspsychologie und Psychodiagnostik 2.1/1985 bis 9.2/1985). Institut für Persönlichkeitspsychologie, Universität München, München. (Kap. 3)
Schneewind, K.A., Gotzler, P., Schlehlein, B., Sierwald, W. & Weiß, J. (1996). Ergebnisse der psychologischen Teilstudie. In K.A. Schneewind, L.A. Vaskovics, P. Gotzler, B. Hofmann, H. Rost, A. Salih, W. Sierwald & J. Weiß (Hrsg.), *Optionen der Lebensgestaltung junger Ehen und Kinderwunsch. Verbundstudie-Endbericht. Schriftenreihe des Bundesministeriums für Familie, Senioren, Frauen und Jugend* (S. 165-265). Stuttgart: Kohlhammer.
Schneewind, K.A. & Graf, J. (1998). *Der 16-Persönlichkeits-Faktoren-Test. Revidierte Fassung (16 PF-Test-R). Testmanual.* Bern: Huber.
Schneewind, K.A. & Pekrun, R. (1994). Theorien der Erziehungs- und Sozialisationspsychologie. *Enzyklopädie der Psychologie. Psychologie der Erziehung und Sozialisation. Pädagogische Psychologie (Bd. 1*, S. 3-39). Göttingen: Hogrefe.
Schneewind, K.A. & Ruppert, S. (1995). *Familien gestern und heute: ein Generationenvergleich über 16 Jahre.* München: Quintessenz.
Schneewind, K.A. & Vaskovics, L.A. (1994). Verbundstudie: „Optionen der Lebensgestaltung junger Ehen und Kinderwunsch". *Zeitschrift für Familienforschung* 121-132.
Schneewind, K.A. & Weiß, J. (1991). *Der Fragebogen "Gesundheit- und Streß"* Unveröffentlichte erste Version des Meßinstruments. München: Institut für Psychologie der Universität München.
Schneewind, K.A. & Weiß, J. (1995). Die Konsequenzen von Elternverlust für Kinder und Jugendliche. In R. Oerter & L. Montada (Hrsg.), *Entwicklungspsychologie* (S. 1037-1044). Weinheim: Psychologie Verlags Union.
Schneewind, K.A. & Weiß, J. (1996a). *Gesundheit- und Streß-Fragebogen*. Unveröffentlichtes Meßinstrument. München: Institut für Psychologie der Universität München.
Schneewind, K.A. & Weiß, J. (1996b). *16-Persönlichkeits-Faktoren-Test-R (16 PF-R).* Unveröffentlichte Vorversion. München: Institut für Psychologie der Universität München.
Schneewind, K.A. & Weiß, J. (in Druck). *Der Fragebogen "Gesundheit und Streß". Testmanual.* Bern: Huber.
Schulz v. Thun, F. (1991). *Miteinander reden. Störungen und Klärungen. Allgemeine Psychologie der Kommunikation 1*, Reinbek b. Hamburg: Rowohlt.
Schwarzer, R. (Hrsg.). (1990). *Gesundheitspsychologie. Ein Lehrbuch.* Göttingen: Hogrefe.
Schwarzer, R. (1993). Defensiver und funktionaler Optimismus als Bedingungen für Gesundheitsverhalten. *Zeitschrift für Gesundheitspsychologie, 1 (1)*, 7-31.
Schwarzer R. & Weiner B. (1990). Die Wirkung von Kontrollierbarkeit und Bewältigungsverhalten auf Emotionen und soziale Unterstützung. *Zeitschrift für Sozialpsychologie 21 (2),* 118-125.

Schweitzer, J. & Schlippe, A.v. (1986). Das Circumplex-Model-of-Marital-and-Family-Systems, Erfahrung und Kritik. In A.v. Schlippe & J. Kriz (Hrsg.) *Symposion Familientherapie, Kontroverses - Gemeinsames.* Wildberg: Bogner-Kaufmann.

Schwenkmezger, P. (1991). Persönlichkeit und Wohlbefinden. In A. Abele & P. Becker (Hrsg.), *Wohlbefinden. Theorie, Empirie, Diagnostik.* Weinheim: Juventa.

Schwenkmezger, P. (1994). Gesundheitspychologie: Die persönlichkeitspsychologische Perspektive. In P. Schwenkmezger & L.R. Schmidt (Hrsg.), *Lehrbuch der Gesundheitspsychologie* (S. 47-64). Stuttgart: Enke.

Schwenkmezger, P. & Schmidt, L.R. (1994). Gesundheitspsychologie: Alter Wein in neuen Schläuchen? In P. Schwenkmezger & L.R. Schmidt (Hrsg.), *Lehrbuch der Gesundheitspsychologie* (S. 1-8). Stuttgart: Enke.

Seiffge-Krenke, I. (1993). Introduction. Preliminary announcement. European association for research on adolescence. Fourth biennial conference, Hasseludden, Stockholm, Sweden May 28 - June 1, 1994. *Journal of Adolescence, 16*, 227-233.

Seiffge-Krenke, I. (1994). Gesundheitspsychologie: Die entwicklungspsychologische Perspektive. In P. Schwenkmezger & L.R. Schmidt (Hrsg.), *Lehrbuch der Gesundheitspsychologie* (S. 29-46). Stuttgart: Enke.

Selye, H. (1974). *Stress. Bewältigung und Lebensgewinn.* München: Piper.

Selye, H. (1981). Grundkonzepte. Geschichte und Grundzüge des Streßkonzepts. In J.R. Nitsch (Hrsg.), *Stress. Theorien, Untersuchungen, Maßnahmen* (S. 161-187). Bern: Huber.

Sieverding, M. (1994). Frauen und psychische Gesundheit. Die Rolle "männlicher" und "weiblicher" Persönlichkeitseigenschaften. In U. Nuber (Hrsg.), *Bin ich denn verrückt?! Was Psychotherapie für Frauen leistet - und was nicht* (S. 13-19). Zürich: Kreuz.

Sprecher, S. & Sedikides, C. (1993). Gender differences in perceptions of emotionality: The case of close heterosexual relationships. *Sex Roles, 28 (9/10)*, 511-530.

Staudinger, U.M. (1996). Produktives Leben im Alter. In M. Baltes & L. Montada (Hrsg.), *Psychologische Produktivität und Selbstentfaltung im Alter* (S. 344-373). Frankfurt a. M.: Campus.

Steinberg, L. (1990). Autonomy, conflict and harmony in the family relationsship. In S.S. Feldman & G.R. Elliott (Eds.), *At the threshold* (pp. 255-276). Cambridge: Harvard University Press.

Stewart, K.L. (1988). *Stress and adaptation: A multisystem model of individual, couple, family and work systems.* St. Paul, Minnesota: Ph.D. Thesis. University of Minnesota, Family Social Science.

Szydlik, M. & Kohli, M. (1994). Familiale Generationenbeziehungen in Ost- und Westdeutschland. *Zeitschrift für Familienforschung* 1, 73-80.

Taylor, S.E. (1986). *Health psychology.* New York: Random House.

Terry, D.J. (1989). Coping resources and adaptation: Main or buffering effects? *Australian Journal of Psychology, 41 (2),* 159-173.

Tewes, U. & Schedlowski, M. (1994). Gesundheitspsychologie: Die psychobiologische Perspektive. In P. Schwenkmezger & L.R. Schmidt (Hrsg.), *Lehrbuch der Gesundheitspsychologie* (S. 9-28). Stuttgart: Enke.

Thoits, P.A. (1982). Conceptual, methodological, and theoretical problems in studying social support as a buffer against life stress. *Journal of Health and Social Behavior, 23* (6), 145-159.

Thomas, V. (1988). Das „Circumplex model" und der FACES. In M. Cierpka (Hrsg.), *Familiendiagnostik* (S. 256-281). Heidelberg: Springer.

Thurmaier, F. (1997). *Ehevorbereitung - Ein parterschaftliches Lernprogramm. Methodik, Inhalte und Effektivität eines präventiven Paarkommunikationstrainings.* München: Unikopie München.

Udris, I. & Frese, M. (1988). Belastung, Fehlbeanspruchung und ihre Folgen. In D. Frey, C. Graf Hoyos & D. Stahlberg (Hrsg.), *Angewandte Psychologie: Ergebnisse und neue Perspektiven,* (S. 427-447). München: Urban & Schwarzenberg.

Ulich, D. (1987). *Krise und Entwicklung. Zur Psychologie der seelischen Gesundheit.* München - Weinheim: Psychologie Verlags Union.

Veit, C.T. & Ware, J.E. (1983). The structure of psychological distress and well-being in general populations. *Journal of Consulting and Clinical Psychology, 51*, 730-742.

Walper, S. (1995). Youth in a changing context: The role of the family in East and West Germany. In J. Youniss (Ed.), *After the wall: Family adaptations in East and West Germany. New directions for child development* (pp. 3-21). San Francisco: Jossey-Bass.

Ward, R. (1993). Marital happiness and household equity in later life. *Journal of Marriage and the Family, 55*, 427-438.

Watzlawick, P., Beavin, J.H. & Jackson, D.D. (1967), *Pragmatics of human communication.* New York: Norton.

Weber, H. (1994). Veränderung gesundheitsbezogener Kognitionen. In P. Schwenkmezger & R.L. Schmidt (Hrsg.), *Lehrbuch der Gesundheitspsychologie* (S. 188-206). Stuttgart: Enke.

Weiß, H., Limmer, R., Burda-Viering, M., Schütz, A. & Laux, L. (1994). Streßbewältigung und Gesundheit in der Familie. *Zeitschrift für Familienforschung* 1, 273-280.

Weiß, J. (1992). *Gesundheit und Streß. Entwicklung und Erprobung eines multidimensionalen Fragebogens.* Unveröffentlichte Diplomarbeit. München: Universität München.

Weiß, J., Schneewind, K.A. & Olson, D.H. (1995). Die Bedeutung von Stressoren und Ressourcen für die physische und psychische Gesundheit - ein multisystemischer Ansatz. *Zeitschrift für Gesundheitspsychologie, 3*, 165-182.

Wethington, E. & Kessler, R.C. (1986). Perceived support and adjustment to stressful life events. *Journal of Health and Social Behavior, 27 (1),* 78-89.

Whiffen, V.E. & Gotlib, I.H. (1989). Stress and coping in maritally distressed and non-distressed couples. *Journal of Social and Personal Relationships, 6*, 327-344.

Wieland-Eckelmann, R. & Carver, C.S. (1990). Dispositionelle Bewältigungsstile, Optimismus und Bewältigung: Ein interkultureller Vergleich. *Zeitschrift für Differentielle und Diagnostische Psychologie 11 (3),* 167-184.

Wolf, W. (1987). *Alltagsbelastung und Partnerschaft. Eine empirische Untersuchung über Bewältigungsverhalten.* Freiburger Beiträge zur Psychologie (Bd. 2). Bern: Huber.

Zapf, D. (1991). Arbeit und Gesundheit: Realer Zusammenhang oder Methodenartefakt? In S. Greif, E. Bamberg & N. Semmer (Hrsg.), *Psychischer Streß am Arbeitsplatz* (S. 185-200). Göttingen: Hogrefe.

Zapf, D. & Frese, M. (1991). Soziale Stressoren am Arbeitsplatz. In S. Greif, E. Bamberg & N. Semmer (Hrsg.), *Psychischer Streß am Arbeitsplatz* (S. 168-184). Göttingen: Hogrefe.